梁光华 著

通识讲义

说文解字

上海古籍出版社

图书在版编目(CIP)数据

《说文解字》通识讲义/梁光华著.--上海:上海古籍出版社,2021.12 (2023.2重印)
ISBN 978 - 7 - 5732 - 0193 - 5

Ⅰ.①说… Ⅱ.①梁… Ⅲ.①《说文》-研究 Ⅳ.①H161

中国版本图书馆 CIP 数据核字(2021)第 247020 号

《说文解字》通识讲义

梁光华 著

上海古籍出版社　出版发行

(上海市闵行区号景路 159 弄 1 - 5 号 A 座 5F　邮政编码 201101)
(1) 网址: www.guji.com.cn
(2) E-mail: guji1@guji.com.cn
(3) 易文网网址: www.ewen.co

上海惠敦科技印务有限公司印刷

开本 850×1168　1/32　印张 14.5　插页 2　字数 256,000
2021 年 12 月第 1 版　2023 年 2 月第 3 次印刷
ISBN 978 - 7 - 5732 - 0193 - 5

H·249　定价:58.00 元

如有质量问题,请与承印公司联系

自 序

　　每个人读书有知识有文化都是从识字开始起步的。启蒙读书识字得有老师教授，识字得有启蒙语文读本，得有正字、正音的标准工具书——字典。东汉班固《汉书·艺文志》说："古者八岁入小学，故《周官》保氏掌养国子，教之六书，谓象形、象事、象意、象声、转注、假借，造字之本也。"东汉许慎《说文解字叙》也说："周礼：八岁入小学，保氏教国子，先以六书。"也就是说在上古周朝时期，贵族子弟八岁入小学接受启蒙教育，保氏一开始就用汉字六书造字识字知识教授他们。周朝时代供入学儿童启蒙识字用的"六书"课本及其正字、正音字典工具书没有流传下来，汉字"六书"造字识字知识也没有文献专书系统解说记载。直到东汉时代，伟大的汉字字圣许慎发扬光大汉代古文经学派之精髓，穷尽毕生心血撰著《说文解字》一书，并命子许冲敬献汉安帝，朝廷颁诏奖励，才得以传抄刊刻流布古今，成为了中国历史上第一本系统解说汉字"六书"理论的伟大开山著作,成为了中国第一本全面系统解说汉字形、音、义的字典,成为了专家学者、社会民众识读汉字、解读经典文献的字典工具书。目前我们能看到的《说文解字》的最早版本是中唐穆宗时代的残写本,由清代著名学者莫友芝于安庆发现鉴定。莫友芝撰作刊刻了《唐写本说文解字木部笺异》一书。笔者为此撰作出版的《唐写本说文解字木部笺异注评》一书于 2006 年被作家出版社收入《说文解字研究文献集成》之中。笔者为此赋诗云:"惊天地兮泣鬼神,汉字兴焉启文明。仓颉创兮风尘杳,甲金埋矣古籀湮。周始六书参差论,汉儒诠释始见真。郑班解名意承古,字典鼻祖乃《说文》。筚路蓝缕系统作,许翁巨著灿星辰。"东汉时代以后的读书人必读《说文解字》,人人都能够从《说文解字》这部巨著中汲取文化营养。《说文解字》滋养了一代又一代的学子,这在清代、民国以前不是什么稀奇事,无需赘言;但是到了当代,研治《说文解字》成为高深的专门学问,能够研读《说文解字》倒成为了犹如治学登顶象牙塔的高难稀奇事。多数读书人已经不读《说文解字》了,这一方面是因为当代出版发行用以帮助识读汉字的语文工具书多了,一般读书人也无需细细考知每个汉字形、音、义由古而今的来龙去脉,凭借小学、中学语文课本,凭借《中华大字典》《辞源》及其修订本、《辞海》及其修订本、《新华字典》《现代汉语词典》《汉语大字典》《汉语大词典》《中华字海》等现当代各类语文工具书就可以识读汉字,无

需去读古奥高深的《说文解字》;另一方面是,现当代学问
分科众多而且精细,许多现当代读书人术业有专攻,精力
有限,不从事传统文史汉语研究,就一般不需要专门去读
高深的老古书《说文解字》。当代真正去研读《说文解字》
的读书人,主要是从事传统文史、汉语汉字研究的专家学
者,是大学里边汉语言文学专业、历史专业、文献专业、考
古专业等从事汉语、文献、历史、考古等研究传播的师生
儒士。

　　中国优秀传统文化博大精深,中国五千多年的文明源
远流长,辉映古今。中国古代对人类最伟大的贡献之一就
是创造了记录中国优秀传统文化的表意体系文字——汉
字。汉字功用能量巨大,犹如记录中国优秀传统文化的一
颗颗活化石,每颗汉字化石所包含的丰富渊深的文化内
涵,所承载的悠久历史信息,现当代语文工具书不可能在
有限的篇幅中解说清楚;若需作深入透彻的专门研究,就
必须查阅研究古代文献,其中有关汉字“六书”造字理论,
汉字字形结构规律,汉字本义、引申义、假借义等字义系
统,汉字字音古今流变,汉代以前汉字的源流演变等知识
与研究方法,就必须查阅研读许慎所著的《说文解字》。
《说文解字》一书写于距今约两千年的东汉时期,文字艰深
古奥,内容博大精深,体大思精,在中国形成了一门显
学——《说文》学。当代读书人去古已远,阅读古奥艰深的
《说文解字》十分困难,望而生畏;阅读清代“《说文》四大

家"——段玉裁《说文解字注》、桂馥《说文解字义证》、朱骏声《说文通训定声》、王筠《说文解字句读》《说文例释》,以及其他研究解说《说文解字》的著作也难于读懂。毫不夸张地说,无人教学导引,一般读书人难以进入《说文解字》之精髓堂奥。笔者在大学为本科生、研究生讲授古代汉语、文字学、《说文》学几十年,深知其艰难程度,深恐年轻大学生、初学者见其高深难学望而却步。中国优秀传统文化绵延五六千年薪火繁盛,靠的是代代育人相传,代代发扬光大。笔者在大学授课所写的这本《〈说文解字〉通识讲义》,就是向一届届学生介绍阅读《说文解字》的入门导读方法与通用适用知识,其中亦有一些自己几十年间学习、教学、研究的新发现、新表述,也有一些研究心得体会总结传与学生,例如对《说文》所用之形训、义训、声训诸法以及对指事字、象形字、形声字、假借字的说解研究、比较等等。书中第六章所附《说文》学研究论文集览,就是向学生介绍掌握了《说文解字》知识方法之后从事汉语汉字深入研究且发表于学术杂志的示例论文,目的是帮助学生更好地学习、掌握、运用《说文解字》这一汉字巨著,以便长江后浪推前浪,青出于蓝而胜于蓝,更好地传承弘扬中国优秀传统文化。诗曰:

《说文》薪火炳千秋,汉字文明繁盛酬。

后浪推前壮观景,杏坛圆梦乐悠悠。

　　笔者冒昧地将执教几十年总结的《〈说文解字〉通识讲义》交由上海古籍出版社出版发行，希望能为大学生、研究生以及具有中高文化水平的读者朋友阅读《说文解字》提供入门导读方法与通用适用知识，尽可能古今兼及，通俗易懂，利于初学者顺利入门读懂《说文解字》；希望抛砖引玉，能为提高《说文》学、汉字学教学研究水平，传承发展中国优秀传统文化奉献绵薄之力。研究解说《说文解字》的古今论著汗牛充栋，名家辈出；笔者自知才疏学浅，《〈说文解字〉通识讲义》作为一本教学导读讲稿，可能存有浅陋不当甚至错误之处。拙序冒昧地叩引字圣许翁《说文解字叙》末之言"庶有达者，理而董之"——恭请各位学识渊博的方家、读者不吝赐教指正！

梁光华写于黔南民族师范学院

2021 年 1 月 19 日

目 录

引　言

汉字是记录汉语的文字符号,是世界上历史最悠久的文字之一,是中华民族傲立于世界民族之林的独特文字体系。早在 3 000 多年前的周朝,汉民族先民根据汉字的结构规律,就成功地创造出了传统的分析汉字结构的理论和方法——六书。"六书"这个名称最早见于《周礼》一书。《周礼·地官下·保氏》曰:

> 保氏掌谏王恶,而养国子以道,乃教之六艺:一曰五礼,二曰六乐,三曰五射,四曰五驭,五曰六书,六曰九数。

但是关于"六书"的理论解说,《周礼》一书没有具体记载,周朝其他传世书籍也没有详细记载,不知以后是否会有出土文献弥补这一空缺。

历史发展到汉朝,有三位著名学者、史学家对"六书"

进行了理论解说。史学家班固修撰著名的《汉书》，在其《艺文志》中第一次列出"六书"名目：

> 古者八岁入小学。故《周官》保氏掌养国子，教之六书，谓象形、象事、象意、象声、转注、假借，造字之本也。

班固虽然明确"六书"是"造字之本"，但是也没有更具体的理论解说。

郑众撰《周礼解诂》一书，对《周礼》"五曰六书"的解诂也只是简列其名：

> 六书，象形、会意、转注、处事、假借、谐声也。

郑众所列"六书"的名称和次序与班固的不同，也没有理论解说。

许慎，字叔重，博览群书，学识宏富，是一位精通汉语汉字理论的字圣，他在学习、继承和光大周朝太史《史籀篇》，秦朝李斯《仓颉篇》、赵高《爰历篇》、胡毋敬《博学篇》，西汉司马相如《凡将篇》、史游《急就篇》、李长《元尚篇》、扬雄《训纂篇》等前代字书的基础之上，以实事求是的精神，在中国历史上独创了中国汉字学的开山巨著——《说文解字》，第一次科学地分析了汉字的结构，并形成系统的理论和方法——"六书",第一次从汉字字形分析入手,审音辨义,考究汉字字源语源,进行汉字形、义、音全面系统的科学解说。许叔重的《说文解字》一书成为中国语言文字学史上第一部研究汉字的字典,成为中国历史上第一部系统研究汉字结构规律及其源流发展的不朽巨著,对中华民族优秀传统文化的传承发展作出了卓越贡献。

早在一千多年前的唐朝,封演《封氏闻见记·文字》就已经记载"《说文》至今为字学之宗"。清代研治《说文》成就最高的学者段玉裁在注《说文解字叙》中说:"无《说文解字》,则仓、籀造字之精意,周、孔传经之大旨,蕴缊不传于终古矣!"清代著名学者孙星衍在《重刻宋本〈说文〉序》中说:"五经文字毁于暴秦,而存于《说文解字》。《说文解字》不作,几乎不知文艺;文艺不通,唐虞三代古文不可复识,五经不得其本解。"清代著名学者王鸣盛在其《说文解字正义序》中评价说:"《说文》为天下第一种书。读遍天下书,不读《说文》,犹不读也。但能通《说文》,余书皆未读,不可不谓通儒也。"斯言在文化知识与科学知识并重的当代虽说会感到有些偏激,但是对主要从事传统文化传承、研究、应用以及从事汉语文字研究和教学的人来说,仍然是切中肯綮的。中国从东汉末年以降,无数读书人莫不景仰许叔重,莫不研读《说文解字》,并且以此作为一生治学的根基与阶梯。

兹谨赋《卜算子》词礼赞许叔重《说文解字》:

汉字六书迷，
谁晓其中味？
解字说文第一书，
博大精深最。

字圣巨星辉，
后世千秋佩！
字学之宗代代尊，
造福中华伟。

第一章

《说文解字》有关通识导读

第一节 作者许慎简况

中国汉字字圣、影响古今的伟大学者许慎,后世读书人应当知晓他的生平事迹。查阅中国古代史籍,记载有关于许慎生平事迹的文献却十分有限。最早最权威的文献当是许慎、许冲父子二人的文字记述和《后汉书·儒林传·许慎传》。

许慎《说文解字后叙》曰:

> 粤在永元,困顿之年,孟陬之月,朔日甲申。曾曾小子,祖自炎神。缙云相黄,共承高辛。太岳佐夏,吕叔作藩。俾侯于许,世祚遗灵。自彼徂召,宅此汝濒。

许慎之子许冲《上〈说文解字〉表》曰：

> 召陵万岁里公乘草莽臣冲稽首再拜，上书皇帝陛下：……臣父故太尉南阁祭酒慎，本从逵受古学。……慎博问通人，考之于逵，作《说文解字》。

《后汉书·儒林列传·许慎传》曰：

> 许慎，字叔重，汝南召陵人也。性淳笃，少博学经籍，马融常推敬之。时人为之语曰："五经无双许叔重。"为郡功曹，举孝廉，再迁除洨长。卒于家。初，慎以五经传说臧否不同，于是撰为《五经异义》，又作《说文解字》十四篇，皆传于世。

由此我们得知许慎，字叔重，是东汉汝南郡召陵县人。召陵县隋时废罢，故城在河南省郾城县东三十里，今归漯河市召陵区。召陵区姬石镇许庄村东有许叔重墓，作为著名的汉代墓葬，国务院 2006 年 5 月批准为第六批全国重点文物保护单位。为传承光大许慎文化，漯河市委市政府依托许慎陵园建成占地约 150 亩的许慎文化园，供奉祭祀字圣许慎，陈列历代《说文解字》代表性版本和研究著作，展示汉字文化。

许慎之准确生卒年已不可考。宋代洪适《隶释》、清代严可均《许君事迹考》、陶方琦《许君年表》等都为专文考论。《辞源》修订本(商务印书馆 1984 年版)取宋洪适之说:"许慎公元 30—124 年。"此说许慎 94 岁。现代著名学者周祖谟赞同清代严可均之说,具体考定许慎约生于东汉明帝永平元年(公元 58 年),约卒于桓帝建和元年(公元 147 年)。《辞海》修订本(上海辞书出版社 1980 年 8 月版)取此说:"许慎(约 58—约 147)东汉经学家、文字学家。字叔重,汝南召陵(今河南郾城)人。"此说许慎 89 岁。总之,许慎是一位 90 岁上下的高寿学者,这在"人生七十古来稀"的古代,是极其少见的遐龄寿星。许慎八岁左右入小学,先后学习、诵读《史籀篇》《仓颉篇》《爰历篇》《博学篇》《凡将篇》《急就篇》《元尚篇》《训纂篇》等早期字书,熟悉大篆、小篆、钟鼎金文、六国古文、秦隶、汉隶等古今文字。年龄稍长,博学经籍,五经咸通,"时人为之语曰:五经无双许叔重"(《后汉书·许慎传》)。故而许慎被任命为郡功曹,协助郡守掌管政务、人事。《汝南先贤传》记载"慎为功曹,奉上以笃义,率下以恭宽"(《太平御览》卷二百六十四引),后来又被举为"孝廉"。《汉书·武帝纪》颜师古注曰:"孝谓善事父母者,廉谓清洁有廉隅者。"孝廉由各郡国在所属吏民中举荐。许慎"性淳笃","奉上以笃义,率下以恭宽",故在汝南郡得以获举孝廉。

东汉章帝建初八年(公元 83 年)十二月,诏令丞相设四科,广选天下名贤。许慎由于"性淳笃,少博学经籍",又由郡功曹被举为孝廉,故而被选入太尉府,拜为南阁祭酒,担任太尉府文职官员。这一时期古文经学大师贾逵奉诏在黄门署讲授古文《尚书》《毛诗》《春秋左氏传》等古文经典名著。许慎适逢其时,得以入室听讲,"从逵受古学",学业益加精进。此时正是东汉历史上今文经学与古文经学激烈争斗的时期。关于这两个学派的产生与激烈争斗,这里略作介绍。

汉朝建立,力革秦朝积弊,废除秦朝禁书苛律,重视经学,提倡通经致用。西汉通行的是以秦朝创制的隶书书写的经书典籍。朝廷专门设立《诗》《书》《易》《礼》《春秋》五经博士,向读书人传授的经文都用当时通行的隶书书写,称为今文。以隶书书写的经书典籍为依据并彰显其政治、文化主张的学派被称为今文经学派。西汉景帝时博士董仲舒(公元前179年—前104年)善治《春秋公羊传》,董氏及其"公羊学"成为今文经学派的代表。今文经学派认为古代经书典籍是圣人之言,字字句句都包含有微言大义,都可以用来经世致用,都可以用来解释古今一切。今文经学派以阐发弘扬古代圣人经典微言大义为己任,常常从经典中断章取义,随意引申发挥,随意曲解比附,随意解释古今一切。在西汉时期,今文经学派占据着统治地位。

班固《汉书·艺文志》曰:"武帝末,鲁共王坏孔子宅,欲以广其宫,而得古文《尚书》及《礼记》《论语》《孝经》,凡数十篇,皆古字也。"此外河间献王刘德、北平侯张苍等,把在民间所得的一批用上古文字书写的经书典籍献给朝廷。由此西汉经书典籍产生了今文、古文之分。以上古文字书写的经书典籍为依据并彰显其政治、文化主张以经世致用的学派被称为古文经学派。一般地说，古文经学派产生之后，他们解释经书典籍比较尊重历史，实事求是，不断章取义，不随意引申发挥，不曲解比附解释古今，与今文经学派形成了鲜明的对立。但是古文经学派在初创时期影响不大，西汉经师一般不相信古文。到西汉末期，也就是公元 9 年王莽称帝后才把古文列入官办学宫，然而东汉初期，即东汉光武帝刘秀时期又被罢废。直到东汉中叶以后，古文经学派及其观点才逐渐被社会各界接受认可，逐渐压倒西汉以来占统治地位的今文经学派。西汉的刘向及其子刘歆、东汉初年的贾逵是古文经学派的代表。贾逵，字景伯(公元 30 年—101 年)，系贾谊九世孙，东汉和帝时官至侍中，弱冠即能诵读《左传》及《五经》，又兼通五家《穀梁》，是东汉初年著名的古文经学大师。许慎进入黄门署跟从贾逵学习古文经学，得知古文经学真谛，从而全面继承光大古文经学派依据重视文字、音韵、训诂的学问，尊重历史，尊重上古经书典籍，实事求是，信而有征，"知之为知之，不知为不知"(《论语》)，"其于所不知，盖阙如也"(《说文解字叙》)。这就为许慎撰作《五经异义》《说文解字》奠定了坚实的基础。

许冲《上〈说文解字〉表》介绍说：

臣父故太尉南阁祭酒慎,本从逵受古学。盖圣人不空作,皆有依据。今五经之道,昭炳光明,而文字者,其本所由生。自《周礼》《汉律》,皆当学六书,贯通其意。恐巧说邪辞使学者疑,慎博问通人,考之于逵,作《说文解字》。

许冲身为许慎之子,此言当属可信。许慎《说文解字》一书,当是在黄门署向贾逵学习古文经学时就开始撰作了。许慎一边跟从贾逵学习古文经学,一边开始撰作卷帙浩繁的《说文解字》,在撰作中每有疑问便向逵师请教,在书中称逵师官名为"贾侍中"。例如:《说文·囧部》:"囧,窗牖丽廔闿明。象形。凡囧之属皆从囧。读若犷。贾侍中说:读与明同。"《说文·禾部》:"稽,稽禾而止也。……贾侍中说:稽、穆、稽三字皆木名。"许慎称引贾逵之说和孔子、孟子、司马相如、杜林等多位前人之说以解说字之形、音、义。许慎撰作《说文解字》谦虚而认真,直到贾逵去世(东汉和帝永元十三年,即公元 101 年),《说文解字》全书仍未完成定稿。后来许慎与马融、刘珍等人在东汉安帝永初四年(公元 110 年)奉诏校书东观(当时的皇家图书馆),得以阅览更加丰富的群书典籍,补充资料,为他精心撰作《说文解字》增补可靠的文献典说依据。

《后汉书·孝安帝纪》载有一事:安帝元初六年(公元 119 年)"壬子,诏三府选掾属高第,能惠利牧养者各五人,光禄勋与中郎将选孝廉郎宽博有谋,清白行高者五十人,出补令、长、丞、尉"。《后汉书·许慎传》云:"慎为郡功曹,举孝廉,再迁,除洨长。"许慎被任命为洨长(洨,古县名,其治所在今安徽省固镇,北临洨水),当在这一时期。清人陶方琦《许君年表》考证说:"其除洨长当在安帝元初六年,是年掾尉出补令、长者六十五人,许君必于此时方除洨长。许君既除洨长,不乐之官,乃托病而归,故于后三年之建光元年遣子冲上书,犹云'今慎已病',即是前年托病不为洨长之说也。又云'故太尉南阁祭酒',以不为洨长,故仍书其太尉掾属旧官也。"许冲在《上〈说文解字〉表》中不言其父"除洨长"之官职,陶说许慎"托病而归",安心撰作《说文解字》,此说可通。托病辞官归家写作三年,即东汉安帝建光元年(公元121年)九月,许慎终于完成了皇皇巨著《说文解字》一书,才命儿子许冲将《说文解字》上报给汉安帝,朝廷次月颁诏奖励,《说文解字》这部光辉巨著才得以面世流传,泽被古今。"盖文字者,经艺之本,王政之始,前人所以垂后,后人所以识古"。距今约2 000年的许慎在所著《说文解字》中留给后世无穷无尽的巨大文化财富,所以后世炎黄子孙尊称许慎为汉字字圣。《说文解字》是中国第一部对汉字形、音、义进行全面研究的辞书巨著。

第二节 《说文解字》编纂体例

许慎《说文解字叙》曰:"仓颉之初作书,盖依类象形,故谓之文。其后形声相益,即谓之字。文者,象物之本;字者,言孳乳而浸多也。著于竹帛谓之书。书者,如也。"许慎把他当时所能见到并认真研究的所有汉字分为"依类象形"的独体"文",以及"形声相益"的合体"字",穷尽毕生心血与精力,传播中华文明,全面说解"文"与"字",所以这部光辉巨著命名为《说文解字》(以下简称为《说文》)。

《说文》一书言简义奥,体大思精,今天的一般读者难以顺利通读。许慎在其《说文叙》及《后叙》中非常简括地总结说"今叙篆文,合以古籀,博采通人","其建首也,立一为耑。方以类聚,物以群分。同条牵属,共理相贯。杂而不越,据形系联。引而申之,以究万原"。对《说文》原著之体例以及全书内容的全面深入研究,古今研究者及其论著,可谓汗牛充栋,初学者亦难以通盘掌握。本节尽量以通俗易懂的语言对《说文》的编纂体例作一介绍。

一、《说文》的篇卷数、总字数

《说文》全书正文十四篇,叙目一篇。今传《说文》全本有两个本子:一为南唐时期徐锴(字楚金)系传的《说文解字》,一为北宋初徐铉(字鼎臣)奉诏与句中正、葛湍等校订的《说文解字》。徐铉(公元 917 年—992 年)、徐锴(公元 920 年—974 年)是两兄弟,都是著名的《说文》学家。弟弟徐锴官仕南唐,为秘书省正字,累官内史舍人,他所编著的《说文解字系传》在南唐就已成书。清初钱曾《读书敏求记》说徐锴《说文解字系传》"名之系传者,盖尊叔重之书为经而自比于丘明之为《春秋》作传也"。徐锴此书分八篇,共四十卷,世称为"小徐本"。哥哥徐铉初仕吴为校书郎,又仕南唐,南唐覆亡,入宋为太子率更令,加给事中,出为右散骑常侍,迁左常侍。《宋史·徐铉传》谓铉"精小学,好李斯小篆,臻其妙,隶书亦工。尝受诏与句中正、葛湍、王惟恭等同校《说文》"。徐铉《上校定〈说文〉表》曰:"自唐末丧乱,经籍道息。皇宋膺运,二圣继明。人文国典,粲然光被,兴崇学校,登进群才。以为文字者六艺之本,固当率由古法。乃诏取许慎《说文解字》,精加详校,垂宪百代。"徐铉等人奉诏校定的《说文解字》三十卷成书在北宋初,世称为"大徐本"。小徐本四十卷,改变了许慎《说文》原书的卷次。徐锴疏证考订讲解许氏《说文》,虽多有创见,但是征考过繁,个人之见过多而使许慎《说文》原书原貌受到影响。大徐本总体忠实于许慎《说文》,改动相对较少,所以大徐本成为后世所传《说文》的通行定本。许慎《说文》正文为十四篇,加上《叙目》一篇,总为十五篇。许慎之子许冲以一篇为一卷,所以《上〈说文解字〉表》称为"凡十五卷"。大徐本校定《说文》,认为许书每卷篇帙繁多,故把每篇分为上、下卷,连同《叙目》上、下卷,共分三十卷。

许慎《说文后叙》曰:"此十四篇,五百四十部,九千三百五十三文,重一千一百六十三,解说凡十三万三千四百四十一字。"今传《说文》本子,篇数与许慎所说相同,然而全书解说总字数却不相同。大徐本增释许慎《说文》原书没有收释的新附字(世称"《说文》新附字")四百零二字,增加反切注字,增加"臣铉等按"、"臣铉等曰"等许书原来没有的解释五百多条,而全书总字数反而比许氏原书总字数少了一万七千多字。迄今为止,东汉许慎《说文》传世最早的写本,是清人莫友芝同治初年在安徽安庆发现的中唐穆宗时期的《唐写本说文解字木部残卷》。此残卷残存许慎《说文·木部》从"枏"到"楬"一共一百八十八字的说解,共计 1 906 字。今查大徐本《木部》从"枏"到"楬"一百八十八字的说解,共计 1 721 字,比《唐写本说文解字木部残卷》少了 185 字。可见《说文》后世传本经过历代传写,到北宋初年已有许多脱写讹变,与许慎《说文》原书字数不完全相同,总体情况是字数减少。

二、《说文》说解的字体

(一) 小篆

许慎《说文解字》所立的字头,所解说的汉字字体,并不是东汉以后才出现的楷书。许慎自己在《说文叙》中说:

> 及宣王太史籀著大篆十五篇,与古文或异。至孔子书六经,左丘明述《春秋传》,皆以古文,厥意可得而说。其后诸侯力政,不统于王,恶礼乐之害己,而皆去其典籍,分为七国,田畴异晦,车涂异轨,律令异法,衣

冠异制,言语异声,文字异形。秦始皇帝初兼天下,丞相李斯乃奏同之,罢其不与秦文合者。斯作《仓颉篇》,中车府令赵高作《爰历篇》,太史令胡毋敬作《博学篇》,皆取史籀大篆,或颇省改,所谓小篆者也。……篆书,即小篆。……今叙篆文,合以古籀,博采通人,至于小大,信而有证。

也就是说,许慎《说文》全书所立字头,所解说的汉字,是以小篆为主,即以小篆为汉字的正体字。段玉裁《说文解字注》在许慎"今叙篆文,合以古籀"之下注曰:"自述作书之例也。篆文谓小篆也。古籀谓古文、籀文也。许重复古,而其体例不先古文、籀文者,欲人由近古以考古也。小篆因古籀而不变者多,故先篆文,正所以说古、籀也。隶书则去古、籀远,难以推寻,故必先小篆也。……此全书之通例也。"许慎著《说文》时,楷书尚未产生流行,再者后世产生的楷书去古太远,就连秦朝新产生的隶书也去古已远,故而许慎以去古不远,从籀文大篆"或颇省改"而成的小篆为《说文》一书说解的正字字头,也可以说《说文》是中国第一部小篆字典。

(二)籀文 古文

籀文,也叫大篆,《汉书·艺文志·六艺略》小学类首先列出《史籀》十五篇,班固注曰:"周宣王太史作大篆十五篇,建武时亡六篇矣。"许慎《说文叙》中所说周宣王太史籀所"著大篆十五篇"中的文字,即为《史籀篇》中的籀文。《说文》收释《史籀篇》中的籀文有二百二十余字。古文,即是许慎《说文叙》中所说:"古文,孔子壁中书也。……壁中书者,鲁恭王坏孔子宅而得《礼记》《尚书》《春秋》《论语》《孝经》;又北平侯张苍献《春秋左氏传》。郡国亦往往于山川得鼎彝,其铭即前代之古文,皆自相似,虽叵复见远流,其详可得略说也。"《说文》收释的古文有五百一十余字。

《说文》全书,以小篆字为字头,作为全书解说的正体字;与小篆字形体结构不同的籀文、古文,许慎收列在小篆说解之后作为"重文"单列解说。例如:

《说文·言部》:"䜋(詩),乱也。从言,辛声。……𧩙,籀文詩从二或。"

《说文·乃部》:"𠄎(乃),曳词之难也。象气之出难。凡乃之属皆从乃。𠄞,古文乃。𠧋,籀文乃。"

《说文·木部》:"槃(槃),承槃也。从木,般声。鎜,古文从金。鑻,籀文从皿。"

《说文·箕部》:"箕(箕),簸也。从竹,𠙴象形。下其,丌也。凡箕之属皆从箕。𠙴,古文箕省。𰷘,亦古文箕。𠚞,亦古文箕。𠔼,籀文箕。𠥓,籀文箕。"

《说文·宀部》:"寶,珍也。从宀,从王(玉),从贝,缶声。𡪑,古文宝省贝。"

以解说小篆字的义、形、声为主，籀文、古文等重文字形或字义解说于后，这是许慎《说文》全书解说的正例。但是通观《说文》，许慎也偶然有以古文为字头，将小篆列后解说的变例。例如：

　　《说文·上部》："⊥（上），高也。此古文上。指事也。凡⊥之属皆从⊥。𠄞，篆文⊥。""丅（下），底也。指事。𠄟，篆文丅。"

许慎《说文·上部》训释说解"上"、"下"字，不首列篆文"𠄞"、"𠄟"字，反而将篆文列于说解最后；古文"⊥"、"丅"二字首列为训释说解的字头。段玉裁《说文解字注》把许氏古文"⊥"、"丅"改为"二"、"二"，正与甲骨文"〰"、"⌒"二字相同，是也。段氏且注曰："凡《说文》一书以小篆为质，必先举小篆，后言古文作某。此独先举古文，后言小篆作某，变例也。以其属皆从古文'上'，不从小篆'上'，故出变例而别白言之。"研读《说文》，应当了解其偶列小篆于后的说解变例。又例如：

　　《说文·舄部》："舄，誰也。象形。雠，篆文舄从隹昔。"

古文"舄（què）"，指喜誰（鹊），象形字，《说文》列于首

13

释。雦，这是小篆"舄"字，许氏释为"从隹昔"，当为从隹，昔声。段玉裁《说文解字注》对此有注曰："昔声也。此亦《上部》先古文之例。雦，隶变从鸟。"后世喜鹊字从隶变后之"鹊"字。

《说文·匝部》："匝（匝 yí），顄也。象形。凡匝之属皆从匝。顊，篆文匝。𦣻，籀文从首。"

段玉裁《说文解字注》注此字曰："匝者，古文颐也。……先古文后篆文者，此亦先'丄'后'上'之例。不如是，则'顊'篆无所附也。"

（三）重文（古文、籀文、或体、俗体、奇字）

《说文叙》曰："今叙篆文，合以古籀。……此十四篇，五百四十部，九千三百五十三文，重一千一百六十三。"许氏明确告诉读者，《说文》全书解说 9 353 个汉字——以小篆字为正体字；在这 9 353 个汉字（正体小篆）之下，又解说了 1 163 个重文。何谓"重文"？《辞源》修订本《里部》："重文：凡文字音义俱同，而形体不同者，古谓之重文。如'一'之古文作'弌'，《说文》列'弌'于'一'字之下，'弌'即'一'之重文。"也就是说，重文是指同一个汉字音义相同而形体写法不同的异体字。在许慎《说文》中，重文 1 163 个，包括了古文、籀文、或体、俗体、奇字等异体字。在每部之末，许氏都用"文某,重某"来统计标识该部收释正体字("文某")多少个,重文("重某")多少个。从历时的角度上说,古文、籀文早出,小篆相对晚出,同一个字,它们音义相同,然而形体写法不同,所以古文、籀文与小篆是属于不同时期产生的音义相同而形体不同的异体字。或体字、俗体字则不然,情况要复杂得多。总起来说,或体字、俗体字与小篆大体是在同一时期或稍晚产生的音义相同而形体不同的异体字。今人经本植《古汉语文字学知识》说:"对于异体字,另一种处理方法是不另立字头,而在通用的正体下注明某字为异体。许慎的《说文》实即这种作法,他在一字之后说明'或作某'者,即为异体字,所以前人也称异体为'或体'。"[①]例如:

《唐写本说文解字木部残卷》:"櫑(櫑),龟目酒罇,刻木为云雷,象施不穷。从木、畾,畾亦声。𦉢,櫑或从缶。𥂖,櫑或从皿。𦉜,籀文櫑从缶、回。"大徐本末句无"从缶、回"三字;上文"穷"字之后多"也"字,无"畾亦"二字。《唐写本说文解字木部残卷》此字说解优于大徐本。

训释说解小篆"櫑"字,许氏《说文》出现了两个"或从缶"、"或从皿"的或体字,以及"从缶、回"的一个籀文。许氏先解说与小篆同时期产生的两个或体字,最后才解说周

---

① 经本植《古汉语文字学知识》,四川教育出版社1984年版,第156页。

宣王时代产生的"从缶、回"的籀文䉛。今从文字学的角度视之,籀文䉛,或体罍、罍,都是与小篆櫑音义相同而形体写法不同的异体字。

> 《说文·刃部》:"刅,伤也。从刃,从一。创,或从刀,仓声。"

刅,音 chuāng,或体字"创"为从刀、仓声的形声字。许慎在《疒部》释"疡"字"一曰蚀创"之义,亦用或体字"创"。后世或体字"创"通用于世,所谓正字"刅"则主要保留在字典辞书之中。

《唐写本说文解字木部残卷》:"杞,臿也。从木,已声。……梩,杞或从里。"大徐本、小徐本此字均为:"相,臿也。从木,㠯声。……梩,或从里。"大徐本:"臣铉等曰:今俗作'耜'。详里切。"小徐本注曰:"㠯,即'以'字也。"

《唐写本说文解字木部残卷》之"杞",大小徐本之"相",字义相同,都是指挖土工具臿,其或体写作"梩"。杞、相、梩、耜,都是字义字音相同而形体写法有异的异体字。宋代丁度等《集韵·止韵》"象齿切"下把这一组古今先后不同时期产生的重文异体字统释为:"相、梩、耜、耛、杞、㭒,曰器。《说文》:'臿也。'……或作梩、耜、耛、杞、㭒。"清人莫友芝《唐写本说文解字木部笺异》研究指出:"《集韵·止韵》:象齿切:相、梩、杞、耜、耛、㭒同字,引《说文》同小徐,疑其所见本有'柜'重文,唐本与二徐本各失其一。……耙则柜之俗;耜、耖,梩之俗也。自唐人经典承用'耜',五经文字遂无'梩'字,仅存二徐《说文》。《广韵》又收'耙'失'柜',而柜、梩并正字,无有能识之者矣。得唐本钩核,乃拾出于亡逸之余,为之快然。"莫友芝对"柜、梩、椑、耙、耜、耖"这组重文异体字的考释,堪称经典。遗憾的是现当代语文字典辞书都没有采用,故此征引简说。

　　《说文·玉部》:"玩,弄也。从玉,元声。貦,玩或从贝。"

　　玩的本义是把弄欣赏玉器。《尔雅·释言》:"弄,玩也。"《诗·小雅》:"载弄之璋。"璋即玉器。郑玄《笺》曰:"玩以璋者,欲其比德焉。"玉和贝都是上古珍贵之物,所以从贝元声的"貦"是从玉元声"玩"的或体字。

　　《说文·玉部》:"靈,靈巫。以玉事神。从玉,霝声。灵,靈或从巫。"

　　靈巫以玉事神,故而以"玉"或以"巫"作为靈字形旁均可。许慎此训解"或从巫"之灵字为靈字之或体字。

　　《说文·衣部》:"褎,袂也。从衣,采声。袖,俗褎,从由。"

褎、袖,都是指衣袖。许慎此训释认为东汉时从衣由声的"袖"字是"褎"的俗体字。后世正字"褎"消失,所谓俗体字"袖"反而通用于世。《玉篇·衣部》则不见"褎"字了,顾野王释曰:"裒,似又切,袂也。……袖,同上。袂,弥锐切,袖也。"这是社会用字约定俗成的规则发生作用的结果。

《说文·羴部》:"羴,羊臭也。从三羊。凡羴之属皆从羴。羶,羴或从亶。"

本义为羊气味的正字羴为会意字,或体字从羊,亶声。其正字"羴"后世鲜用,或体字"羶"也被"膻"取代,"膻"则通用于世。

《说文·水部》:"灘,水濡而干也。从水,鸖声。……灘,俗灘,从佳。"

灘字本义指水浸泡而枯干。此义实指沙灘。段玉裁《说文解字注》:"后人用为'沙灘'。"许慎此训释东汉时"灘"字俗体"从佳"写作"灘"。后世正字"灘"消失,其俗体字"灘"反而通行。沙灘,新中国建立之后推行简化字,写作"沙滩"。

《说文·鸟部》:"鷬,鸟也。从鸟,堇声。𪅀,鷬或从隹。𪄧,古文鷬。𪇆,古文鷬。𪆶,古文鷬。"

鷬字本义指鸟,后被假借为难易的难,而本义失矣。段玉裁《说文解字注》:"今为难易字,而本义隐矣。"东汉许慎之时,从鸟之鷬字为正字,"或从隹"之难字为其或体字。许慎连用三个从隹的古文来说解或体字"难",可见此或体字早在小篆"鷬"字之前就已经产生了。新中国建立之后推行简化字,"鷬"的或体字"难",简化为"难"。

以上所举的两个例子,许慎一用"俗"说解,一用"或"说解,可见"俗体"、"或体"没有什么区别,许氏用"俗"、用"或"来说解其正字之下的"重文"。用现代文字学的术语来说,许氏用"俗"、用"或"来训释正字之下的重文异体字。

关于"奇字",《说文叙》解释说:"奇字,即古文而异者也。"许慎在此告诉读者,奇字也是古文,只不过是一种形体写法有异的古文。许书解说奇字字例不多,下面略举几例。

《说文·儿部》:"𠃉,仁人也。古文奇字人也。象形。孔子曰:在人下,故诘屈。凡儿之属皆从儿。"

𠃉是指仁爱的人的象形字,这是古文中的奇字"人"。"𠃉"后世楷化写作"儿"。许慎在此部之下释曰:"兒,孺子

也。从儿,象小兒头囟未合。"现代用古文奇字"儿"来作为
"兒"字的简化字,可见此简化字"儿"来源很古。

  《说文·亡部》:"無,亡也。从亡,無声。𣭚,奇字
无,通于元者。王育说:天屈西北为无。"

"無"字本义是指没有。元字小篆写作"$\bar{\overline{\pi}}$",许慎解说
"無"的奇字"$\bar{\overline{\pi}}$"是"通于元者";又引王育之说:天向西北
屈斜为"无"。后世用古文奇字"无"来作为"無"字的简化
字,可见此简化字"无"来源很古。

  《说文·水部》:"涿,流下滴也。从水,豖声。……
𣆙,奇字涿,从日、乙。"

涿字本义是指流下的水滴。从日、乙的"𣆙"字是"涿"
字的奇字。段玉裁《说文解字注》曰:"古文奇字也。从日
者,谓于日光中见之;乙,盖象滴下之形,非甲乙字。"

  《说文·仓部》:"仓,谷藏也。……仓,从食省,口
象仓形。……仝,奇字仓。"

仓字本义是指谷物收藏之处。仓字的奇字写作"仝"。

南朝梁陈之间的顾野王《玉篇》释"仝"字为"古文"。宋丁度等人所作《集韵·唐韵》释"仝"字为"仓"字之"奇字",盖依《说文》也。

《说文》中还有一类分属不同部的音义相同、字形不同的异部重文字。其字虽不多,但是学习《说文》,亦当有所了解。例如:

> 《说文·心部》:"恤,忧也。从心,血声。"
> 《说文·血部》:"卹,忧也。从血,卩声。"

"恤"字从心,"卹"字从卩,字本义都是忧虑的意思;恤、卹两字读音相同(辛聿切,xù),所以它们是异部重文字。段玉裁《说文解字注》在"卹"字下注曰:"卹与《心部》恤音义皆同,古书多用'卹'字,后人多改为'恤'。如《比部》引《周书》'无毖于卹',潘岳《藉田赋》'惟谷之卹',《李注》引《书》'惟刑之卹'。今《尚书》'卹'皆作'恤',是也。"

> 《说文·口部》:"叫,嘑也。从口,丩声。"
> 《说文·言部》:"訆,大呼也。从言,丩声。"
> 《说文·㗊部》:"嚣,高声也。一曰大呼也。"

"叫、訆、嚣"三字读音都是"古吊切",今读为 jiào;其字义都是大声、高声呼喊,《说文》把这三个字分别收在《口

21

部》《言部》《誩部》训释，它们应是异部重文字。

三、《说文》首创部首编排法

汉字作为记录汉语的书写符号，早期出现在西安半坡仰韶文化遗址出土的陶器上，经用同位素^{14}C测定，距今约有6 000年左右的时间。汉字历史悠久，字数众多，字义系统复杂。在许慎之前，没有人做过系统整理、科学编排汉字字形字义的工作。段玉裁《说文解字注》开篇注解就说："《自序》所谓'分别部居，不相杂厕'也。《尔雅》《方言》所以发明转注、假借。《仓颉》《训纂》《滂熹》及《凡将》《急就》《元尚》《飞龙》《圣皇》诸篇，仅以四言、七言成文，皆不言字形原委。以字形为书，俾学者因形以考音与义，实始于许。"段氏这一总结评价是实事求是的，也是极具文字学史创新价值的。许慎将他当时所能见到并加以说解训释的9 353个小篆字以及1 163个重文(古文、籀文、或体、俗体、奇字等)科学、系统地编为一书，实属汉字收释编排的首创之作。这是一项前无古人，后启来者，永垂千秋万代的了不起的贡献，无论作怎样高的评价，都不过分。继承、使用、传播汉字的炎黄子孙，世世代代都应当铭记许氏的不朽功绩。

许氏在《叙》中科学简明地概述其首创汉字540部及其字次编排原则：

此十四篇，五百四十部，九千三百五十三文，重一

千一百六十三,解说凡十三万三千四百四十一字。其
建首也,立一为耑。方以类聚,物以群分。同条牵属,
共理相贯。杂而不越,据形系联。引而申之,以究万
原。毕终于亥,知化穷冥。

这也是后人学习、掌握、研究《说文》一书的总纲。许
慎生活所在的汉代,阴阳五行学盛行,今文经学、古文经学
论争激烈,其时认为"道立于一,造分天地,化成万物"——
世间天地万物皆生于"一",而终于"亥",所以《说文》一书
"立一为耑"、"毕终于亥"。《说文》第一篇第一个部首为
"一",其下据形系联各部依次是:"丄、示、三、王、玉、珏、
气、士、丨、屮、艸、蓐、茻"。

下面先就《说文》第一篇所列14个部首,试加讲析。

《说文》第一篇第一个部首"一",统摄"元、天、丕、吏"
四个字。这四个字起笔都"从一",故归于"一部"。《一部》
之下为《丄部》。"一"之上竖画"丨"为"丄",即古文"上",
与"一"形近义联,故许氏将《丄部》列于《一部》之下。《丄
部》之下列《示部》。"示"字上部从二,下部三垂画"小"象
征"日、月、星",喻指上天垂降神旨之形;"示"字与"丄"、
"丅"字形近而被系联列于《丄部》之下。"三"上承《一部》
《丄部》《示部》,再加一画,既表示抽象数目"三",言其多;
又以其横向"三"画象征"天地人之道",所以《三部》与《示
部》形近而被系联列于其下。《三部》之下虽无统辖字,但

是意在"据形系联"出下面皆含"三"横画的《王部》《玉部》。"王"之三横画象征天地人,中竖一画表示能贯通天地人三者为王。许氏引"董仲舒曰:古之造文者,三画而连其中谓之王。三者,天地人也,而参通之者王也。孔子曰:一贯三为王"。《王部》与《三部》形近义联而被列于《三部》之下。《王部》之下的《玉部》,小篆"玉"字与"王"字基本相同(古文有异,"王"字古文作𤣩,"玉"字古文作𤣩),而且许慎解说玉字"象三玉之连,丨其贯也",所以《玉部》与《王部》形近义联而被列于其下。《玉部》之下的《玨部》,许慎解说"二玉相合为一玨",所以《玨部》与《玉部》形近义联而被列于其下。《玨部》之下的《气部》,许慎解说"气"字为"云气"。甲骨文"气"字写作"",小篆写作"",类似"三"字。段玉裁《说文解字注》释为:"三之者,列多不过三之意也。是类乎从三者也,故其次在是。"《气部》之下的《士部》,许慎说解"士"字:"数始于一终于十,从一从十。孔子曰:推十合一为士。"所以《说文》在与"一"形近义联的"丄、示、三、王、玉、玨、气"七部之后,再列与"一"形近义联之《士部》。《士部》之下的《丨部》,"丨(gǔn)"字为"上下通也,引而上行"之义,许慎认为"丨"与"王"字连通天地人之中竖"丨",以及"玉"字中竖"象三玉之连,丨其贯也"之"丨",形近义联而列《丨部》于《士部》之下。许氏设立《丨部》,更是意在"据形系联"出其下的《屮部》,"屮(chè)"为草木初生。"屮"之中画"丨"象草木从地面初生出之形,即

"象丨出形有枝茎也"，故许氏列《屮部》于《丨部》之下。《屮部》之下的《艸部》，"艸"为百草总名，从二屮，故许氏列于《屮部》之下。《艸部》之下的《蓐部》，"蓐"为陈年（隔年）之草根再生长之义，从艸，辱声。《蓐部》在《艸部》之下另立为一个独立的部，其下只有一个拔去田间杂草义的"薅"字，从蓐，好省声。此部"蓐、薅"二字皆从艸，完全可以并入《艸部》，单列一个独立的部实无必要。《蓐部》之下的《茻部》，茻（mǎng）为众草之义，朱骏声《说文通训定声》谓"经传草莽字皆从茻为之"是也。茻字从四屮。换个角度研读《说文》第一篇部首排列：如果《蓐部》并入《屮部》，《屮部》之下列从二屮之《艸部》，《艸部》之下再列从四屮之《茻部》，其形义相联就更加顺畅自然了。

又如《说文》第四篇上首列《夏部》。夏（xuè）字为抬起眼睛支使他人之义，从攴，从目。从攴，上承第三篇之《攴部》而列于第四篇之首。其下列与"举目"之"目"有形义关联的《目部》。《目部》之下列与"目"有形义关联的《眲部》《眉部》《盾部》。《盾部》下之《自部》，"自"指鼻，与"目"字义不相联，但是"自"与"所以扞身蔽目"的盾字下部"目"字形相近而系联，所以《自部》被列于《盾部》之下。《自部》之下列与"自"字形义相近的《白（zì）部》。《白部》之下列与"自"字形义相近的《鼻部》。《鼻部》列与"白"字形义相近的《皕（bì）部》。"皕"字为"二百也"。《皕部》之下列与"白"字形相近的《習部》。《習部》之下列与"習"形相近的《羽部》。習字从羽，故列之。《羽部》之"羽"指"鸟长毛也"，其下列"鸟之短尾总名"的《隹部》。《隹部》之下列从隹，义为"鸟张毛羽自奋"的《奞(suī)部》。《奞部》之下列从隹、从廿(guǎi)的《萑(huán)部》。其实"奞"、"萑"二字皆从隹，此二部亦可并入《隹部》，不必单列。今揣测许慎之意，《萑部》独立成部，"萑"字从隹、从廿，廿为羊角，是为了系联出其下之《廿部》。《廿部》之下列从廿、从目的《苜部》。"苜"字从廿，廿为羊角，故《苜部》之下列出《羊部》。《羊部》之下列出从三羊的《羴部》。《羴部》之下，许慎又转列与"瞿(双目)"、"隹"有形义关联的《瞿部》。瞿字义为鹰鹞惊视的样子。《瞿部》之下列从二隹的《雔(chóu)部》、从三隹的《雥(zá)部》。与短尾鸟之"隹"相关联的各部排列完毕，《说文》在《雥部》之下列出与"隹"形义有关联的《鸟部》。《鸟部》之下列出形义相近的《乌部》。"乌"为黑色孝鸟，也是象形字。段玉裁《说文解字注》解说"鸟字点睛，乌则不。以纯黑故，不见其睛也"。其实鸟类品种繁多，乌仅是其中之一种，可并入《鸟部》，不必单列一部。

　　《说文》一书的汉字 540 部，主要是"据形系联，分别部居"，但是也有以意义相近为序，即按"以类相从"的原则编排部次的。例如第六篇"木、東、林"三部之下列《才部》，段玉裁《说文解字注》指出："不蒙上。以下十余部皆以艸木之事而类次。"又例如第十篇上前面的十二部："马、廌(zhì)、鹿、麤、怠(chuò)、兔、莧(huán)、犬、犾(yín)、鼠、能、熊",其字形差异大,不能一一相联,但是这十二个部都是兽畜类,所以《说文》"以类相从"将这十二个部编排在第十篇之中。又例如第十四篇下之《五部》《六部》《七部》《九部》,即是按照汉代流行的五行易学阴阳数而排列;另外"甲、乙、丙、丁、戊、己、庚、辛、壬、癸、子、丑、寅、卯、辰、巳、午、未、申、酉、戌、亥"二十二部,即是按照天干地支义相联而加以排列[其间有"巴、辛、丵(biàn)、了、孨(zhuǎn)、厽(tū)、酋"七个字形相关联的部插入排列]。《说文》以"一"起始安排540部,"一"喻指万物之始;以"亥"终结540部,"亥"是十二地支之末,喻指万物之终结。所以许氏《说文叙》自谓540部首的设立安排是"其建首也,立一为耑……毕终为亥"。

《说文》一书的汉字540部编排法,由于是前无古人的首创,所以难免有不够周全之处。当然这种不周全也或许是后人没有领会字圣许慎当年编排的意旨。例如有"三"、"才"、"久"、"能"、"燕"等三十四个部首均为独释一字的光杆部首,其部首之下没有统摄收释任何一个字。为独释一字单设一个部,后世批评者认为这样做没有什么价值。但是认真领会许氏本意,可能光杆部首的设立,真正用意是"据形系联"或"以类相从"承接、系联上下相关之部,以使540部成为汉字部首的完整系统。

《说文》一书的部首,绝大多数是本部所收释字的表意偏旁,许氏据形而说解其音义,即540个部首都是造字部首。这充分体现了汉字是表意体系文字的最显著的特点。《说文》在每个部首字的解说之末，都采用"凡某之属皆从某"的术语，来解说此"某"即是该部的表意偏旁——部首。例如《木部》的部首为"木"字，该部所收释"文四百二十一，重三十九"，即小篆字 421 个、重文（古文、籀文、或体、俗体、奇字等）39 个，都与树木有关，《说文·木部》在部首"木"字说解之末，用"凡木之属皆从木"的术语来训释解说"木"字是《木部》的表意偏旁——部首。《鸟部》收释"文百十六，重十九"，即小篆字 116 个、重文（古文、籀文、或体、俗体、奇字等）19 个，都与鸟有关，《说文·鸟部》在部首"鸟"字说解之末，用"凡鸟之属皆从鸟"的术语来训释解说"鸟"字是《鸟部》的表意偏旁——部首。《说文》540 部解说均如此，不一一赘解。

《说文》绝大多数部首是表意偏旁，不表音。但是也有少数部首既是表意偏旁，又是表音偏旁。例如：

> 《说文·半部》："胖，半体肉也。一曰广肉。从半，从肉，半亦声。"

"从肉"之"肉"，即"月"。胖，音 pàn，本义为祭用的半体牲。一说是指大肉。"胖"字从半，从肉得义，半也表示读音。分半体牲来祭祀，此"从半"之半，既是表意偏旁，又是表音偏旁。另，后世表肥胖义的胖（pàng），原来写作肪

（《说文·肉部》："肪，肥也。"读音为 fáng）。后来借半体牲之"胖"为肥胖义的"胖"。

> 《说文·丩部》："丩，相纠缭也。一曰瓜瓠结丩也。象形。凡丩之属皆从丩。"

丩，音 jiū，相互纠缠、纠合之义。《丩部》之下只有两个音相同，义相近的字："茻，艸之相丩者。从茻，从丩，丩亦声。"茻，义为丛草相互纠缠。丩既是表意偏旁，又是表音偏旁。"纠，绳三合也。从糸、丩。"纠，义为多股绳索绞合。糸、丩都是表意偏旁，丩同时又是表音偏旁；所以"纠"字结构当解说为："从糸、丩，丩亦声。"

一部分汉字偏旁既能表意，又能表音，寻其语源，盖为上古先民造字之时，将同类事物派生，同一意义源头孳乳派生，并保持用同一个偏旁构字，写为两个或两个以上的分化字。此类分化字多为形声兼会意字。许慎独具慧眼，第一个揭橥此说，十分了不起。许氏在其《说文》中，常用"从某、某，某亦声"的术语来解说，有时也用"从某从某，某亦声"的术语来解说。例如：

> 《说文·句部》："句，曲也。从口，丩声。凡句之属皆从句。"

句，本义为弯曲，音读为 gōu。《句部》之下表示弯曲义之物，多以"句"为表意并表音偏旁。例如："笱，曲竹捕鱼笱也。从竹，从句，句亦声。""钩，曲（钩）也。从金，从句，句亦声。""拘，止也。从句，从手，句亦声。"表意兼表音的"句"，从弯曲义引申出钩止义。段玉裁《说文解字注》对此注曰："手句者，以手止之也。"

> 《说文·贝部》："贫，财分少也。从贝，从分，分亦声。"

财与物被分而少即为"贫"之本义。"贝"为财物；"分"为分散，既表意又表音。段玉裁《说文解字注》曰："谓财分而少也。合则见多，分则见少。富，备也，厚也。则贫者，不备不厚之谓。"

> 《说文·人部》："像，象也。从人，从象，象亦声。"

《易·系辞下》曾有言："象也者，像此者也。"王筠《说文解字句读》对此有注曰："许君倒用之耳。"像者，象也。此"象亦声"，表明"象"既是表意偏旁，又是表音声符。

> 《说文·玉部》："琥，发兵瑞玉，为虎文。从玉，从虎，虎亦声。《春秋传》曰：'赐子家双琥。'"

琥字本义为刻有虎花纹的发兵凭证之玉器。"虎",既是表意偏旁,又是表音声符。《春秋传》记有昭公赏赐给子家一双虎纹玉器。

由以上示例简析可知,《说文》首创汉字字典540部部首编排法,是一项前无古人,永垂后世的贡献。但是由于汉字历史长达数千年,汉字结构复杂,表意体系的汉字数以万计,包罗万象;汉字及其部首之间字形字义的必然系联不可能有严密的逻辑性,因而要想在2 000年以前的东汉首创出一部著作、一部字典来完全实现汉字部首"据形系联"、"分别部居,不相杂厕"的科学编排宏旨,没有任何瑕疵疏漏,是难以实现的。下面几章我们还要介绍《说文》汉字部首及汉字形、音、义的有关知识,从而窥见《说文》宏旨,真正读懂《说文》,以便熟练掌握《说文》,以解读汉字及其演变发展规律。

四、《说文》字次编排法

《说文》540部各部所收释的字,是怎样编排的呢? 许慎在《说文叙》中讲到了他编排的原则,即:"方以类聚,物以群分。同条牵属,共理相贯。"也就是说,《说文》各部所收释训解的字,是按照字义类聚的原则编排。例如:

大徐本《示部》一共收释训解"文六十,重十三",即小篆字60个、重文13个。另外,徐铉等人在《示部》之末另收释新附字4个。《说文·示部》所训释的字,大约可以依次分为10组:(1)首列释部首“示”字,以“凡示之属皆从示”表明“示”字是该部部首,并释“示”字的一个古文。(2)次列释“祜(hù)”字,许氏不训解此字字义,仅言“上讳”二字。徐铉等注曰:“此汉安帝名也。福也。当从示,古声。候古切。”这是从周代以降的避讳习俗,许慎须得遵从。《说文》全书对东汉皇帝名讳字的训释均同此。如《禾部》之“秀”(光武帝之名),《艸部》之“庄(莊)”(明帝之名),《火部》之“炟”(章帝之名,音dá),《戈部》之“肇”(和帝之名,音zhào)。(3)训释“礼”至“禔(zhī)”等13个福祐吉祥义的字,并释“礼”、“祺”二字的古文、籀文各一个。(4)训释“神”至“祕”等三个天地神祇义的字。(5)训释“斋”(齋)至“禓(yáng)”等各类祭鬼神天帝祖先的方式以及人、地义的38个字,并释“斋”、“禋”、“祀”、“祡(chái)”、“鬃(bēng)”、“祷”、“禂(dǎo)”等七字的古文、籀文、或体。(6)训释一个吉凶征兆义的“祲(jìn)”字。(7)训释“祸”至“䄏(yāo)”三个灾祸义的字,并释“祟”字的一个籀文。(8)训释祭祀工具义的一个字:“祘”。(9)训释吉凶避忌义的一个字:“禁”。(10)部末补释祭祀义的一个字:“禫(dàn)”。大徐本在此之后补释“祢、祧、祆、祚”四个字,注明“文四,新附”。

又例如:大徐本《玉部》收释“文一百二十六,重十七”,即小篆字126个、重文17个。另外,徐铉等人在《玉部》末另收释新附字14个。根据段玉裁《说文解字注》的研究(本书略有修改增补调整),《说文·玉部》训释的126个字

(中有重文 17 个),大约可以依次分为 17 组:(1)首释部首"玉"字及其一个古文。(2)训释玉名 18 字:"璙"至"瑠",并释"瓊"字的三个或体字。(3)训释玉之等级与玉光二字:"瓚"、"瑛"。(4)训释玉之美与恶者五字:"璑"至"琳",并释"瑇"之古文、籀文各一个,"球"之或体字一个。(5)训释玉之成瑞器者 15 字:"璧"至"瑁(mào)",并释"瑁"之古文一个。(6)训释玉饰玉佩者 17 字:"璬(jiǎo)"至"瓃(léi)",并释"瑱(tiàn)"字或体一个、"璂(qí)"字或体一个。(7)训释玉之颜色七字:"瑳(cuō)"至"瑕",并释"璊(mén)"字或体一个。(8)训释加工治玉者三字:"琢"至"理"。(9)训释宝玉爱赏者二字:"珍"至"玩",并释"玩"字或体一字。(10)训释玉声六字:"玲"至"瑝"。(11)训释石之次玉者七字:"瑀(yǔ)"至"玖"。(12)训释石之似玉者 22 字:"珢(yí)"至"瑎(xié)"。(13)训释石之美者四字:"碧"至"瑶",并释"琨(kūn)"字或体一字。(14)训释珠玉类 14 字:"珠"至"珋(liú)",并释"玭(pín)"、"玕(gān)"二字古文二字。(15)训释墓葬送死者二字:"琀"至"璗(yǒu)"。(16)训释美色金属与玉同色者一字:"璗(dàng)"。(17)训释能用玉祭祀通神之巫者一字:"靈",并释"靈"字之或体一字。大徐本在此之后补释"珈"至"珙"14 个新附字,注明"文十四,新附"。段玉裁《说文解字注》曰:"通乎《说文》之条理、次第,斯可以治小学。"

　　总的说来,许慎《说文》一书每个部收列训释的字,一般多是先列释吉祥褒义的字,后列释凶煞贬义的字;或是先列释字义实的字,后列释字义虚的字。许氏所谓"方以类聚,物以群分。同条牵属,共理相贯",即可作如是理解。《说文》如果有与部首字形相同的重叠的字,一般收列在部末训释。例如《林部》末列释从林从木的"森"字。《川部》末列释从重川之"州"字。《言部》末列释从三言的"譶(tà)"字。《马部》末列释从三马的"骉(biāo)"。《石部》末列释从三石的"磊"字。《示部》末本来列释与部首"示"同形重叠的"祘"字,但今大徐本"祘"字之后尚列释"禁"、"禫(dàn)"二字,有两种可能:一是许书前文列释中漏落,后补释于部末;一是"禁"、"禫"二字不是许书原文,或为后人补增。例如《说文·木部》最后一个字组为"棺、椁、櫘、楎、楬"五字,均为棺椁义。而大、小徐本《木部》部末均列释"棐"字。段玉裁《说文解字注》对此注曰:"按:棐,盖弓檠之类……此篆失其旧次。"段氏有疑而未改。王筠《说文解字句读》亦谓棐"字当与'榜、檠'为伍……惟此失移耳"。王氏亦是有疑而未改。莫友芝在其著《唐写本说文解字木部笺异识后》中指出:"棐,训'辅也',二徐在部尾,盖由写落补收,段氏谓是'弓檠之类'而不敢移。《唐本》即在'榜、檠、橾、栝'下。"

《唐写本说文解字木部残卷》所列字次,可以有力地证明大、小徐本《木部》末列释"棐"篆,确实不是许慎《说文·木部》原字次,当是后世传写者写落而补收于部末;《唐写本说文解字木部残卷》字次亦可证段氏、王氏、莫氏之注精审,深得许氏《说文》原意。

五、《说文》说解之阙

许叔重饱读群书,所著《说文解字》,"六艺群书之诂,皆训其意。而天地鬼神,山川草木,鸟兽蚰虫,杂物奇怪,王制礼义,世间人事,莫不毕载"。然而许氏治学严谨,实事求是,知之为知之,不知为不知,不强作解人,在《说文》中,"其于所不知,盖阙如也"。研读《说文》者,不能不知书中说解之阙的体例。段玉裁《说文解字注》指出:"许氏全书中多著'阙'字,有形、音、义全阙者,有三者中阙其二、阙其一者。分别观之,书凡言'阙'者十有四。"分别而论,许氏《说文》说解之阙有以下四种类型:

其一,阙字之音读。例如:

> 《说文·林部》:"林,二水也。阙。凡林之属皆从林。"

"林"字作为 540 部首之一,其义为二水,但许氏不知"林"字读音,故曰"阙"。段玉裁《说文解字注》曰:"此谓阙其声也。其'读若'不传,今'之垒切'者以意为之。"之垒切是大徐本用唐人孙愐反切所注之音,今读为 zhuǐ。"林"是福建古代方言词,《集韵·纸韵》:"林,闽人谓水曰林。"

《说文·灥部》："灥，三泉也。阙。凡灥之属皆从灥。"

"灥"是指众多的泉流，字义从泉之三叠即可知晓。许氏不知其读，故曰"阙"。段氏《说文注》曰："此谓读若未详，阙其音也。"大徐本用唐人孙愐反切注为"详遵切"，今读为 xún 音。

《说文》阙音读之字另有：嚮（xiàng）、卯（qīng）、叀（zhuàn）、丂（zòu）、夃（jú）。

其二，阙字之音、义。例如：

《说文·東部》："棘，二東，曹从此。阙。"

段玉裁《说文解字注》曰："'二東'，谓其形也。'曹从此'，谓曹以会意也。阙，谓义与音皆阙也。锴曰：按《说文》旧本无音。铉亦不著反语。"《玉篇·東部》引《说文》之训为释"棘"字，注音为"昨遭切"，今读为 zāo。《集韵·豪韵》"臧曹切"下释曰："棘，日出明。"臧曹切，今音读为 zāo。

《说文·邑部》："邑（yì），从反邑。邕字从此。阙。"

王筠《说文解字释例》注曰："'邑'下并无说解而遽云'从反邑'，是此字无义也。又云'阙'，是此字无音也。第为圆从此一句设耳。""'邑'只是邑之变文。"王筠《说文解字句读》又解说:"《类篇》引小徐'怨阮切'。""邑,本非字,故《玉篇》不收,朱翱不作音。"王筠两书有三说,何所从?今人张舜徽《说文约注》引丁山之说注曰:"邑、邑,古本一字,反形之义,与正无殊矣。"今《汉语大字典·邑部》释为:"邑,同邑。……一说同苑。《字汇补·邑部》:'邑,即花苑之苑。'《通志·六书略一》:'邑,即花苑之苑。'"汇萃古今之说解,邑,当同邑,读为 yì。又,邑,同花苑之苑,此为其二说。

《说文》阙音、义之字另有:从,同"两",读音为 liǎng;戠,今有 zhī、zhí 二音,据《汉语大字典·戈部》,有标志、聚合、同"埴"三个义项。

其三,阙字之构形。例如:

> 《说文·吅部》:"嘼,大也。从吅、甲,吅亦声。阙。"

许氏此训释"嘼"义为"大",疑有脱误。小徐本注曰:"言大则吅,吅则喧也。许慎'阙'义,至今未有能知之者也。"依徐锴此注,"嘼"字义当为"大言"或"言大",即大声喊叫,或曰喧哗。许氏解说"嘼"字结构为"从吅甲,吅亦声",其构字之一的"吅",字义为惊呼,字音为 xuān,音义十分清楚;但是其另一构字"甲",《说文》未收释,古今对"甲"字歧解纷呈。今人张舜徽《说文约注》引章炳麟之说,"谓当从金文作**丫**,作單,形误作單,当以《毛传》'相袭'之义为本训。其说甚是"。章、张二氏之说是目前较好的说解。

《说文·此部》:"啙,窳也。闕。"

啙字义为劣弱。许氏此闕其形与音。大徐本"将此切",今读为 zǐ。段玉裁《说文解字注》:"其形则从此从吅,此亦声。"

其四,闕字之形、音、义。例如:

《说文·氏部》:"氀,闕。"

大徐本注曰:"今《篇》《韵》音皓;又音效。注云:误也。"氀字形、音、义,许书均闕。今似可解。其义有二:其一,误也。《广雅·释诂》:"氀,误也。"王念孙疏证曰:"《玉篇》引《声类》云:'氀,误也。'"此义读为 xiào。其二,古地名。见《集韵》。此义读为 hào。段玉裁《说文解字注》曰:"其字从氏,學省声。"另外,关于"氀"字产生年代,徐锴注曰:"一本云许氏无此字,此云'家本无注',疑许冲之言也。"今人张舜徽《说文约注》曰:"此篆盖汉末始行于世,而魏之《广雅》《声类》并录存之。许书原本殆无其字,故《玉篇》'氀'字下但引《声类》而不引《说文》也。今二徐本有此篆,疑魏晋以下人所补。"徐、张二氏之说有待补充资料作进一步考证。

《说文·耳部》:"聇,《国语》曰:'回禄信于聇遂。'阙。"

段玉裁《说文解字注》曰:"阙者,谓其义、其音、其形皆阙也。"其实许氏此引《国语·周语》"回禄信于聇遂"之用例,说明他已然知道"聇遂"为地名,其义不阙;只是阙释"聇"字字形与字音。汉韦昭注《国语·周语》此例曰:"回禄,火神;再宿为信;聇遂,地名也。"亦未注"聇"字读音。大徐本注"聇"字"巨今切",今音读为 qín。《集韵·侵韵》"渠金切"下释曰:"聇,地名。《说文》引《春秋国语》'回以信于聇遂。'"此引夺"禄"字,衍"以"字。聇,字形当为从耳,今声。聇字义为古地名,《竹书纪年·帝癸》曰:三十年"冬,聇遂灾"。

第三节 《说文解字》字义训释

《说文解字》作为一部字典,一个重要任务就是如何科学准确地训释所收 9 353 个小篆字(含 1 163 个古文、籀文、或体、俗体、奇字等重文)。《说文》之前已有词义训诂专书《尔雅》问世,颇为流行,许慎在书中也引用《尔雅》之训解来注解汉字义音。《尔雅》是分类释义的词典,即分为《释诂》《释言》《释训》《释亲》《释宫》《释器》《释乐》《释天》《释地》《释丘》《释山》《释水》《释草》《释木》《释虫》《释鱼》《释鸟》《释兽》《释畜》等十九篇。前三篇训释一般词语之义,后十六篇训释各种名物词义。《尔雅》训诂,往往综合杂糅,释义有时不够精准,需要读者有丰富的知识加以辨识才能读懂。例如:《尔雅·释诂》曰:"台、朕、赉、畀、卜、阳,予也。"训释词"予"本身有两个意义:一是动词"赐予(与)"义,二是人称代词"我"义。用"予"来总释"台、朕、赉、畀、卜、阳"这六个被释词,到底全部都是动词"赐予(与)"义呢,还是全部都是人称代词"我"义? 需要读者鉴别理解。晋人郭璞注曰:"赉、卜、畀,皆赐与也。与犹予也。"原来《尔雅》用"予"的动词义来训释"赉、畀、卜"三词;用"予"的人称代词"我"义来训释"台、朕、阳"三词。又例如:《尔雅·释诂》:"豫、射,厌也。"晋人郭璞注曰:"豫,未详。"宋人邢昺疏曰:"谓厌倦也。"这个训释也很费解。被训释词"豫"是个多义词,如有"安乐"义,有"厌倦"义;"射"有"射箭"义,有"逐取、追求"义,有通假义"厌倦"。《诗经·大雅·思齐》曰:"不显亦临,无射亦保。"唐陆德明《经典释文》注曰:"射,毛音亦,厌也。"训释词"厌"也有多个词义:"吃饱"义、"满足"义、"安乐"义、"厌倦"义等。《尔雅》此释,只取"厌"之"厌倦"义来训释"豫、射"二词,其吃饱、满足、安乐诸义皆不取。读者如果对被训释词"豫、射"以及训释词"厌"的多个义项不了解,就很难准确理解《尔雅·释诂》"豫、射,厌也"的训解。许慎撰作《说文解字》,释义没有采用《尔雅》这种杂糅训释词义的方法,而是另辟蹊径,自创汉字释义体例。这就是:训释汉字字义,全书首先以准确训释汉字本义为主。其次以训释汉字之别义(即引申义、假借义,或别名、别义)为辅。这是《说文》全书训释的补充变例。这就首创了中国字典辞书释义的新体例,后世至现代编纂字典辞书,基本上沿用《说文》首创的这一释义体例。本节分别介绍《说文》训释字之本义和别义的相关内容,并着重介绍《说文》训释字义所用的形训、义训、声训三种方法。

一、训释字之本义

《说文》全书主要训释汉字本义。所谓本义,就是指汉字造字之初字形所表示的本来的意义。段玉裁之弟子江沅《说文解字注·后叙》指出:"先生发明许书之要,在善推许书每字之本义而已矣。……本义明而后余义明,引申之义亦明,假借之义亦明。"从《说文》全书观之,许书确实是一部致力于训释汉字本义为主的著作。例如:

> 《说文·男部》:"男,丈夫也。从田,从力,言男用力于田也。"

"男"字的本义就是指丈夫。中国古代社会男耕女织,在田野耕作之事主要由男子承担,所以许氏又从"男"字构形上进一步训释"男"字本义:"从田,从力,言男用力于田也。"

> 《说文·用部》:"甫,男子美称也。从用、父,父

亦声。"

"甫"字"从用、父,父亦声","父"即为男性,故"甫"为男子美称。古今男子,常有以"甫"为其名字者。例如:孔子,名丘,字仲尼,人们也称他为尼甫。唐代大诗人杜甫,字子美。

《说文·糸部》:"编,次简也。从糸,扁声。"

"糸"是指丝绳。从糸扁声的"编"字本义是用丝绳"次简"。段玉裁《说文解字注》解释"次简":"以丝次第竹简而排列之曰编。"也就是把写有文字的一片片竹简用麻丝绳依次系结为竹简书。《史记·孔子世家》:"孔子……读《易》,韦编三绝。"正是其用例。

《说文·示部》:"祸,害也。神不福也。"

"祸"字的本义是"害"。《史记·龟策列传》:"祸不妄至,福不徒来。"正是其用例。"祸"与"害",后代凝固成双音节词"祸害"。天神不福祐祸害是许氏所作的补充解释。

《说文·宀部》:"向,北出牖也。从宀,从口。《诗》曰:'塞向墐户。'"

"向"字甲骨文作⿱，金文作⿱，小篆作⿱，都是指朝北的窗子。许氏此引《诗经·豳风·七月》为其本义之例证："塞向墐户。"

> 《说文·手部》："掀，举出也。从手，欣声。《春秋传》曰：'掀公出于淖。'"

"掀"字本义为用手举着出来。许氏此引《春秋左氏传·成公十六年》用例以证其本义：用手举起晋厉公乘坐的战车从泥沼中出来。

> 《说文·自部》："陶，再成丘也，在济阴。从自，匋声。《夏书》曰：'东至于陶丘。'陶丘有尧城，尧尝所居，故尧号陶唐氏。"

许氏此释"陶"字本义为重叠两层的山丘，在汉时济阴郡，曾见《尔雅·释丘》："再成为陶丘。"许氏此下又引经讲述与陶丘有关的两个典故。《夏书》为《禹贡》，即导沇水（济水上游）东出于陶丘北。陶丘远古时有尧城，是因为尧帝曾在陶丘居住，所以尧帝名号叫做陶唐氏。段玉裁《说文解字注》："谓尧始居于陶丘，后为唐侯，故曰陶唐氏也。"

《说文·目部》："眷,顾也。从目,关声。《诗》曰:
'乃眷西顾。'"

"眷"字从目,关声,本义是回顾,即回头看。许氏以
《诗经·大雅·皇矣》这个用例以证其本义:于是就回头看
(眷顾)西土。眷与顾,后世凝成同义双音节词"眷顾"。

《说文·辵部》："逾,越进也。从辵,俞声。《周
书》曰:'无敢昏逾。'"

辵,义为"乍行乍止",即忽走忽停之义。"逾"字从辵,
本义为超越行进。许氏此引之《周书》,即《尚书·顾命》
文,义为:不敢昏乱地超越行进。

《说文·人部》："伉,人名。从人,亢声。《论语》
有陈伉。"

许氏此引"《论语》有陈伉",以证"伉"为人名。按,今
本《论语》作"陈亢",见《季氏》篇。或许氏所见古本不同。

《说文》一书训释字义,一般都是字之本义,为了验证
所释之本义,许氏在书中有时援引古书书证。《说文叙》说:
"厥谊不昭,爰明以谕。其称《易》,孟氏;《书》,孔氏;《诗》,毛
氏;《礼》,《周官》;《春秋》,左氏;《论语》;《孝经》:皆古文也。

其于所不知,盖阙如也。"其实《说文》一书援引古书书证以释汉字字义、字形、字音,不止《叙》所说这几部古书;另如《尔雅》《春秋公羊传》《汉律》《国语》等书,许氏也经常引用。例如《说文·辵部》:"辵,乍行乍止也。……读若《春秋公羊传》曰:'辵阶而走。'"许氏此引《春秋公羊传》书证解读"辵"字读音如"辵阶而走"之"辵"音。《说文·玉部》:"瑗,大孔璧。人君上除陛,以相引。从玉,爰声。《尔雅》曰:'好倍肉谓之瑗,肉倍好谓之璧。'"瑗之本义是大孔璧;璧和瑗又有细微的差别。许氏此引《尔雅·释器》书证以释瑗与璧之差别:内孔直径是玉边两倍的圆玉叫瑗;玉边是内孔直径两倍的圆玉叫璧。郭璞注释《尔雅》:"肉,边也。好,孔也。"

除了援引古书书证以证所释字之义、音、形,许氏《说文叙》还说:"今叙篆文,合以古籀。博采通人,至于小大,信而有证。"其子许冲《上〈说文〉表》也说:"臣父,故太尉南阁祭酒慎,本从逵受古学。盖圣人不空作,皆有依据。今五经之道,昭炳光明,而文字者其本所由生。自《周礼》《汉律》,皆当学六书,贯通其意。恐巧说邪辞使学者疑,慎博问通人,考之于逵,作《说文解字》。六艺群书之诂,皆训其意,而天地鬼神,山川草木,鸟兽蚰虫,杂物奇怪,王制礼仪,世间人事,莫不毕载。"《说文》一书博采之"通人",约有42家之多。例如:

《说文·廾部》:"舁,举也。《春秋传》曰:'晋人或以广坠,楚人舁之。'黄颢说:'广车陷,楚人为举之。'"

"舁"字本义为举。许氏先引古本《春秋左氏传·宣公十二年》例证以证"舁"字本义为举,又引通人黄颢之说再证"舁"字本义为举。"楚人舁之"与"楚人为举之",舁与举互文见义,许氏之训释有据。又,今本《春秋左氏传·宣公十二年》与许氏所见古本《春秋左氏传·宣公十二年》有异,今本"舁"字作"惎":"晋人或以为广队(坠)不能进,楚人惎之脱扃。"

《说文·人部》:"俟(yìng),送也。从人,夋(jìn)声。吕不韦曰:'有侁(shēn)氏以伊尹俟女。'"

俟字本义为送,或曰伴送。俟,又写作媵。吕不韦说:"有侁国用伊尹伴送出嫁的女儿。"许氏此引吕不韦之说以证"俟"字本义为伴送。吕不韦之说,见今本《吕氏春秋·本味》:"有侁氏喜,以伊尹媵女。"俟、媵、媵,古今字。《集韵·证韵》"以证切"下释曰:"媵、媵、偻:《说文》:'送也。吕不韦曰:有侁氏以伊尹媵女。'或作媵、偻。"

《说文·肉部》:"膴,无骨腊也。扬雄说:鸟腊也。从肉,無声。《周礼》:'有膴判。'"

"膴",音 hū,本义是指没有骨头的干肉。许氏先引通人扬雄之说:膴指鸟的干肉;又引《周礼·天官·腊人》有干肉片的例证以证"膴"字本义。

> 《说文·丌部》:"典,五帝之书也。从册,在丌上,尊阁之也。庄都说:'典,大册也。'"

上古之书多是用竹简写成的书册。许氏依小篆,"典"字析释为"从册,在丌上"。甲骨文"典"字作 ,双手捧书册,小篆""盖由甲骨文字讹变而成。五帝之书册被奉为经典,许氏援引通人庄都所说的"大册"也被奉为经典,尊搁在丌上。许氏以此来说解字义。

> 《说文·禾部》:"秏,稻属。从禾,毛声。伊尹曰:'饭之美者,玄山之禾,南海之秏。'"

"秏"字本义是指水稻中的一个品种。许慎援引通人伊尹之说来证明"秏"是水稻中的优良品种:美味的米饭,是用玄山的禾稻、南海的秏米煮成。

> 《说文·毋部》:"毒,人无行也。从士,从毋。贾侍中说:秦始皇母与嫪毒淫,坐诛,故世骂淫曰嫪毒。读若娭。"

　　段玉裁《说文解字注》曰改"人无行也"为"士之无行者"。并云:"毒之本义如此,非为嫪毒造此字也。"贾侍中即贾逵,许慎之师。许慎在《说文》中援引通人说以释汉字形、音、义,援引贾逵之说最多,共计 17 次,均称其为"贾侍中"。此引贾侍中之说以释"毒"字本义。

　　《说文·玉部》:"璠,玙璠。鲁之宝玉。从玉,番声。孔子曰:'美哉,玙璠! 远而望之,奂若也;近而视之,瑟若也。一则理胜,二则孚胜。'"

　　许慎此引孔子《齐论语·问玉篇》以释鲁地宝玉玙璠之"璠"字本义:太美了,玙璠! 远望着它,光彩夺目;近观察它,玉纹瑟瑟缜密。一是其纹理胜,二是光彩胜。
　　在《说文》一书中,许慎援引古书来验证所释汉字义、形、音,援引最多的是《诗》(含《毛诗》《鲁诗》《韩诗》等),共 442 次;《春秋(左氏)传》,共见 421 次;其次是《尚书》(含《虞书》《周书》《商书》《夏书》《周书》《禹贡》等)、《周礼》《论语》《尔雅》《易》等,多达 400 余次;其他古书如《礼记》(《明堂月令》)、《国语》(《春秋国语》)、《汉律》《汉令》《司马法》《淮南子》《楚词》《春秋公羊传》《孝经》《逸周书》《春秋》《史篇》《祕书》《虞舜乐》《韩诗传》《淮南传》《五行传》《甘氏星经》《扬雄赋》《墨子》《山海经》等,亦若干次援引。甚至在"殇、幸"等字说解中还援引"俗语"以释字义。《说文》一书共引 40 余种文献以验证所释汉字义、形、音。

　　除了援引文献书证之外，在《说文》一书中，许慎还"博采通人，至于小大，信而有证"。现将许书"博采通人"例，按援引次数多少为序列表如下：

《说文》援引通人之说表

通人名	援引次数	所释字所在部
贾侍中 （贾逵字 景伯）	17	《牛部》犧、《是部》尟、《辵部》迺、《足部》蹢、《言部》譓、《木部》檥、《禾部》稽、《囧部》囧、《県部》県、《卩部》厄、《象部》豫、《女部》頔、《毋部》毒、《自部》隉、《亞部》亞、《酉部》醻、《巳部》㠯
杜 林	15	《艸部》菫、芨、藍、《屮部》屰、《木部》橢、《巢部》睪、《水部》渭、《耳部》耿、《女部》娸、娶、婁、《㣈部》辭、《黽部》鼅、《車部》曹、《斗部》斡
孔 子	13	《王部》王、《玉部》璠、《言部》詻、《羊部》羊、羌、《士部》士、《烏部》烏、《儿部》儿、《豸部》貉、《卤部》棗、《黍部》黍、《犬部》犬、狗
司马相如	10	《艸部》营、茵、《口部》噂、《鸟部》鸙、鵁、《禾部》䅘、《豕部》䝓、《虫部》蟺、蠵、《车部》䡅
孟 子 （书中一称孟轲）	8	《言部》謏、《門部》闃、《貝部》買、《欠部》欨、《心部》忢、《女部》娸、《水部》浼、滰
谭 长	7	《艸部》斯、《口部》嘷、《辵部》造、《又部》叚、《片部》牖、《蜀部》蠹、《水部》沙
扬 雄	6	《頁部》顅、《手部》捽、《㣈部》辭、《糸部》繒、《黽部》鼅、《斗部》斡

续表

通人名	援引次数	所释字所在部
王 育	5	《爪部》爲,《秃部》秃,《亡部》女、無,《酉部》醫
官 溥	1	《芈部》芈、糞、《皿部》盅、《東部》東
吕不韦	2	《人部》佚、《火部》爓
桑 钦	2	《水部》濕、汶
韩 非	2	《八部》公、《厶部》厶
卫 宏	2	《用部》用、《蒜部》粉
伊 尹	2	《木部》櫨、《禾部》秏
徐 巡	2	《卤部》桌、《自部》陧
董仲舒	2	《王部》王、《虫部》蜂
黄 帝	1	《鷹部》薦
周 盛	1	《帀部》帀
太 史	1	《页部》頯
公输班	1	《石部》磓
汉文帝(刘恒)	1	《辇部》對
博士(汉学官)	1	《心部》心
欧阳乔	1	《内部》离
逯 安	1	《亡部》匃
班 固	1	《自部》陧
刘 歆	1	《虫部》蜂
张 彻	1	《金部》铝

通人名	援引次数	所释字所在部
老 子	1	《皿部》盅
庄 都	1	《丌部》典
师 旷	1	《鸟部》鶬
天 老	1	《鸟部》凤
京 房	1	《卜部》贞
黄 颢	1	《丌部》畀
傅 毅	1	《言部》謩
刘 向	1	《艸部》蔆
尹 彤	1	《中部》中
宋 弘	1	《玉部》玭
楚庄王	1	《戈部》武

注：许慎《说文》全书博引通人之说训释汉字义、形、音，共计38家。

二、训释字之别义

汉字是表意体系的文字，其突出特点是一字多义。汉字除本义之外，另外还有多个引申义或假借义等别义。中国上古文献之所以难以读懂，往往是因为后世读者不能确解上古文献中的某字究竟是何义，需要多读、熟读、多记或阅读查找注本、字典才能顺利读懂。《说文解字》就是这样一部帮助读者查阅使用的工具书。《说文》训释字义，正例是训释字之本义,这是《说文》一书的主体内容。如果某字除本义之外,另有引申义、假借义等别义,或字有两名、两义,《说文》多用"一曰"、"或曰"、"又曰"、"一名"等术语,或引通人之说以训释之。例如:

> 《说文·㡀部》:"敝,帗也。一曰败衣。从攴,从㡀,㡀亦声。"

"敝"字本义帗指幅巾;"一曰败衣"是其另一别义。许氏此训说"敝"字从攴,从㡀,㡀亦声,"㡀"为其部首,即是"败衣"之义。败衣是指破旧的衣服。这就是"敝"字本义之外的别义。

> 《说文·金部》:"镂,刚铁,可以刻镂。从金,娄声。《夏书》曰:'梁州贡镂。'一曰:镂,釜也。"

"镂"字本是指刚硬的铁,可以镌刻;许氏此引《夏书》"梁州贡镂"之用例验其本义。许氏用"一曰"来训释"镂"字另外一个字义是:镂,煮食物之釜。

> 《说文·我部》:"我,施身自谓也。或说:我,顷顿也。从戈,从手。手,或说古垂字。一曰:古杀字。"

　　"我"字常用义是指用于自身,自己称呼自己。这一常用义古今皆然。许氏以下说解"我"字三个别义:(1)或说"我"字另一字义是顷侧。段玉裁《说文解字注》谓此义为"我"字假借义:"谓倾侧也。顷,头不正也;顿,下首也。故引申为顷侧之意。……古文以'我'为'俄'也。古文假借如此。"(2)或说"我"是古"垂"字。此说古今未见用例。(3)一曰"我"为古"杀"字。今人李孝定《甲骨文字集释》对此有研究:"契文我象兵器之形,以其柲似戈,故与戈同,非从戈也。器身作乇,左象其内,右象三铦锋形。"据此有学者认为"我"字本义为兵器,兵器之用途当有"杀"义。但是从甲骨文"丙戌卜,王我其逐鹿获"等用例起,"我"便假借为第一人称代词,即《说文》"施身自谓也",这就是"我"字古今的常用义。

　　《唐写本说文解字木部残卷》:"椟,匮也。……一曰:木椟、木名。或曰:椟,木枕。"

　　"椟"字本义为"匮",指中空而能容物的盒子。唐写本、大小徐本均相同。"椟"字说解中的"一曰""或曰"别义,大小徐本与唐写本有异。唐写本之"一曰:木椟、木名",大小徐本均为"一曰:木名",均脱"木椟"二字之训解。"木椟"是指"椟"的引申义——由中空而能容物的盒子引申为中空而能够藏尸的棺材。许氏《说文·木部》曰:"槥,棺椟也。"此可为证。唐写本"或曰:椟,木枕",大徐本误为"又曰:大梡也",小徐本为"又曰:木枕也"。许氏用"或曰:椟,木枕"训释"椟"字的另一别义:木枕是指中空而能枕头,又能潜藏财物的木枕。小徐本与唐写本"木枕"相吻合,此当为许氏《说文》之原文,大徐本之"又曰:大梡也"则是在传写中出现的错误①。

 《说文·日部》:"㬎,众微杪也。从日中视丝。古文以为顯(显)字。或曰:众口皃,读若唫唫。或以为茧。茧者,絮中往往有小茧也。"

"㬎"是众物微小之义。从"日"中看丝而得其字本义。"古文以为顯字",许氏此解"㬎"假借为"顯"。许氏又解"㬎"字两个别义为:"或曰:众口皃,读若唫唫。""或以为茧。茧者,絮中往往有小茧也。"《说文》用"以为"来训解"㬎"字假借义,用"或曰"、"或以为"来训解"㬎"字的两个别义。

 《说文·木部》:"梧,梧桐木。从木,吾声。一名榇。"

"梧"字本义指梧桐木。许氏此用"一名榇"训释"梧"

---

① 拙著《唐写本说文解字木部笺异注评》对此有详考,参见上海古籍出版社 2016 年修订本。

字别义为梂木,当据《尔雅·释木》"梂,梧"而言。梂木可以制作棺木。李时珍《本草纲目·木部》引《尔雅》解释"梧桐"曰:"《尔雅》谓之梂,因其可为棺。"

> 《说文·虫部》:"蜋,堂蜋也。从虫,良声。一名斫父。"

"堂蜋",《尔雅·释虫》作"螳蜋"。宋人邢昺疏曰:"捕蝉而食,有臂若斧,奋之当轶不避。"《集韵·唐韵》"徒郎切"下释曰:"螳,螳蜋,虫名。"后世通写作"螳螂"。成语曰:"螳螂捕蝉,黄雀在后。"段玉裁《说文解字注》解释许氏"一名斫父"曰:今依《尔雅音义》正"斩"为"斫","堂蜋臂有斧能斫,故曰斫父"。

许慎《说文》训释汉字本义之外的别义、别名,有时什么术语也不用,直接援引通人之说,或者明引、暗引上古书证以释之。例如:

> 《说文·甾部》:"甁(píng),帗(gé)也。从甾,并声。杜林以为竹甾,扬雄以为蒲器。"

"甁"字本义是帗,《说文·巾部》:"帗,蒲席䈰也。"即"帗"是用蒲席做的盛放粮米的器皿。许氏此引通人杜林之说训释"甁"别义为"竹甾",即用竹条编成的圆形筐;又引通人扬雄之说训释"䉛"字别义为蒲席制成的盛物器。此二别义,属于"䉛"字词义扩大的引申义。

> 《说文·禾部》:"稿(gǎo),稿秵(jǔ)而止也。……贾侍中说:稽、稬(zhuó)、稿三字皆木名。"

"稿"字本义是弯曲而止。《说文》此部字次为:稽(停留义)、稬(独立义)、稿;这三个字之别义,许氏直接援引贾逵之说以释之:"稽、稬、稿三字皆木名。"

> 《说文·禾部》:"䅞(dào),禾也。从禾,道声。司马相如曰:䅞,一茎六穗。"

"䅞"字本义为禾名。《广韵·号韵》释曰:"䅞,嘉禾。"可见䅞是优质禾。许氏此引通人司马相如之说,以明䅞禾之特征:一秆茎上长有六根穗。司马相如此说,见司马迁《史记·司马相如列传》:"䅞一茎六穗于庖,牺双觡共抵之兽。"意即从庖厨中选用一茎六穗的䅞米来作祭祀,选用生有双角的兽牲来作祭品。

> 《说文·鸟部》:"鷑,鸟黑色多子。师旷曰:'南方有鸟,名曰羌鷑,黄头赤目,五色皆备。'从鸟,就声。"

鹬是一种雕鸟,黑色多子。这是许慎之解。鹬,又写作上下结构的"鷙"。《广雅·释鸟》:"鷙,雕也。"雕鷙,又名秃鹜,力大凶猛,善捕食鸟兽。《山海经》作"景山多鷙,黑色多力"。疑许慎之说"黑色多子",当依《山海经》作"黑色多力"。许慎又引晋平公时代睿智的盲乐师师旷之说,以证南方另一种五色皆备的"鹬":南方有一种鸟,名叫羌鹬,黄头红眼睛,五色皆备。王筠《说文解字句读》注释许书师旷说:"《(汉书·)艺文志》小说家有师旷六篇,此文或出其中。"

《说文·鸟部》:"凤,神鸟也。天老曰:凤之象也,鸿前麟后,蛇颈鱼尾、鹳颡鸳思,龙文虎背,燕颔鸡喙,五色备举。出于东方君子之国、翱翔四海之外,过昆仑,饮砥柱,濯羽弱水,莫宿风穴。见则天下大安宁。"

凤是中国古代传说中的神鸟、瑞鸟。许慎此引黄帝之臣天老说来训解凤之奇异神瑞。天老此说凤"五色备举"、"见则天下大安宁"。《山海经·南山经》亦有此说:"有鸟焉,其状如鸡,五采而文,名曰凤皇。……见则天下安宁。"可见许氏援引有据。

《说文·羊部》:"羌,西戎牧羊人也。从人,从羊,羊亦声。……唯东夷从大。大,人也。夷俗仁,仁者

寿,有君子不死之国。孔子曰:'道不行,欲之九夷,乘
桴浮于海。'"

"羌"字本义是指西戎牧羊人,也即是我国古代西部少
数民族之一。许氏此引孔子语,不是用来训解验证"羌"字
本义,而是意在解说"羌"字训释语中所涉及的一个内容:
如果东方九夷族人不能施行仁道,我就将从海上乘着竹木
筏到九夷族那里去,游说他们学习、施行仁义之道。《说
文》此所引孔子语,见《论语·公冶长》:"道不行,乘桴浮
于海。"

《说文·口部》:"哓,小声也。从口,彗声。《诗》
曰:'哓彼小星。'"

"哓"字从口,字之本义为小声说话。许氏此引《诗
经·召南·小星》:"哓彼小星",不是用来证明"哓"字本义
小声说话,而是意在训释"哓"字别义,或曰引申义:微小。
《毛传》释曰:"哓,微皃。""哓彼小星"之诗意是说:那小星
星上的光芒很微小。

《说文·骨部》:"骿(pián),并胁也。从骨,并声。
晋文公骿胁。"

"骿"字又写作"骈",其本义是指肋骨并联在一起,所以骿字从骨,并声。许书此引晋文公重耳有骿胁证之。许书此应为暗引古文本《左传·僖公二十三年》文句。今本《左传》将"骿"写作"骈":"晋公子重耳……及曹,曹共公闻其骈胁,欲观其裸。"胁,本指人两腋下到腰上的部位;骿胁,此指并联在一起的肋骨。《说文·月部》释曰:"肋,胁骨也。"

> 《说文·骨部》:"骴,鸟兽残骨曰骴。骴,可恶也。从骨,此声。《明堂月令》曰:'掩骼薶骴。'"

"骴"字本义是指鸟兽的残骨。许慎此引《礼记·月令》"掩盖骼骨,埋藏骴骨",以证骴之本义。许氏在此书证之前所训释"骴,可恶也",是"骴"字之别义、引申义。许氏此处没有用"一曰"、"或曰"、"一名"等术语,亦未引用通人之说来训释"骴"字别义。这是许书训释字之别义的另外一种方式。

三、训释字义的三种方法

(一)形训

汉字起源于图画。汉字是表意体系的文字。汉字据义造形,因形表意,字的形体结构与最初造字时字的本义或常用义往往是相通的,故而字形与字义有密切的联系。

训释汉字字义,可以通过对字形的分析来得知字义,这就是文字学、训诂学所说的形训。在先秦文献中,已经出现了一些零星的汉字形训的例子。例如《左传·宣公十二年》:"夫文,止戈为武。"《左传·昭公元年》:"于文,皿虫为蛊。"《韩非子·五蠹》形训"厶"、"公"二字亦很清楚:"古者苍颉之作书也,自环者谓之厶,背厶谓之公。"这些是随文解释的例子,先秦时期尚未写成专书。到了东汉时期,许慎的《说文》才成为了中国古代最早系统研究汉字形训的专门著作,形训是《说文》训释字义的一种常用方法。

1. 象形字之形训。

《说文·口部》:"口,人所以言食也。象形。"

人用口说话吃饭,古人据义绘形的"口",许氏形训"口"字为"象形"。

《说文·自部》:"自,鼻也。象鼻形。"

"自"是指人的鼻子。甲骨文写作"自",小篆写作"自",象人的鼻子。甲骨文《殷墟文字乙编》(6385)有用例:"贞:有疾自,隹(唯)又(有)耑。"许氏此以"象鼻之形"来形训"自"为象形字。

《说文·刀部》：“刀，兵也。象形。”

"刀"在上古冷兵器时代是指武器、兵器。甲骨文写作 ，小篆写作 。许氏此以"象形"来形训"刀"为象形字。

《说文·目部》：“目，人眼。象形。”

"目"，甲骨文横写为 、 ，人之眼睛十分象形逼真；小篆以后，"目"字作为构字偏旁，为使字之结构匀称、规范，竖写作 。许氏此以"象形"来形训"目"为象形字。

《说文》象形字之形训术语，最典型的主要有"象形"和"象某某之形"两类。另外，《说文》还有"从某某，象形"等术语：《门部》："门，闻也。从二户，象形。"象形字其他术语及例证，本书第二章第二节另有介绍。

2. 指事字之形训。

《说文·上部》：“⊥，高也。此古文上。指事也。”
《说文·上部》：“丅，底也。指事。”

许氏《说文》明确用"指事"之术语来训释的字，只有"上"、"下"二字。《说文》中的其他指事字，许氏用的形训术语较复杂，与象形字、会意字之形训术语多有交叉，详见本书第二章第一节的导读。

3. 会意字之形训。

《说文·戈部》："武，楚庄公曰：'夫武，定功戢兵。'故止戈为武。"

许氏《说文》引《左传·宣公十二年》楚庄公的话，以形训的方法训释"武"字之义。"止"示行义，"戈"为兵器，以"止"、"戈"会合成"武"字，字义表示以武力示威。于省吾《释武》曰："武从戈，从止，本为征伐示武。征伐者必有行。止即示行也。征伐者必以武器，戈即武器也。"

《说文》此以"止戈为武"作为会意形训的术语训释会意字"武"。在《说文》中，许氏更多的会意形训术语是"从某，从某"、"从某、某"；另有"从某省，从某"、"从某在某上（下）"等训释术语，例如：

《说文·廾部》："戒，警也。从廾持戈，以戒不虞。"

《说文·珏部》："珏，二玉相合为一珏。凡珏之属皆从珏。"

《说文·八部》："八，别也。象分别相背之形。"

《说文·八部》："公，平分也。从八，从厶，八犹背也。韩非曰：'背厶为公。'"许氏采用韩非形训之说训释"公"

字。又例如：

　　《说文·犬部》："猰（tà），犬食也。从犬，从舌。"
　　《说文·炎部》："燐，兵死及牛马之血为燐。燐，鬼火也。从炎、舛。"
　　《说文·老部》："孝，善事父母者。从老省，从子。子承老也。"
　　《说文·火部》："光，明也。从火在人上，光明意也。"

《说文》会意字形训的例子，详见本书第二章第三节的导读。

4. 形声字之形训。

　　《说文·言部》："诚，信也。从言，成声。"

"诚"的本义为信实，诚实。《尔雅·释诂》亦释曰："诚，信也。"《尔雅》释义不用形训。《说文》此以"从言，成声"之形训术语训释"诚"字。"从某，某声"，这是《说文》训释形声字最常用的形训术语。又例如：

　　《说文·木部》："榜，所以辅弓弩。从木，旁声。"
　　《说文·木部》："檠，榜也。从木，敬声。"

榜、檠都是辅正、校正弓弩的木制器具,一名榜,一名檠,二者同。《韩非子·外储说右下》曰:"椎锻平夷,榜檠矫直。……榜檠者,所以矫不直也。"因为榜、檠都是木制器具,所以《说文》收入《木部》,许氏据其文字形旁表义类的构形皆形训为"从木";此二者字义相同,但是字形、读音有异,所以许氏据其形声字声旁表示读音的构形,形训"榜"字"旁声","檠"字"敬声",以区别二字不同的读音和字形。《说文》一书收释形声字约占全书所释字的80%左右,许氏形训形声字,多用"从某,某声"或"从某,某省声"的术语。例如:

> 《说文·牛部》:"特,朴特,牛父也。从牛,寺声。"
> 《说文·牛部》:"犊,牛子也。从牛,渎省声。"
> 《说文·牛部》:"犅,特牛也。从牛,冈声。"

许氏形训"从牛",表示"特"、"犊"、"犅"三动物皆属牛,形训其"寺声"、"渎省声"、"冈声",以区别"特"、"犊"、"犅"三种牛之不同读音和字形。

形声兼会意字,许氏《说文》形训术语为"从某、某,某亦声",或作"从某,从某,某亦声"。例如:

> 《说文·玉部》:"琀,送死口中玉也。从玉,从含,含亦声。"

　　"琀"字本义是指送终时含在死者口中的玉。"玉"、"含"皆表义，而且"含"还同时表示该字的读音。所以《说文》将形声兼会意字"琀"收在《玉部》，形训"琀"字"从玉，从含，含亦声"。《说文》中的"某亦声"术语，表示该声旁既表字之读音，又表字之一部分字义。又如：

　　　　《说文·女部》："姓，人所生也。古之神圣母，感天而生子，故称天子。从女，从生，生亦声。《春秋传》曰：'天子因生以赐姓。'"

　　在母系社会，人知其母而不知其父。"姓"即是指母亲所生的血源宗族姓氏。"女"（指母亲）、"生"（母亲所生）皆表义，而且"生"还同时表示该字的读音，所以《说文》将形声兼会意字"姓"收在《女部》。

　　　　《说文·牛部》："牭，四岁牛。从牛，从四，四亦声。"

　　"牭"字本义指四岁牛，所以"牛"字、"四"字都是"牭"的表义形旁；而且"四"还同时表示"牭"字的读音，即"四"字既表义，又表音。

　　　　《说文·牛部》："㸊，牛很，不从引也。从牛，从㕟，㕟亦声。"

"𤛮"字本义是指牛很犟,不听从使唤,不听从牵引。段玉裁《说文解字注》释此既表义又表音之义兼声符"臤(qiān)"曰:"臤者,坚也。故从牛、臤会意。"

(二) 义训

训释字义采用义训方法。义训就是直接训释字义而不借助字形和字音。汉字义训的方法可以分为下列几种类型。

1. 定义界说。即给字所代表的事物下定义。例如:

> 《说文·男部》:"男,丈夫也。从田,从力,言男用力于田也。"

许氏此对"男"字的训释用了两种方法。第一是义训法:"男,丈夫也。"这是给"男"下定义界说;第二是形训法:"从田,从力,言男用力于田也。"《说文》这里义训、形训双法并用。《说文》义训、形训双法并用的训释很常见。下面主要介绍《说文》义训之定义界说。

> 《说文·片部》:"牖,穿壁以木为交窗也。"

"牖"即是凿穿墙壁用木材做成横竖相交的窗户。

《说文·衣部》："衰,草雨衣。"

"衰"即是用草编制成的防雨衣。"衰"被借去记录盛衰的衰,其草雨衣之本义后来加草头写作"蓑(suō)"。

《说文·衣部》："褶,褔领也。"

"褶"即是衣领。褔,本指粗麻衣,此泛指衣服。
2. 同义训释。例如:

《说文·言部》："讽,诵也。""诵,讽也。"

讽、诵,此为同义互训。

《说文·口部》："咽,嗌也。""嗌,咽也。"

咽、嗌,此为同义互训。

《说文·一部》："元,始也。"

"元"表示第一、初始义,《尔雅·释诂》曰:"初、哉、首、基、肇、祖、元、胎、俶、落、权舆,始也。"

《说文·示部》:"祸,害也。"

祸、害同义训释,后世凝为双音同义词:祸害。

同义训释,《说文》有时是用今语训释古语。例如:

《说文·尗部》:"尗,豆也。"

段玉裁《说文解字注》曰:"尗,豆,古今语,亦古今字。此以汉时语释古语也。"

《说文·舟部》:"舟,船也。"

段玉裁《说文解字注》曰:"古人言舟,汉人言船。"

《说文·木部》:"楬,楬橥也。"①

大、小徐本《说文》皆解作:"楬,楬桀也。"清人莫友芝《唐写本说文解字木部笺异》曰:"许书无'橥'字,汉人呼'有所表识皆曰楬橥'。段注谓'许以汉常语为训',故出'橥'于说解,仍不列'橥'篆,理或然也。其名楬橥,其义则是揭著。"拙著《唐写本说文解字木部笺异注评》曰:"楬橥

---

① 此依《唐写本说文木部残卷》。

之本义是指写上文字以作标志用的小木桩,又写作楬著。"

同义训释,《说文》有时是用通语训释方言。例如:

> 《说文·衣部》:"襟(dié),南楚谓禅衣曰襟。"
>
> 《说文·口部》:"咣(qiàng),秦晋谓儿泣不止曰咣。"
>
> 《说文·口部》:"喑(yīn),宋齐谓儿泣不止曰喑。"
>
> 《说文·口部》:"咺(xuān),朝鲜谓儿泣不止曰咺。"
>
> 《说文·目部》:"眮(dòng),吴楚谓瞋目、顾视曰眮。"

同义训释,《说文》有时既先训释通语义,然后又训释方言义。例如:

> 《说文·衣部》:"衰,草雨衣。秦谓之萆(pì)。"
>
> 《说文·目部》:"矔(guàn),目多精也。……益州谓瞋目曰矔。"
>
> 《说文·目部》:"睎,望也。……海岱之间谓眄曰睎。"

3. 以属概念词训释种概念词。

在汉语中,具有包含关系的两个概念中,外延较大的

概念叫做属概念,外延较小的概念叫做种概念。《说文》一书常常用属概念词训释种概念词。例如:

> 《说文·玉部》:"璥,玉也。""璑,玉也。""玒(hóng),玉也。""璐,玉也。"
>
> 《说文·艸部》:"葵,菜也。""薇,菜也。""薳(wéi),菜也。"
>
> 《说文·木部》:"李,果也。""橙,橘属。"

这类以属概念词来训释种概念词的义训,有的文字学著作称之为"用共名训释别名"。

4. 递训。

义训有一种方式叫做递训,即用乙来训释甲,再用丙来训释乙。甲、乙、丙几个词语词义相同或相近,所以可以用来递相训释。例如:

> 《说文·攴部》:"收,捕也。"《说文·手部》:"捕,取也。"《说文·又部》:"取,捕取也。"
>
> 《说文·巾部》:"幎,幔也。""幔,幕也。"
>
> 《说文·糸部》:"继,续也。""续,连也。"
>
> 《说文·言部》:"论,议也。""议,语也。""语,论也。"

（三）声训

文字学、训诂学所说的声训，就是因声求义，不限形体；就是通过汉字声音的命名来推求、考知汉字之语源由来。古代学者研究字义常常这样做：考形而知声，因声而求义。也即通过训释与被训释词之间音近义通的同源关系，来训释词义的来源并显示词义。在上古文献中已见到声训释词的零星例子。例如《周易·需》象传："需，须也。"《周易·说卦》："乾，健也。坤，顺也。"《礼记·中庸》："仁者，人也。""义者，宜也。"《论语·颜渊》："政者，正也。子帅以正，孰敢不正。"《孟子·滕文公上》："庠者，养也。校者，教也。"可见声训释词的方法起源很早。但是这种训释词义的声训方法，直到战国末年西汉初年的《尔雅》及东汉的《说文》《释名》等著作才普遍采用。下面介绍许氏《说文》声训释词的例子。

《说文·一部》："天，颠也。"

天、颠二字同属上古音真部，其共同的词义是指最高处、顶点，所以许氏以声为训。段玉裁《说文解字注》对此注曰："此以同部叠韵为训也。凡'门，闻也'，'户，护也'，'尾，微也'，'髪，拔也'，皆此例。"《广雅·释言》亦用声训释曰："天，颠也。"王念孙《广雅疏证》对此疏证曰："《太平御览》引《春秋题辞》云："天之为言颠也，居高理下，为人经纬。"

> 《说文·黍部》："黍，禾属而黏者也。以大暑而种，故谓之黍。"

黍与暑，叠韵为训。"以大暑而种，故谓之黍"，即通过"黍"、"暑"叠韵声训来训释"黍"字语义之由来。

> 《说文·女部》："姻，婿家也。女之所因，故曰姻。从女，从因，因亦声。"

"姻"字本义指女婿家（壻、婿古今字）。因、姻同音；因者，就也，往也，"女之所因"，即女之所就所往乃是女婿之家，所以"女之所因，故曰姻"，许氏通过声训之法、训释"姻"字语义之由来。

> 《说文·女部》："妻，妇与己齐者也。"

许氏此从丈夫的角度，用声训的方法训释"妻"之词义："妇与己齐者"为妻。段玉裁《说文解字注》注曰："妻、齐，以叠韵为训。"

《说文·示部》："祳（shèn），社肉，盛以蜃，故谓之祳。"

"祳"之本义是指社肉——祭祀土地神的肉。许氏先用义训之法训释"祳"字本义，接着便用声训之法训释"社肉"为什么叫做"祳"：用祭祀器盛装"蜃"（shèn，中国古代传说中的一种海怪，形如大牡蛎。一说是水龙）作社肉，所以叫做祳。蜃、祳，同音声训可以得知"祳"字语义之由来。

《说文·上部》："帝，谛也。王天下之号也。"

帝，以"谛"同音为训。"谛"是周密审谛之义。许氏用同音声训之法训释统治天下之帝都周密审谛。朱骏声《说文通训定声》引《风俗通》释曰："帝者任德设刑以则象之，言其能行天道，举措审谛。"

在许氏《说文》一书中，形训、义训、声训三种训释汉字字义的方法，有时候单用其中一法，有时候并用其二法，有时候甚至三种方法同时连用。学习、研究《说文》，不可不知。例如：

《说文·示部》："礼（禮），履也。所以事神致福也。从示，从豊，豊亦声。"

　　许氏训释"礼"字,声训、义训和形训三种方法并用。"礼,履也",礼、履因声得义,许氏此用声训法训释之。《尔雅·释言》亦曰:"履,礼也。"晋人郭璞注曰:"礼可以履行。"礼、履叠韵为训。此其一。

　　"礼……所以事神致福也"。用礼事神以致福,许氏此用义训法直接训释"礼"字本义。此其二。

　　"礼……从示,从豊,豊亦声"。《说文》训释"示"为"神事","豊"为"行礼之器"(高脚盘"豆"上盛有敬神之玉片,参见甲骨文"豊"字字形更为清楚),许氏此以"从示,从豊,豊亦声"之专用术语,即并用形训法和声训法以训释"礼"字语源语义之由来。此其三。

> 　　《说文·女部》:"婚,妇家也。礼:娶妇以昏时,妇人阴也,故曰婚。从女,从昏,昏亦声。"

　　许氏训释"婚"字,义训、声训和形训三种方法并用。

　　"婚,妇家也",此"妇家"即是指"妇女出嫁"。"婚"字本义是指妇女出嫁。许氏此用义训法训释"婚"字本义。

　　"礼:娶妇以昏时,妇人阴也,故曰婚"。按照上古礼制,丈夫迎娶新妇在黄昏之时;"昏"与"婚"同音,且关涉"婚"字语源语义。许氏此用声训法训释"婚"字语义之由来。

　　"婚……从女,从昏,昏亦声"。妇女昏时出嫁;"婚"字又由"女"、"昏"构成,许氏训释"婚"字"从女,从昏,昏亦声"之字形结构,并用形训和声训之专用术语,训释"婚"字语义之由来。

　　《说文·户部》:"户,护也。半门曰户。象形。"

　　许氏训释"户"字亦是声训、义训和形训三种方法并用。

　　"户,护也"。户、护同音,此为声训。许氏声训"户"的命名来源于"护"。东汉刘熙《释名》对此有更具体的诠释:"户,护也。所以谨护闭塞也。"

　　"半门曰户",许氏此用义训释说"户"字本义。古代的"门"字写作"𨳆",是中开两扇的门;"户"则是单开一扇,写作"𡴔",所以许氏义训为"半门曰户",即单开一扇的户叫做窗户。

　　许氏在此条注解的最后用形训法训释"户"字为"象形"字。

　　形训、义训和声训,是许氏《说文》一书主要的训释汉字字义的三种方法,也是中国古代字书、辞书等小学著作和古代注疏著作广泛使用的三种方法。《说文》流传后世,成为经典。现当代人学习《说文》,应当全面学习掌握汉字形训、义训和声训的知识、方法,并能熟练地加以运用。

第四节　《说文解字》注音方法

汉字是表意体系的文字。汉字不能像西方英语等表音文字那样,看见表音文字即可念出读音。上古汉字是没有注音的,汉字的读音是靠师承口口相传、代代相传得以流传识读的。许慎《说文》作为中国最早的一部字典,相对于汉字字义、字形的训释解读而言,其对汉字的注音也是相对较少、较弱的。主要是因为当时人们对汉字语音的认识还不够科学,不够全面。直到佛经翻译的兴起,人们对汉字语音的认识才渐渐增多。《说文》给汉字注音,处在滥觞期,所以既不够完善,有些注音也不够准确、科学。归纳概括而言,《说文》为汉字注音的方法主要有三大类:一是"读若"、"读同"注音法,二是形声注音法,三是形声与读若注音法并用。下面分别简介。

一、读若、读同注音法

> 《说文·㗊部》:"㗊,众口也。从四口。……读若戢;又读若唈。"

从四口之"㗊",字义是指众口。《说文》此用"读若戢",注明"㗊"字读如"戢"字之音 jí。大徐本"又读若唈",恐系传写有误。一是"㗊"字没有"唈"字 náo 的读音,二是小徐本此句作别义之训:"一曰唈。"《说文》在其《口部》收释此从口奴声之"呶，欢声也"，欢声即为喧闹之声。从四口的"㗊"字有众口喧闹之别义，是说得通的。所以"呶"字之音不是"㗊"字的又音，而是"一曰"别义。故而大徐本"又读若呶"有误，当依小徐本解作别义"一曰呶"，方得许氏《说文》原旨。

　　《说文·力部》："劵，健也。从力，敖声。读若豪。"

　　"劵"字形符从力，其字本义指健壮有力，其音"读若豪"，即许氏注明"劵"字读如"豪"字之音 háo。

　　《说文·誩部》："誩，竞言也。……读若竞。"

　　"誩"字本义为争相辩说，其音"读若竞"，即许氏注明"誩"字读如"竞"字之音 jìng。

　　《说文·舁部》："舁，共举也。……读若余。"

　　"舁"字本义为共同举起，其音"读若余"，即许氏注明"舁"字读如"余"字之音 yú。

　　《说文·苜部》："苜，目不正也。……读若末。"

"苜"字本义指人眼不正,其音"读若末",即许氏注明"苜"字读如"末"字之音 mò。

> 《说文·口部》:"臽,山间陷泥地。从口,从水败皃。读若沇州之沇,九州之渥地也,故以沇名焉。"

"读若某某之某",许氏这一注音术语十分明确。此注"臽"字读如沇州之"沇",音 yǎn。

在《说文》一书中,许氏用"读若某"来给被注音字注音。"读若"为注音术语,也是"读如某之音"之义。"读若某"之"某"为注音字,一字一音,注音明确,也容易学习掌握。这是《说文》"读若某"注音方法的优点。后世字典辞书亦沿用《说文》这一注音方法,用"音某"注音,称为直音法。

如果"读若某"之"某"为常见字,则此注音法甚佳;如果"读若某"之"某"为不常见的难以识读的字,例如《说文·土部》:"垍,坚土也。……读若臮。"此注音字"臮(jì)"是个难以识读的生僻字,则此"垍……读若臮"之注音就难以识读了。这便失去了注音的价值。这是《说文》"读若某"注音法美中不足之处。

细细研读《说文》,其"读若"、"读同"注音法,可以细分为以下三个小类。

(一)《说文》注音术语"读若"之后只带一个单音字

"某",此"某"即为注音字,即表示被注音字读如"某"字之音。这类注音法在《说文》一书中数量最多,学习掌握没有太大的难度。例见上举五例,余不赘举。

(二)《说文》注音术语"读若"之后为两个以上的字,或为两字组,或为三字、四字组,或为五字以上的小句,如何判定这些字组或小句中的哪一个字为注音字"某"? 严格说来,许氏《说文》并没有固定的答案,这需要根据"读若"一句的上下文来确定其中的一个字为注音字"某"。这是有一定难度的。这类"读若"注音,从注音来源上讲,许氏或据被注音字与注音字阴声、阳声读音,或据其声旁字读音,或据方言注音,或据俗语注音,或以上古文献用例注音,或以释义方式注音。下面分别举例说明。

《说文·金部》:"𨬔,长矛也。从金,炎声。读若老聃。"

"𨬔"字本是指长矛,是个从金、炎声的形声字,根据许氏"炎"声的形声法的提示,"读若老聃"的注音,"老聃"的"聃"字当为注音字,因为"聃"和"炎"字都是阳声韵字,阴声韵字"老"字不可能为注音字。所以可以理解"𨬔"字读如老聃之"聃"字读音。这是利用注音字与被注音字之声符的语音关系来帮助识读注音字。"聃"字今读不送气的 dān,"𨬔"字今读为送气的 tán。"𨬔"、"聃"同为上古舌头音,《说文》注"锬"字"读若老聃"之"聃"音,说明这两个字在上古是同音字。"锬"和"聃"二字今音声母有变,这是古今音变的结果。

> 《说文·力部》:"劭,勉也。从力,召声。读若舜乐《韶》。"

"劭"字形旁从力,本义是自强努力。许氏注音术语"读若"之后带有三个字:"舜乐《韶》。"根据"劭"字声旁"召声"的提示,可以确定"韶"字是"劭"的注音字("韶"、"劭"二字同为"召声"),也即"劭"字之音读如舜乐《韶》之"韶"字之音 sháo("劭"字今音读去声 shào,古今声调有变化)。

> 《说文·土部》:"埂,秦谓阬为埂。从土,更声。读若井汲绠。"

《说文》此释"秦谓阬为埂",当是古代秦地方言词。后世汉语把"埂"称指田间稍稍高起的小路。被注音字"埂"与注音字"井汲绠"之"绠"同以"更"为声符,则"埂"字之音当读若"井汲绠"之"绠"字之音 gěng。许氏在《口部》亦以"读若井汲绠"标注"哽"字之音读如"绠"。

> 《说文·言部》:"该,军中约也。从言,亥声。读

若心中满该。"

　　《说文·食部》："馀，饥也。从食，亥声。读若楚人言惠人。"

　　"该"字本义是指军中戒约；"馀"字本义是指饥饿。这两个字字义不难懂。但是《说文》对这两个字的注音真的不好理解。许氏用"读若心中满该"来给"该"字注音，注音字与被注音字同为一个字，按照后世注音标准来说，等于没有注音。许氏用"读若楚人言惠(huì)人"来给"馀"字注音，在"楚人言惠人"中找不到注音字，怎么给"馀"字注音？其实《说文》是利用汉时人们熟知的俗语、方言来注音。"满该"是汉时人们都熟知的俗语"打饱嗝"之音为"gāi"，许氏用来给"该"字注音。王筠《说文释例》对此解释说："人皆熟此语，则以耳中之语识目中之字，其音必不误。""楚人言惠人"是楚国的方言，"惠人"是怨愤之义，楚人说惠人怨愤语发音"è"，有声音而无字，许氏用此来给"馀"字注音。王筠《说文释例·读若引谚》对此注释道："此谓其言惠人曰馀也。留其声于言外，更可征俗语之无字矣。"初读《说文》"该"、"馀"这样的注音例子，不查阅文献资料与专家考证，很难读懂。

　　《说文·金部》："铗，可以持冶器铸镕者。从金，夹声。读若渔人荚鱼之荚。"

许氏这个注音十分清楚，"铗"字"读若渔人荚鱼之荚"，音读为 jiá。铗与荚，都以"夹"为其声旁，此可帮助读者识读"铗"字读音。

《说文·金部》："鋞，金声也。从金，轻声。读若《春秋传》：'踵而乘它车。'"

鋞，从金，轻声，本义是指金属相撞之声。踵，从足，轻声，本义是指足断。鋞与踵均以"轻"为其声旁，读音均是 qìng。《春秋传》是汉时读书人熟知的上古经典，因此许慎援引该书中的用例来给"鋞"字注音。鋞与踵二字后世同音同义同用，今本《春秋左氏传·昭公二十六年》写作："苑子剌林雍，断其足，鋞而乘于他车以归。"

"劭"与"韶"，"埂"与"绠"，"铗"与"荚"，"鋞"与"踵"，《说文》以上四例注音字与被注音字，其标示字之读音的声旁分别相同，这是帮助读者辨识、识读《说文》"读若……"之后所带若干字中注音字的重要标志。

（三）注音术语为"读若某同"、"读与某同"，其"某"为注音字。例如：

《说文·豆部》："豑，礼器也。从廾持肉在豆上。读若镫同。"

"䇶"为行礼之器。"䇶"字之音,许氏注为"读若镫同",也即"䇶"与"镫"同音,同读为 dēng。镫,燈(灯),古今字。

《说文·豊部》:"豊,行礼之器。读与礼同。"

"豊"是祭祀行礼之器具。许氏此注"豊"字之音"读与礼同",即"豊"、"礼"二字同音 lǐ。其实"豊"即"礼"之本字,高脚盘("豆")上盛玉片以事神。《说文·示部》:"礼,履也。所以事神致福也。从示,从豊,豊亦声。"

《说文·心部》:"悴,忧也。从心,卒声。读与《易》萃卦同。"

"悴"字之音,许氏注为"读与《易》萃卦同",即"悴"与"萃"二字同音 cuì,二字均以"卒"为其声旁。

《说文·心部》:"惄,忧皃。从心,弱声。读与惄同。"

"惄"字之音,许氏注为"读与惄同",即"惄"、"惄"二字同音 nì。

在《说文》一书中,"读若"这个术语,除用作注音外,还可用于训解音义与假借。例如：

> 《说文·受部》："𤔔，治也。……读若乱（亂）同。"

许氏此注"𤔔"字之音"读若乱同"，即"𤔔"、"乱"二字同音 luàn。除此而外，许氏此注，还含有"𤔔"与"乱"二字同义之训，因为《说文》之《受部》和《乙部》同训"𤔔"和"乱"为"治也"。

> 《说文·丌部》："丌，下基也。荐物之丌。象形。读若箕同。"

许氏此注"丌"字之音"读若箕同"，即"丌"与"箕"同音，读为 jī；除此而外，许氏此注还训解"丌"与"箕"同义，因为"箕"字古文为"𠀠"，即"其"字本字，籀文写作"𥳗"，其下部之"丌"，即为下基、荐物之丌。《说文·箕部》明言："箕，下其丌也。"徐灏《说文解字注笺》认为"丌"是"其"字声符："其从丌声，因为语词所专，故加竹为箕。"徐说有据。

> 《说文·辛部》："辛，辠也。……读若愆。"

"辛"字本义为犯罪、罪过。"辠"为"罪"字。《说文》训释曰："秦以辠似皇字，改为罪。"许氏此训系引通人张林之说:"辛,读若愆。"这不仅仅是注音 qiān,而且还是用"读若"来训解"辛"与注音字"愆"的词义联系。《说文·心部》:"愆,过也。"即愆之义是罪过。"辛……读若愆",即辛与愆同是犯罪、罪过之义。《玉篇·辛部》有明确的词义贯通训释:"辛,绮虔切。辛,辠也;亦作愆,过也。"《玉篇》此贯通训释,是对《说文》"辛……读若愆"最准确的诠释。

　　《说文·走部》:"趶,独行也。从走,勻声。读若茕。"

"趶"字本义指孤独行走的样子。徐锴云:"《诗》云'独行茕茕',本作此'趶'字。"许氏此训"读若茕",既言"茕"字表音 qióng,又言"茕"字有"孤独"义。

　　《说文·攴部》:"敳,闭也。从攴,度声。读若杜。"

"敳"字本义是关闭、拒绝。表示关闭、拒绝义的"敳绝"一词本当写作此形,而古代经典常常假借本义为甘棠而同音的"杜"字来记录"杜绝"一词。例如《鹖冠子·天则》:"圣王者,有听微决疑之道,能屏谗权实,逆淫辞,绝流语,去无用,杜绝朋党之门。"许氏此释"敳……读若杜",既是注音,"敳"字之音读如"杜",又是说解"杜"假借为"敳"。

段玉裁《说文解字注》在"敀,闭也"之下注曰:"杜门字当作此,'杜'行而'敀'废矣。"王筠《说文句读》亦注曰:"经典借'杜'为'敀'也。《晋语》:狐突杜门不出。"

> 《说文·力部》:"勞,健也。从力,敖声。读若豪。"

"勞"字本义为健壮有力,故在《力部》。健壮有力,才能出众者为勞杰。段玉裁《说文解字注》谓"勞"字为"豪杰真字"。许氏此训勞"读若豪",有两个作用:一是注音,"勞"字之音读如"豪"字之音 háo;二是说解"豪"字假借为"勞",故而后世"勞杰"被假借字所替代,写作"豪杰"。"豪"字在《说文》中收入《豕部》,本义为猪名,其颈上毛如同笔管,即"豪猪"。"豪"字本义与才能出众之"勞杰"无关,因同音假借为"勞",许氏"读若豪"正是训解"豪"假借为"勞"。王筠《说文句读》对此有注曰:"经典作'豪杰',借字也。"

二、形声注音法

《说文》释字九千多个,超过 80% 的字是形声字。许氏为形声字注音所用的术语主要是"某声"、"从某,某亦声"。其"某声"、"某亦声"就是利用形声字的声符来为该字注音。

汉字是表意体系的文字。汉民族先民最初赋予汉字以读音,此读音与字形无关,社会约定俗成,人人认可,代代相传。充当形声字声符的读音,也是这样得到的。按照形声造字法的原理,许氏《说文》谓之"以事为名,取譬相成"。用来譬况形声字声符的读音,最初与该形声字的读音是相同的,或者是相近的。但是汉字在漫长的历史发展过程中,情况非常复杂。形声字及其声符的读音呈现出极其复杂的关系。由于汉语使用地域辽阔广大,方言众多,不同的方言读音影响到汉字的读音,加上漫长历史变迁中古今音变的各种因素,至今人们对形声字及其声符的读音变化、差异尚无法完全洞悉其演变脉络。

《说文》以"某声"、"某亦声"标注形声字的读音,主要有以下三种类型。

(一) 声符读音与其形声字读音至今仍然相同。例如:

《说文・艸部》:"菥,兔葵也。从艸,稀省声。"

"稀省声",为了形声字"菥"的结构匀称而省去"稀"字的"禾"旁;稀与希同音。省形的"希"成为形声字"菥"的声符。许氏此用"稀省声"来为"菥"字标示读音:xī。

《说文・欠部》:"歌,詠也。从欠,哥声。"

声符"哥"与形声字"歌"完全同音：gē。以"哥"为声符而同音的形声字，《说文》还收释了"謌"、"滒"二字。

《说文·糸部》："绘，会五采绣也。从糸，会声。"

声符"会"与形声字"绘"完全同音：huì。以"会"为声符而同音的形声字，《说文》还收释了"荟"、"烩"二字。

《说文·金部》："铮，金声也。从金，争声。"

声符"争"与形声字"铮"完全同音：zhēng。以"争"为声符而同音的形声字，《说文》还收释了"莘"、"筝"、"埩"、"睁"等字。

《说文·女部》："婚，妇家也。礼：娶妇以昏时，妇人阴也，故曰婚。从女，从昏，昏亦声。"

亦声符"昏"与形声字"婚"完全同音：hūn。以"昏"为声符而同音的形声字，《说文》还收释了"惛"、"殙"、"阍"等字。

《说文·女部》："姻，婿家也。女之所因，故曰姻。从女，从因，因亦声。"

亦声符"因"与形声字"姻"完全同音:yīn。以"因"为声符而同音的形声字,《说文》还收释了"茵"、"鞇"、"駰"、"洇"、"捆"等字。

> 《说文·示部》:"礼,履也。所以事神致福也。从示,从豊,豊亦声。"

亦声符"豊"与形声字"礼"完全同音:lǐ。以"豊"为声符而同音的形声字,《说文》还收释了"澧"、"鳢"、"醴"等字。

形声字"取譬相成"之声符"某声"、"某亦声"、"某省声",其读音与该形声字的读音,最初当是相同的,所以这一类声符与其形声字古今读音仍然完全相同者,在形声字中仍然占多数。通过《说文》所标注的"某声"、"某亦声"、"某省声",我们今天可以准确地读出形声字的读音。

(二)声符读音与其形声字读音相近而今音不相同,声符"某"只能标示相近读音,而不能为其形声字标示准确读音。从汉字读音声母、韵母和声调三要素的角度进行分析,又可以分为三种情况。

1. 声母、韵母相同而声调不同。例如:

> 《说文·女部》:"姘,静也。从女,并声。"大徐本切音为"疾正切"。

《广韵》"妍"字"疾郢切"，与大徐本"疾正切"同音，今切读为 jìng，去声。在中古音中，"妍"与声符字"井"都是上声，为何切读为今音，声符"井"仍读上声，而"妍"字则变读为去声呢？原因是：声符字"井"中古声母为清音精母，精母切上声静韵古今皆读为上声 jǐng；形声字"妍"中古音声母为浊音从母，此浊音从母与上声静韵相拼切，今音变读为去声 jìng，这是中古唐代约九、十世纪以后"浊上变去"古今音变造成的声调变异。明乎此，声符字"井"与形声字"妍"声调不同的难题也就迎刃而解了。

> 《说文·弓部》："弩，弓有臂者。……从弓，奴声。"大徐本切音为"奴古切"。

"弩"字切音，大徐本与《广韵》均为"奴古切"，中古音为泥母，姥韵，上声，今音切读为上声 nǔ。"弩"字的声符"奴"，《广韵》切音为"乃都切"，中古音为泥母，平声，模韵，今音切读为阳平 nú。可见在中古时期，形声字"弩"与声符"奴"的韵母与声调就已经变异不同了。同样是以"奴"字为声符的形声字，"孥"、"驽"二字之音仍与其声符"奴"乃都切读音相同；"努"、"弩"则变读为上声 nǔ；"怒"则变读为去声（乃故切）nù。以"奴"为声符的形声字，最初当是同音同调的平声字，可是至少在中古时期，其声调就已经发生了上声和去声的音变。

《说文·糸部》："绮，文缯也。从糸，奇声。"大徐本切音为"祛彼切。"

"绮"字之音，大徐本切音与《广韵》"墟彼切"同音，中古音为溪母，纸韵，上声，今切读为 qǐ。绮字之声符"奇"，《广韵》切音为"渠羁切"，中古音为群母，支韵，平声，今切读为 qí。绮、奇二字声母都为牙音（溪清而群浊），韵母亦相同，而声调有异，"绮"字纸韵上声，"奇"字支韵平声，可见至少在中古时期，声符"奇"字与其形声字"绮"之声调变化就已经形成了。以"奇"为声符的一组形声字："骑"、"琦"、"锜"、"崎"、"陭"等诸字之音仍与声符"奇"读音相同，读为 qí；"绮"、"碕"二字声调则变读为上声 qǐ。由此可见，以同一字为声符的形声字，最初读音原本相同；后世演变发展，有一部分形声字读音仍然不变，而其中有一部形声字的声调则会发生变异。导致声调发生变异的原因很复杂，有待进一步详考。

2. 韵母相同而声母不同。例如：

《说文·禾部》："秒，禾芒也。从禾，少声。"大徐本切音为"亡沼切"。

"秒"字之音，《广韵》与大徐本切音均同为"亡沼切"，中古音为明母，小韵，上声，今切读为 miǎo。而其声符"少"

(不多也)字，《广韵》切音为"书沼切"，中古音为书母，小韵，上声，今切读为 shǎo。声符"少"与其形声字"秒"，韵母、声调相同而声母不同；与此相同的形声字还有"眇"、"渺"等字。可见声符字"少"在后世语音演变发展过程中已经不能够为"秒"、"眇"、"渺"等形声字标示准确的读音了。

> 《说文·邑部》："邵，晋邑也。从邑，召声。"大徐本切音为"寔照切"。

"邵"字之音，《广韵》"实照切"与大徐本"寔照切"同音，中古音为禅母，笑韵，去声，今切读为 shào。而声符"召"字，《广韵》切音为"直照切"，今切读为 zhào，中古音为澄母，笑韵，去声。声符"召"与其形声字"邵"，韵母、声调相同而声母不同。与声符"召"字完全同音的形声字有"照"、"诏"等字；与声符"召"字只是韵母相同而声母不同的形声字有"劭"、"邵"、"超"、"韶"等字。可见声符字"召"在后世语音演变发展过程中已经不能为"邵"、"劭"等形声字标示准确的读音了。

3. 声母相同而韵母不同。例如：

> 《说文·欠部》："冶，销也。从仌，台声。"

"冶"字之音,大徐本切音"羊者切",中古音为以母,马韵,上声,今切读为 yě。其声符"台声"之"台",徒哀切,中古音为定母,咍韵,平声,今切读为 tái。中古音的"以母"归入上古音的"定母",可视为同声母,今音亦同读为零声母;而"台"之"咍韵",与其形声字"冶"之"马韵",韵母则完全不相同,可见声符"台"已经不能为其形声字"冶"标示准确的读音。

义为呜咽、哽咽的形声字"咽"yè,从口,因声,《广韵》切音为"乌结切",中古音为影母,屑韵,入声,今音切读为 yè。"因声"之"因",《广韵》切音为"於真切",今音切读为 yīn,影母,真韵,平声。"因"与"咽"古今声母相同,均为影母,今音亦同为零声母,而"因"之真韵韵母,与"咽"之屑韵入声韵母则完全不相同,可见声符"因"已经不能为其形声字"咽"标示准确的读音。

(三) 声母、韵母均不相同,即声符"某声"读音与其形声字读音完全不同。例如:

> 《说文·人部》:"侈,掩胁也。从人,多声。"大徐本切音为"尺氏切"。

"侈"字之音,《广韵》与大徐本切音均同为"尺氏切",今切读为 chǐ,昌母,纸韵,上声。而声符"多",《广韵》切音为"得何切",今切读为 duō,端母,歌韵,平声。声符"多"之音,与其形声字"侈"之音,声母、韵母不同,完全不同音。从今音的角度上说,声符"多"失去了标音的作用;然而从形声字造字之初,声符"多""取譬相成"标示读音的角度上考察,声符"多"是有标音作用的。例如《说文》收释"刻、袳、姼、垑、銟、庨"等字,都以"多"为声符,且读音都读为 chǐ。《卪部》:"刻,有大度也。从卪,多声。读若侈。"《广部》:"庨,广也。从广,侈声。"此"侈声"之"侈",本是从人,多声的形声字,可见"多声"之声符"多"是有标音作用的,只是后人还没有找到"多声"为何变读为"昌母、纸韵、上声"的原因,还不能找到"多"这一声符为形声字"侈"字标音的理据。

> 《说文·辵部》:"迆,邪行也。从辵,也声。"大徐本切音为"移尔切"。

"迆"字之音,大徐本切音"移尔切"今切读为 yǐ,以母,纸韵,上声。声符"也声"之"也",《广韵》切音"羊者切",今音切读为 yě,以母,马韵,上声。在中古音中,声符"也"与其形声字"迆",声母、声调相同,而韵母一为纸韵,一为马韵,完全不同。在现代音中,"也"读 yě,"迆"读 yǐ,也完全不同音。是不是声符"也"失去标音的作用?应该不是。《说文·酉部》收释从酉,也声的"酏"字移尔切,今音读为 yǐ。《贝部》收释从贝,也声的"貤"字以豉切,今音切读为

yì。《匚部》收释从匚 fāng，也声的"匜"字移尔切，今音读为 yǐ。《㫃部》收释从㫃 yǎn，也声的"施"字式支切，今音切读为 shī。《攴部》收释从攴，也声的"敀"字式支切，今音切读为 shī，等等。这些字都说明"也声"确实是标注形声字读音的声符。以"也"为声符的两组形声字，一读为 yǐ、yì；一读为 shī，就是没有读为声符"也"字马韵、以母 yě 音的形声字。我们现在只能说，也许"也声"标音理据和规律今人尚未发现，尚需继续研究探寻。

　　《说文·尸部》："屠，刳也。从尸，者声。"大徐本切音为"同都切"。

"屠"字之音，大徐本和《广韵》切音都是"同都切"，今音切读为 tú，定母，模韵，平声。声符"者声"之"者"，《广韵》切音"章也切"，今音切读为 zhě，章母，马韵，上声。声符"者"与其形声字"屠"完全不同音。"者声"是否有标示读音的功能呢？答案是肯定的。《说文·赤部》收释从赤，者声的"赭"字"之也切"，今音切读为 zhě，正好与声符"者"读音相同。《说文·奢部》收释从大，者声之"奢"字式车切，今音切读为 shē，书母，麻韵，平声。仅麻韵韵母与声符"者"之马韵韵母相同，声母和声调均不相同。再查找"者声"的形声字，"都"字读 dū；"诸"、"猪"二字读 zhū；"煮"、"渚"二字读 zhǔ；"暑"、"署"、"薯"三字读 shǔ；"著"、"箸"、

"翥"三字读 zhù。这些以"者"为声符的形声字读音,都与声符"者"字读音不同。确实应当找出"者声"标示读音及其古今音变的理据和规律才能说明问题。

《说文》一书形声注音法三类情况的主要内容,上面已经作了简介。其第一类"某声"、"某亦声"、"某省声"声符读音与其形声字读音从古至今仍然相同占多数,而且拼读不存在任何障碍,这里不再讨论。

其第二类"某声"、"某亦声"、"某省声"声符读音与其形声字读音只是相近而不相同,其第三类"某声"等声符读音与其形声字读音完全不同,则需进一步分析讨论。概括起来,造成读音变异不同的原因,主要有以下三方面。

第一,上古汉字一字多音。

上古汉字少,为了记录丰富繁多的汉语词,汉民族先民常常是一字多用。一字多用无疑会造成一字多义、一字多音。充当形声字"某声"、"某亦声"、"某省声"的声符字,一字多义,一字多音,被用在形声字中标注读音,也就会有多种读音。后人识读分析形声字声符标注的读音或相近,或不同,常常忽略了这一重要原因。例如我们前面所列举的声符"奇"字,《说文·可部》"奇"字就释有两义:"异也。一曰不耦。"异就是殊异、奇异。此义读音为"渠羁切(qí)"。这是"奇"字本义本音。以"奇"为声符的"骑、琦、锜、崎、蒤"等形声字,读音同为 qí;以"奇"为声符的形声字"绮",读音变读为上声 qǐ,则是后来古今音变中产生的变异读音。从马、奇声的"骑"字表动词骑马义,读音为平声 qí;语法上破读为名词(坐骑)义,读音变读为 jì,这是"骑"语法破读而产生的变异读音。许氏《说文》训"奇……一曰不耦",当是"奇"字本义本音之后产生的别义又音。"不耦"之别义即是指单、单数,非双,此别义又音读为"居宜切(jī)"。用此又音"奇 jī"来作声符标注形声字的读音,就有"剞、畸、犄"等形声字,同读 jī 音。

陆宗达《说文解字通论》研究指出:"'己'字,可以认为最初就具有 jǐ 和 féi 两个音读,以 jǐ 音来标音,则有'忌'、'记'之读;以 féi 来标音,则有'妃'、'配'之音。《集韵》的'妃'兼收在《微韵》和《之韵》。《微韵》'妃,芳微翻',《之韵》把'妃'字列为'姬'的异体字,音'居之翻',则'妃'、'配'从己声,更不必置疑了。"

形声字的"某声"、"某亦声"、"某省声"声符,其读音与形声字读音不相同,或只是读音相近,常常是声符字一字多音造成的。

第二,汉字历史悠久,汉字读音会造成古今音变。

从肉(月)、完声的形声字"脘",同样是根据《广韵》切音"古满切,上缓见",《辞源》(修订本)注其汉语拼音为 guǎn,《汉语大字典》注其汉语拼音为 wǎn,《现代汉语词典》(第六版)亦注其音为 wǎn。《广韵》"古满切"切读为今音,应该是 guǎn,而不是 wǎn。"脘"字现代汉语读音读为 wǎn,这个 wǎn 音是如何变读而来的呢?这是声符"完"字发生音变而导致的结果。查《广韵》"完"字切音为"胡官切",应当读为今音 huán；又查元代周德清所著《中原音韵》,"完、刓、蚖、岏"诸字同在读为零声母的一个小韵中,今音读为 wǎn。可见"完"字在元代已经变读为零声母的wǎn音,以至从月完声的形声字"脘"也从元代起变读为wǎn。这是声符字音变造成形声字音变的例子。

我们前面举例说的从女井声的"妌"字,其声符"井声"之"井"字子郢切,精母,上声,静韵,今音切读为上声 jǐng。按理从女井声的"妌"字也应该读为上声,但是大徐本采用唐人孙愐的反切,"妌"字反切为"疾正切"。这反切上字"疾"就与声符"井"字反切上字"子"发生了变化："子"字为清音声母精母,"疾"字为浊音声母从母。唐代正好是"浊上变去"音变发生的时代,唐人孙愐用"疾正切"来给"妌"字注音,说明从女井声的"妌"字由上声变读为去声 jìng,从唐代就已开始,至今有一千多年的历史了。

又如从火昆声的"焜"字,按《广韵》"胡本切",今音应切读为 hùn。《汉语大字典》据《广韵》"胡本切"却切读为kūn。"焜"字现代汉语读音也确实是 kūn,这个读音是从什么时候开始产生的呢？查《广韵》,"焜"字声符"昆"为"古浑切",应切读为 gūn。这是"昆"字古音。《集韵·魂韵》"昆"字"公浑切"下有"焜"字,说明"昆"和"焜"在宋代已经产生 kūn 音。明代《正字通·日部》"昆"字注曰："俗音坤。"可见《广韵》存"昆"、"焜"两个古读音,《集韵》记载了

"昆"字在宋代的变读音;明代《正字通》仍记载"昆"字"俗音坤"。"焜"字随其声符"昆"字古今音变,在宋代之后就变读为 kūn 音了。

第三,古代方言读音影响。

我国地域辽阔,古今方言众多,方言读音歧异严重。《说文叙》曰:"言语异声,文字异形。"许氏此指上古各诸侯国使用汉语汉字的情况是属实的。同一个汉字,在不同的方言区,读音是不尽相同的。例如:

《说文·木部》收释从木、既声的"概"字(又写作上下结构的"槩"),大徐本切音为"工代切",小徐本切音为"苟代反",而唐写本《说文·木部》残卷切音则写作"工内(切)"。大、小徐本"工代"、"苟代"二切均为开口呼音,今切读为 gài,此开口呼音流传至现代普通话中。唐写本之"工内(切)",则为合口呼音,当切读为 guī。《玉篇》"概"字切音为"古会切"。《广韵》切音为"古代切"。《集韵》之《对韵》切音为"古对切";《代韵》之切音为"居代切"。《玉篇》之"古会切"和《集韵》之"古对切"与唐写本"工内(切)"同读为合口呼音;《广韵》"古代切"和《集韵》"居代切"与大、小徐本切音同读为开口呼音。"概"字开口呼、合口呼二音是如何形成的呢?唐代玄应书和慧琳书给出了答案:慧琳《一切经音义》卷四十六"不概"条注:"概,《字林》工内反,谓'平斗斛者也'。"玄应《一切经音义》卷十七"如概"条注释曰:"古代反。《苍颉篇》:'概,平斗斛木。'江南行此音;

关中'工内反'。"查考唐代玄应书和慧琳书,我们可以清楚地得知:从木既声之"概"字开口、合口之异音,乃是古代不同方言读音。关中"工内反"之合口音在古今语音演变中消失了,现代普通话"古代反"之开口音,乃是江南方音从古到今的延续读音,成为"概"字在后世的通行读音。

唐写本《说文·木部》残卷曰:"杞,㕮也。从木,巳声。……齐语读若骇。梩,杞或从里。"杞,二徐本篆作从木、目声之"相",释曰:"相,㕮也。从木,目声。……齐人语也。梩,或从里。"唐写本之"杞"、大小徐本之"相",乃是同文异体字。相,大徐本"详里切",小徐本"详纪反",《集韵》"相"、"杞"均为"象齿切",上三切今音均切读为 sì。此 sì 音正与唐写本"巳声"之"巳"音同(《广韵》切音为"详里切")。这是"杞"、"相"二字的通行读音。除此而外,唐写本又保存了许氏用齐地方言音给"杞"的注音:"齐语读若骇。""骇",《广韵》"侯楷切",今音切读为 hài。此"骇"音,乃是许氏用"齐语"所注之方言读音。大、小徐本则简记为"齐人语也",不如唐写本保留许书"齐语读若骇"信息更全。清人莫友芝《唐写本说文解字木部笺异》对此有注曰:"《方言》云:'江淮南楚之间谓之㕮,东齐谓之梩。'郭璞:'音骇。'《说文》此训,本《方言》。得《唐本》增'读若',乃知郭音即本《说文》也。"

同一个意义的汉语词,古代通语用字及其读音与方言用字及其读音也不相同。例如:下雨天人披穿在身上用来遮挡雨水的草雨衣,通语谓之"衰",读为 shuāi,秦地方言谓之"革",读为 pì。《说文·衣部》曰:"衰,草雨衣。秦谓之革。"由于"衰"字被借去记录盛衰、衰落的"衰",后世便新造从艸衰、衰亦声的"蓑"字来保持草雨衣的本义。唐人张志和《渔歌子》云:"青箬笠,绿蓑衣,斜风细雨不须归。"即是其用例。可见许氏《说文叙》云古代"言语异声,文字异形"客观存在,对汉语词的读音和汉字的书写演变都有影响。

汉语方言分歧严重,影响汉字读音与书写,影响语言交流。这是不争的事实。所以《论语·述而》记述孔子教授各地前来求学的弟子,不得不用当时的普通话——雅言:"子所雅言,诗、书、执礼,皆雅言也。"《荀子》也说过:"越人安越,楚人安楚,君子安雅。"战国至西汉初年成书的《尔雅》,其《释诂》《释言》《释训》除以当时今语以释古语外,重要的也是以通语、雅言以释各地方言方音字词。西汉扬雄写下著名的《方言》一书,以汉时四方通语以释各地方言方音字词。了解了汉字在上古一字多音多义、汉字读音古今音变和方言歧异影响汉字读音,再加上后人尚未发现古今语音变化的理据,以及汉字众多,代有新造,古今语音史料隐没等等原因,后人对形声字读音与声符有别,甚至完全不同,就不会感到奇怪了。许慎为正确解读汉字读音这一重大课题,撰著《说文解字》一书首开先河,作出了杰出的贡献。我们后人当可以在《说文》的基础上,正确解读汉字读音作出新的贡献。

三、形声法与读若法同时并用

《说文》给汉字标音，有时是形声法与读若法同时并用。前文已有一些例子，下面再综合举例说明之。

《说文·大部》："奃，大也。从大，氐声。读若氏。"

"奃"义为大，形符直接表义，故收入《大部》。许氏既用形声法标注"奃"字之音为"氐声"，又用读若法标注"奃"字之音"读若氏"。这是双重注音。

《说文·口部》："嘬，嘬也。从口，集声。读若集。"

"嘬"字之音，许氏此亦用形声法"集声"和读若法"读若集"注音，今读作 jí。此双重注音，有利于读者准确读出"嘬"字之音。

《说文·犬部》："獳，怒犬皃。从犬，需声。读若槈。"

许氏既用形声法注"獳"字读音为"需声"，又用读若法注"读若槈"。狗发怒的样子叫獳，今音读如槈 nòu；此"读若檽"之檽音,与"獳"字声符"需",古今音变化大矣。若无"读若檽"之注音,仅凭"需声"之形声法注音,现代读者就很难读出"獳"的准确读音。

《说文·大部》:"㹟,大也。从大,戠声。读若《诗》'㹟㹟大猷'。"

"㹟"义为大。许氏既用形声法注"㹟"字之音"戠声",又用读若法注音,且引《诗·小雅·巧言》表明"㹟"字"读若《诗》'㹟㹟大猷'"之"㹟"字之音 zhì。被注音字为"㹟",注音字也为"戠"("㹟"的异文写法)字,此注音法不科学。王筠《说文句读》指出:"同字不得言'读若',当依《诗》作'秩秩'。"许氏所引《诗》之文当为古本,后世《诗》的传本作"秩秩大猷",故王筠如是说。

《说文·言部》:"諽,饰也。一曰更也。从言,革声。读若戒。"

许氏此用形声法和读若法为"諽"字注音,其形声法之之"革"音,正好是"諽"字之音;大徐本"古覈切"音同,读为 gé。其读若法之"读若戒",此"戒"与"諽"在上古音中同属入声职部见纽,亦为同音。但是古音今变,"諽"读 gé,"戒"读 jiè,现代读者如果仅据"读若戒",不了解古音今变规律,则很难读准"譚"字字音。

《说文·鼠部》:"鼹,鼠也。从鼠,番声。读若樊。"

"鼹"义为鼠名,今名白鼠。许氏既用形声法注"番声",又用读若法注"读若樊",双法注音。"番声"之"番",上古音寒部,滂母;"读若樊"之"樊",上古音寒部并母。番、樊二字韵部同,声母一清一浊,上古无四声,可视为相近之音,用来标注"鼹"字之音可也。但是"番声"之"番",今读阴平 fān;"樊"音今读为阳平 fán,"鼹"字今音与"樊"同。

仔细研读《说文》形声法与读若法同时并用,意在准确给被注音字注音,所以两法并用不嫌其重。《说文》所收释的字,多数都有注音,但也有不注音的字,例如"上"、"下"等字就没有注音。对不知音读的字,许氏便用"阙"字标识,不强作解人。例如:

《说文·兔部》:"毚,疾也。从三兔。阙。"

从三兔,义为迅疾的"毚"字,许氏不知其读音,故用"阙"字标识。《说文叙》说:"其于所不知,盖阙如也。"这是多么严谨科学的治学态度啊!"毚"字大徐本切音为"芳遇切",今切读为 fù。

《说文·爪部》:"爪,亦虱也。从反爪。阙。"

"爪"与"虱",字义相同,同是握持、抓持之义。许氏此形训"爪"字"从反爪";音读则以"阙"字标示未知,极为严谨。大徐本用"诸两切"注"爪"字之音,今切读为 zhǎng。

关于许氏《说文》一书标注汉字读音的内容,我们还要作如下强调说明。

初读《说文》者,会发现大小徐本每字训解之下,都有小字反切标注所训解字的读音。须知这些小字反切不是许氏《说文》的原文。许氏所生活的东汉末年,反切法等科学注音方法尚未产生,许氏撰著《说文》,自然不可能采用后世产生的反切法来给汉字注音,所以才发明"读若注音法"、"形声注音法"及形声法与读若法同时并用的三种注音法来给汉字注音。中国古代的反切注音方法,最早见于汉魏之间的三国时期,清代学者莫友芝《韵学源流》援引王应麟《玉海》引《崇文目序》曰:"孙炎始作字音,于是有音韵之学。又曰:世谓仓颉制字,孙炎作音,沈约撰韵,为椎轮之始。"莫氏还指出:"汉魏之间,孙炎创为反语。……孙叔然创《尔雅音义》。"这是说三国时期魏人孙叔然在《尔雅音义》中始创反切来给汉字注音,从此以后才产生出韵书来系统分析汉字的声母、韵母与声调。许慎撰作《说文》时还没有产生反切注音方法。后人用来给《说文》所收释的汉字注音,据《隋书·经籍志》记载,始于《说文音隐》一书,但是《说文音隐》一书没有流传下来。世传小徐本《说文系传》中的反切，采用的是五代时人朱翱的反切。徐锴说："当许慎时，未有反切，故言'读若'，此反切皆后人之所加，甚为疏朴，又多脱误，今皆新易之。"世传大徐本《说文解字》中的反切，采用的是唐人孙愐的反切。徐铉说："《说文》之时，未有反切。后人附益，互有异同。孙愐《唐韵》，行之已久。今并以孙愐音切为定，庶夫学者有所适从。"所以我们后人研读许氏《说文》，既要学用许氏读若注音法和形声注音法来识读汉字读音，又要学会大、小徐本之反切来帮助切读汉字读音，但是又不可误认为大、小徐本之反切为许氏《说文》原文。

　　《说文》一书标注汉字读音的内容，我们就作以上介绍。

第二章

《说文解字》六书解说导读

　　《说文》一书的精华之一是在说解阐发"六书"。"六书"是阐释汉字造字法、汉字形体结构规律的理论。"六书"理论起源很早。《周礼》所记周朝保氏掌养国子,教之"六书",没有具体内容流传下来。汉字源远流长、博大精深。仓颉造字之说传得神乎其神。但是从夏商周到秦,没有专人专书阐释解说"六书"内容。历代《说文》研究者,都说西汉时期大学问家刘歆的《七略》是汉朝解说研究"六书"的鼻祖。可惜《七略》早已亡佚,世人仅能从《汉书·艺文志》窥见大概。按照师承关系,史学家班固《汉书·艺文志》对"造字之本"六书名称、次序的简介源于刘歆《七略》。郑兴是刘歆的弟子,郑兴的儿子是郑众,郑众亦算是刘歆的再传弟子。郑众注解《周礼》一书,对"六书"名称、次序的注释,也应源于刘歆。刘歆的另一弟子贾徽,贾徽的儿

子贾逵也算是刘歆的再传弟子。贾逵是许慎的老师,许慎
"本从逵受古学,……考之于逵,作《说文解字》"(许冲《上
说文解字表》)。以师承关系算来,许慎当是刘歆的再再传
弟子了。所以说汉朝"六书"解说的鼻祖是刘歆。只可惜
刘歆的著作未能流传于世。庆幸的是许慎在其撰作的《说
文解字》这部不朽巨著中,上承师说,兼采通人,将"六书"
理论作为《说文》全书的基本理论,作了全面、系统而科学
的阐释。许氏在《说文叙》中创造性地阐发说:"仓颉之初
作书,盖依类象形,故谓之文;其后形声相益,即谓之字。
文者,物象之本;字者,言孳乳而寖多也。著于竹帛谓之
书。书者,如也。……周礼:八岁入小学,保氏教国子,先
以六书。一曰指事。指事者,视而可识,察而可见,上下是
也。二曰象形。象形者,画成其物,随体诘诎,日月是也。
三曰形声。形声者,以事为名,取譬相成,江河是也。四曰
会意。会意者,比类合谊,以见指㧑,武信是也。五曰转
注。转注者,建类一首,同意相受,考老是也。六曰假借。
假借者,本无其字,依声托事,令长是也。""六书"第一次在
许氏《说文解字》中有了定义和例字。学术界现在一般采
用班固《汉书·艺文志》所列"六书"的次序,采用许慎《说
文》对"六书"所下的定义及其解说。下面,我们按照许慎
《说文叙》关于"六书"的排列次序,具体阐述《说文》对汉字
形体结构的"六书"理论。

第一节 指　　事

许慎《说文叙》对"指事"的定义是："指事者,视而可识,察而可见,上、下是也。"唐人颜师古在班固《汉书·艺文志》"象事"之下注曰："象事即指事也,谓视而可识,察而见意,上、下是也。"清人严可均《说文解字校议》、段玉裁《说文解字注》等都认同颜师古之注,认为许氏定义中之"察而可见"可改为"察而见意"。后世研究者亦多所认同。但是后人对许氏指事"视而可识,察而可见(或"察而见意")"这个定义往往存在理解的困难："视而可识"与"画成其物,随体诘诎"的象形定义易混;"察而可见"与"比类合谊,以见指扐"的会意定义难辨。"上"为《说文》第一篇第二个部首,"下"字属《上部》,许氏训释曰：

　　　　⊥,高也。此古文上。指事也。凡⊥之属皆从⊥。𠄞,篆文⊥。

　　　　丅,底也。指事。𠄟,篆文下。

段玉裁《说文解字注》改许氏"⊥"为"二",注曰："古文上作二,故'帝'下、'旁'下、'示'下皆云从古文上,可以证古本作二,篆作⊥。"段氏注所云之"古文上作二",正与甲骨文同："二甲 1164 𠄟、前 7.32.4";"古文下作二",正与甲骨文同："⌒甲 3342、⌒乙 6164"。①但是如何用许氏"视而可识,察而可见"的定义来理解、分析"上"、"下"二字的结构,就令人十分费解。历代学者研究认为,《说文》中指事字数量不多,分歧却不少。段玉裁《说文解字注》在"二,高也。此古文上。指事也"下注曰:"凡指事之文绝少,故显白言之。"段氏此注之意是:指事字绝少,所以许氏《说文》于"上"字说解中明确指出"上"字为指事字。许氏《说文》全书确实只明确指出"上"、"下"二字为指事字。

根据历代学者的研究,《说文》"指事者,视而可识,察而可见"的定义可作如下理解:指事是不拘泥于具体的物体形状而直接指明其事意;事意是指概念、意义。事意在指事字中常常用指事符号来指明、标识。也就是说,指事字,一看就大体能够识别它代表什么,但是要仔细考察字的形体和指事符号所指的事意,才可以发现这个字的意义。上、下就是这样的字。指事字数量不多,一般可以分为两类:

一、纯符号的指事字。前人称此类指事字为独体指事字。例如:

一(一)、二(二)、三(三)、三(四)、X(五)、𠆢(六)、十(七)、八(八)、丨(十)、∪(廿 niàn,二十)、𠦃(卅 sà 三十)、𠦜(卌 xì,四十)等数字,都是纯符号的指事字。纯符号的

---

① 臧克和、王平《说文解字新订》,中华书局,2002 年 9 月,第 2、3 页。

指事字,一般来源于上古结绳记事符号或契刻符号。上、下二字的甲骨文、古文分别写作二、🝙;二、🝙。其长横符号(或弧线)表示界限,其短横符号用来指明位置所在,短横符号在界限之上就表示上,在下则表示下。所以《说文》训释曰:"上,高也。……指事也。""下,底也。指事。"底:许书无低字,底即低字。

二、在象形字或指事字基础上用指事符号指明字意所在的指事字。我们可称此类指事字为加符指事字。

段玉裁《说文解字注》在"上"字下注解说:"象形者,实有其物,日月是也。指事者,不泥其物而言其事,上、下是也。"指事虽不拘泥其物,但物毕竟是这类指事字的基础,此"物"往往为有形的象形字。例如:

> 《说文·亦部》:"亦,人之臂亦也。从大,象两亦之形。"

"亦"字从大,"大"为正面的人字。人之臂亦是指人之腋窝,无法象形,先民只好采用指事造字法,在"大"(即人)的两腋处用指事符号指明腋窝所在,"亦"就是在象形字"大"的基础上,用指事符号指明腋窝而产生的指事字。王筠《说文释例·指事》曰:"亦,腋固有形,而形不可象,乃于两臂之下点记其处。""亦"是"腋"的本字、古字,被假借记录同音而无字的副词,后造今字"腋"(从月、夜声)记录臂亦(腋窝)。

《说文·刃部》:"刃,刀坚也。象刀有刃之形。"

"刀坚"是指刀坚利的刀锋,这是"刃"字的本义。刀锋不好象形,造字先民就在刀口锋利的地方,用指事符号"丿"指明刀锋所在,于是"刃"字得以造出。这是在象形字"刀"的基础之上用指事符号"丿"指明刀坚(刀锋)而产生的指事字"刃"。

《说文·又部》:"叉,手指相错也。从又,象叉之形。"

"叉"字本为手指相互交错。段玉裁《说文解字注》、朱骏声《说文通训定声》均在"象叉之形"前补"一"字,段氏注曰:"此字今补,象指间有物也。"朱氏注曰:"一者,指事。""叉"字从又,又即手也。"叉"字是在部首象形字"又"的基础上用"一"点作指事符号,指明手指相互交错之事意,故"叉"为指事字。许氏《说文》没有明言"叉"字中的指事符号"一",而只统言"象叉之形"。今援引段、朱二氏之说专析"叉"字六书形体结构及造字法归属,以便初学者识之。

《说文·又部》:"叉,手足甲也。从又,象叉形。"

"叉"(zhǎo)是指手脚的指甲。手脚的指甲不好象形，造字先民便在其部首象形字"又"的基础之上，用"二"点作为指事符号，指明"叉"为手脚指甲。朱骏声《说文通训定声》谓："二者，指事。"段玉裁《说文解字注》谓："叉、爪，古今字。古作叉，今作爪。"徐灏《段注笺》曰："此字本象手甲，故从又，引申而兼足甲也。"

《说文·木部》："本，木下曰本。从木，一在其下。""末，木上曰末。从木，一在其上。""朱，赤心木。松柏属。从木，一在其中。"

"木下曰本"，"本"是指树根。"木上曰末"，"末"是指树梢。"朱"是指赤心木，松柏之类；"一在其中"，指事符号"一"在其中，即"一"在松柏木中指明"赤心"，无法象形，只能指事意会。徐锴曰："'一'记其处也，与'末'同义，指事也。"徐铉肯定徐锴之说："徐锴曰：'一'记其处也。本、末、朱皆同义。"本之树根，末之树梢，朱之赤心皆不便象形，造字先民只好在象形字"木"的基础之上，各以"一"为指事符号，分别指明各自字义所在，所以"本、末、朱"三字均为指事字。

《说文·寸部》："寸，十分也。人手却一寸，动脉谓之寸口。从又，从一。"

"寸"是指十分,指寸口。人手腕后退一寸(十分),动脉跳动处叫寸口。这动脉跳动的寸口不便象形,造字先民便在象形字"又"(手)的基础之上,用指事符号"一"来指明"人手却一寸"处,即为动脉跳动之寸口。这"从又,从一"虽混同于会意字的术语,但是"寸"字是历来公认的指事字。徐锴于"从又,从一"之下注释说:"一者,记手腕下一寸。此指事也。"

　　《说文·刃部》:"刅,伤也。从刃,从一。创,或从刀,仓声。"

"刅"(chuāng)是创伤,即刀刃所伤处。在指事字"刃"字的基础之上,造字先民用指事符号"一"指明刀刃所伤处,故造出加符指事字"刅"。徐锴注曰:"一,刃所伤,指事也。"许氏用"从刃,从一"说解指事字"刅",同时又用"或从刀,仓声"之形声造字术语来解说"刅"字的形声或体字"创"。指事字"刅"在古代文献中较少使用,而其形声或体字"创"则在后世通行使用。

以上所例析诸字,都是学术界公认的指事字。

三、指事与象形、会意之异同辨析。

在《说文叙》对"六书"的解说之中,许慎把"指事"列在首位,即视"指事"为第一种造字法,用"视而可识,察而可见"八字来定义指事。由此可见许氏是十分重视"指事"造字法。然而在《说文》一书中,许氏明确为"指事"的字只有"上"、"下"二字。后代学者根据许氏"指事"定义和汉字结构总结出指事字可分为两类:一为纯符号的独体指事字,这类指事字相对较少;一为在象形字或指事字基础之上用指事符号指明字义所在的加符指事字。由于加符指事字的解说术语常与象形字、会意字相混,故而需要略加辨析。

在《说文》中,在象形字或指事字基础之上用指事符号指明字义所在的加符指事字,常见解说术语有:

"从某,象某形";

"从某,象某之形";

"从某,某在其上(某在其下、某在其中)";

"从某,从某"。

其中,第一类"从某"之"某",是指象形字或指事字,是衬托指事字的基础字;"象某形"和"象某之形"之"某",是加符指事字;"某在其上"、"某在其下"和"某在其中"之"某",以及"从某,从某"之第二个"某",都是指事符号。这些指事符号都不能独立成字。从表意的角度上讲,这些指事符号用在指事字中,其作用是在象形字或指事字的基础之上指明难以象形、难以会意之事意所在;从字的构形上讲,这些指事符号只是构成该指事字的一个构字记号,只是该指事字的笔画,不是构字偏旁,更不能独立成字。凭借这一构字特点,可以把在象形字或指事字基础之上用指事符号指明字义所在的指事字与象形字、会意字区别开

来。例如我们上面例析的"㣺(寸)"字,"从又从一",此
"一"为指事符号(或曰记号),用此指事符号指明"人手却
一寸"处动脉跳动之"寸口","寸"即为在象形字"又"基础
之上用"一"这个指事符号指明动脉跳动之寸口而构成的
指事字。指事符号"一"在"寸"字构形中仅是一个笔画,一
个构字记号,并不是构字偏旁。又如:《说文·刅部》:"刅,
伤也。从刃,从一。""刃"本为指事字,指刀坚、刀锋。指事
字"刃"的基础之上,用"从一"之"一"这个指事符号来指明
创伤、创口处,于是一个新的加符指事字"刅"便产生了。
此"从一"之"一"在"刅"字构形中仅是一个笔画,一个构字
记号,并不能作为偏旁独立使用。"刅"在汉语中较少使
用,反而许氏在"刅"字头下收释的"创,或从刀,仓声",即
"刅"的或体字"创",从刀仓声,形声兼备,字义明确,是汉
字形声发展的主流字,故而通行于后世。从文字学上分
析,"从刃,从一"的加符指事字"刅",构形奇异,字义隐晦,
理解难度大,所以不如从刀仓声的形声字"创"通俗易懂,
便于记录,故而大行于后世。

　　关于《说文》说解之"指事",总起来讲,我们应当把握
以下五个要点:

　　一、《说文叙》曰:"一曰指事。指事者,视而可识,察而
可见,上、下是也。"这一定义及例字,特别是定义,虽有难
度,但总体是清楚明确的,是能够与"象形"、"会意"的定义
相区分的。遗憾的是,许氏在《说文》一书明确为指事字的

只有"上"、"下"二字,以致后世理解指事造字法多有歧义,辨析、认定指事字难达共识。

二、纯符号的指事字,主要来源于上古"结绳为治而统其事"的记事符号和"初造书契"时期的契刻符号,这一点是没有疑义的。许氏《说文》所作"指事"之说没有明言。这是后世学人研究总结出来的一类指事字。

三、后世学人根据《说文》"指事"定义研究总结出来的另一类指事字,是在象形字或指事字基础之上用指事符号指明事意所在而构成的字。指事字不是由两个独立偏旁组合而成的字,因而它与两个或两个以上偏旁汇合而成的会意字、象形字有明显的区别。

四、指事字的指事符号有两个特点:一是所指的事意比较抽象,段玉裁《说文解字注》说指事符号之"事赅众物",需要"察而可见",即仔细考察指事符号所指事意与所依附的象形字之意义关联,才能发现、确定该指事字所指的字义。二是指事符号不是独立的偏旁,只是构字笔画,或曰构字记号,切不可把指事符号与象形字的象形偏旁、会意字的会意偏旁混作一物。

五、指事字是汉字基础文字符号,其构字能力强。在《说文》中,指事字数量不是很多,据朱骏声《说文通训定声·说文六书爻列》统计指事字只有 125 个。虽然指事字不多,但也和象形字一样,都是汉字独体的基础文字符号,其构字能力很强,能够成为会意字、形声字的构字偏旁,或成为形旁(义符),或成为声旁(声符)。例如"朱"字是个公认的指事字,其构字能力强。在会意兼形声字"硃"(从石,从朱,朱亦声)字中,指事字"朱"既是表示红色丹砂的义符(形旁),又是表示"硃"字读音为 zhū 的声符(旁)。"朱"字同时还可以是形声字"株、珠、诛、茱、铢、邾、洙、侏、咮、袾、袾、狱、鴸、笨、赿、练"等字表示读音的声旁。又如指事字"刃",既可以成为形声字"忍、韧、轫、刄、纫、汈"等字的声旁,又可以成为加符指事字"刅"的表义基础字;"刅"这个加符指事字又可以成为形声字"梁"(从木,从水,刅声)表示读音的声旁。指事字"亦",可以成为形声字"奕、弈、帟、迹(跡)"等字表示读音的声旁。可见独体指事字作为汉字基础文字,其构字能力很强,应当引起汉字研究工作者的关注。

第二节 象 形

远古先民勤劳智慧,在生产实践中观察天地人世间万事万物而创造了文字。《说文叙》曰:"黄帝之史仓颉见鸟兽蹄迒之迹,知分理之可相别异也,初造书契。"此初造之书契文字,盖多为象形文字。班固《汉书·艺文志》将"造字之本"的"六书"顺序排列为:象形、象事、象意、象声、转注、假借。郑众在《周礼·保氏》注中将"六书"顺序排列为:象形、会意、转注、处事、假借、谐声。班、郑均把"象形"列为"六书"之首,深得后世赞同。许慎《说文叙》把"指事"

列为"六书"之首,把"象形"列于其次。所以后世"六书"顺序,一般都采信于班固《汉书·艺文志》;而"六书"之名称,一般都采信于许慎《说文叙》。

许慎《说文叙》曰:"象形者,画成其物,随体诘诎,日月是也。"汉字最大的特点就是依类象形,以形示义。象形造字法所造的象形字,就是画成事物的形状,随着物体形状而弯曲用笔写画。日、月就是这样的字。许氏关于"象形"的定义与例字,后世均予认同,几无争议。但是具体到一个个的汉字,如何具体辨识哪一个字是象形字,哪一个不是象形字,则是存有分歧的。就连许氏《说文》也自存矛盾。例如:《说文叙》"象形"定义之后,肯定"日"字是个象形字,而在《说文》卷十三《日部》,则是这样训释的:"日,实也,太阳之精不亏。从口一。象形。"

"日"象太阳,其光明盛实,太阳的精华永不亏损。许氏训释"日"字本义精准,令人信服。但是许氏训解"日"之字形结构为"从口一,象形",则令人费解。《礼记·郊特牲》:"大报天而主日也。"郑玄注:"日,太阳之精也。"火红的太阳,东升西落,永远散发光明,长圆不亏,这就是象形之"日"。许氏此云"象形",又云"从口一",则自相矛盾。后世有不少学人曲护许说,云其所从之"一",象日中黑彩、日中之鸟,象日中不亏,等等,都是错误之解说。王筠《说文解字句读》对此批评说:"'日'字全体象形。若'从口一',则会意也。又言象形,是骑墙也。"如果从《说文》

所解象形字术语角度说,许书直解"象形"即可;"从口一"当删。譬如《说文·月部》:"月,阙也。大阴之精。象形。"月亮圆时少,亏阙时多,许氏此从声训角度训解"月"为"阙也",即亏缺不圆,且云"大阴之精",与日为"太阳之精"相对,释义准确。从字形上训释,"月"字字形说解术语只曰"象形"就很精准。下面简介《说文》关于"象形"所用之术语。

一、《说文》解说象形字的第一个术语是:"象形"。例如:

> 《说文·口部》:"口,人所以言食也。象形。"
> 《说文·目部》:"目,人眼。象形。"
> 《说文·刀部》:"刀,兵也。象形。"

"刀"字本义是兵器,在上古冷兵器时代确实如此。"彡"画的就是刀形,确实是象形字。

> 《说文·鼠部》:"鼠,穴虫之总名也。象形。"
> 《说文·角部》:"角,兽角也。象形。角与刀、鱼相似。"

"角"是兽角的象形字。许氏又补充说解"角"的小篆字形与"刀"字、"鱼"字字形有相似之处。

《说文·又部》："又,手也。象形。三指者,手之
列多略不过三也。"

"又"的小篆字形写作"ㄋ",这是手的象形字。许氏这
里补充说解"ㄋ"字只见到三个指头,意在说明手的指头多
达五个,只需简略列举三个指头即可。

《说文·㲋部》："㲋,兽也。似兔,青色而大。象
形。头与兔同,足与鹿同。"

"㲋",音 chuò,是一种兽,象兔子,毛色青青而比兔子
个头大,是个象形字。许氏为了强调"㲋"字象形,又补充
说解:㲋头与兔子相同,㲋足与鹿相同。

《说文·犬部》："犬,狗之有悬蹄者也。象形。孔
子曰:视犬之字,如画狗也。"

"犬"即狗,有悬蹄不着地,是个象形字。许氏又引孔
子的话说:看"犬"字,如同画狗的样子。

《说文·鱼部》："鱼,水虫也。象形。鱼尾与燕尾
相似。"

"鱼"是水中动物,是个象形字。许氏又强调:鱼尾与燕尾相似,十分形象。

《说文》说解象形字,第一个术语便为:"象形"。"口、目、刀、鼠"等这一类象形字,直接明言"象形"而不加任何附带解说。"角、又、龟、犬、鱼"等这一类象形字,许氏除了明言"象形"之外,还有其象形的补充解说,如"犬"字援引孔子之言解说"视犬之字,如画狗也"。许氏的象形补充解说,大部分是正确的,但有的便属于画蛇添足。例如许氏解说"日"字:"日,实也。太阳之精不亏。从口一。象形。""从口一",三字便是蛇足。"从口一"正好与会意字"从某某"的术语相混。用会意字的术语来解说象形字,就造成《说文》解说术语和体例的不统一。

二、《说文》解说象形字的第二个术语是:"象某某之形"。例如:

《说文·象部》:"象,长鼻牙,南越大兽,三年一乳。象耳、牙、四足之形。"

"象"是生长有长鼻子、长牙,生活在南越一带的大野兽,每三年产子一次。象形字"象"之字形,象耳朵、牙齿和四条腿的样子。

《说文·马部》:"马,怒也,武也。象马头、髦尾、四足之形。"

"马"是昂首怒目的动物，又是英武能战的动物，象形字"马"之字形，象马之头、鬃毛、马尾和四条腿的样子。

《说文·牙部》："牙，牡齿也。象上下相错之形。"

许氏此释"牙，牡齿也"之"牡"，当为"壮"字。壮齿即为大齿。象形字"牙"之字形，象牙齿上下交错的样子。

《说文·牛部》："牛，大牲也。……象角头三、封尾之形。"

"牛"是大牲畜。象形字"牛"之字形象牛角、牛头和牛尾巴的形状。《说文·羊部》训释象形字"羊"之字形"象头、角、足、尾之形"，亦同此法，而且还援引说："孔子曰：牛、羊之字以形举也。"

《说文·册部》："册，符命也。诸侯进受于王也。象其札一长一短，中有二编之形。"

"册"字本义是指竹片编连而成的书简、书札。甲骨文、小篆象形字"册"相似，许氏此释"象其札一长一短，中有二编之形",十分形象。

> 《说文·人部》:"人,天地之性最贵者也。此籀
> 文,象臂胫之形。"《大部》:"大,天大地大人亦大。故
> 大象人形。"

许氏据籀文"⺈"字而释,"象臂胫之形",实际是从侧面观察人的手臂、躯干、腿胫而诘诎运笔写成的象形字"人";"大"则为正面描画人形而得的象形字,所以许氏用"大象人形"来解说正面的象形字"大(人)"。

"象某某之形",这是《说文》解说象形字的第二个术语。这一术语在《说文》中有时会有一些增减变化。例如:

> 《说文·屮部》:"屮,艸木初生也。象丨出形,有
> 枝茎也。古文或以为艸字。读若彻。凡屮之属皆从
> 屮。尹彤说。"

"屮",甲骨文写作丫,就象一株刚刚长出的小草,许氏说"象丨(gǔn)出形,有枝茎也","象丨出形"之后添加"有枝茎也"补充描绘,十分形象。许氏又引尹彤说训释"屮"——"古文或以为艸字"。其实"屮"和"艸"本为一字;单屮为"屮"(chè),象形字;重屮为会意字"艸"(cǎo,草);三屮为会意字"芔"(huì,花卉之"卉",许氏《艸部》释为"艸

之总名也。从艸、屮",误);四屮为会意字"茻"(mǎng)，《说文·茻部》:"茻,众艸也。从四屮。"

《说文·文部》:"文,错画也。象交文。"

"文"字本义指交错画成的花纹。"文"是"纹"的本字。许氏此以"象交文"说解象形字"文"之字形,与"象某某之形"标准术语相比较,此省"之形"二字。

《说文·豕部》:"豕,彘也。竭其尾故谓之豕。象毛足而后有尾。"

"豕",是彘(zhì)或猪的象形字。《方言》卷八曰:"猪,关东西或谓之彘,或谓之豕。"许氏此训"……竭其尾故谓之豕",段玉裁《说文解字注》曰:"《立部》曰:'竭者,负举也。'豕怒而坚其尾,则谓之豕。"象形字"豕",《说文》此说解其字形"象毛足而后有尾",末省"之形"二字。

在《说文》一书中,许氏有时既用"象某某之形"说解象形字之字形,同时又在此术语之后另附加解释。例如:

《说文·鹿部》:"鹿,兽也。象头、角、四足之形。鸟、鹿,足相似,从匕。"

"鹿"是一种兽。"鹿"这个象形字,象鹿头、鹿角和四条腿的形状。许氏在"象头、角、四足之形"解说术语之后,又相互参照作比较解释:鸟和鹿,腿脚相似,所以从匕(huà)。

《说文·兔部》:"兔,兽名。象踞,后其尾形。兔头与㲋头同。"

许氏解说象形字"兔"象蹲踞的样子,其后部象尾巴的形状。"象……形"术语之后,许氏又作参照比较解释:"兔头与㲋(chuò)头同。"在"㲋"字象形说解中,许氏亦有云:"头与兔同,足与鹿同"。许书两处说解互相照应,可互参证。

《说文·勹部》:"勹,裹也。象人曲形,有所包裹。"

"勹"是母腹包裹的象形字。母孕婴儿,婴儿曲体包裹于母腹之中。许氏此释"象人曲形",又加"有所包裹"补充解说,更为形象清楚。

三、《说文》解说象形字的第三个术语是:"从某,象某形。"段玉裁《说文解字注》解说此类象形字:"有独体之象形,有合体之象形。独体如'日、月、水、火'是也;合体者,从某而又象其形。"我们认为,称此类象形字为"合体象形"

字似有不妥,称其为衬托象形字是也。例如:

> 《说 文 · 皃部》:"皃,颂仪也。从人、白,象人面
> 形。……貌,皃或从页,豹省声。貌,籀文皃从豹省。"

"皃",音 mào,本义指人的容仪、容貌。许氏此释象形
字"皃……从人、白,象人面形。""皃"字下部是"人"字,许
氏用"从人"来衬托;其上部是"白",象人之容仪、容貌之
形,"白"与"人"构成衬托象形字"皃"。

"皃"是古字,是衬托象形字;"皃"的今字,或体写作
"貊",是形声字;籀文写作"貌",也是形声字。许氏解说
"貊"、"貌"这两个后起字,或体"貊"字"从页,豹省声";籀
文"貌"字当是从皃,豹省声。古字"皃",后世少用,而今字
"貌"为形声字则通行。

> 《说文 · 儿部》:"兒,孺子也。从儿,象小兒头囟
> 未合。"

"兒"字本义是指婴儿。许氏此释"从儿,象小兒头囟
未合"。"兒"的下部是"人"字(许氏《说文 · 儿部》释为"古
文奇字人也")许氏以"人"字在下衬托,释为"从儿";其上
部之"囟",指婴儿的囟门,许氏此用来描说"象小兒头囟未
合"之形,即婴儿头上囟门没有长合之形。"囟"与"人"构

成衬托象形字"兒"。

> 《说文·木部》："果,木实也。从木,象果形,在木
> 之上。"

"果"字本义是指树木的果实。许氏此用"从木,象果形,在木之上"来解说"果"字为衬托象形字。"从木"之"木"是衬托字;"在木之上"之"⊗"是象树木上之果形,金文"果"字正写作"🌳",可证"在木之上"之"⊗"象果形。

> 《说文·交部》："交,交胫也。从大,象交形。"

"交"字本是指人的两腿相交。小篆"交"字写作"🕴",字上部"大"是正面的"人"字,是衬托字,下部正象人两腿相交之形,形象逼真,所以许氏解说为"从大,象交形"。"交"字是衬托象形字。

这类衬托象形字有两个要素必不可少:一是"从某"之"某",是该类衬托象形字的衬托基础字(往往都是象形字),如"兒"、"兒"之下的"人"字,"果"之下的"木"字,"交"之上的"大"(人)字。二是"象某形"的"某",是该类衬托象形字的象形物,如"兒"字上部之"白""象人面形";"兒"字上部之"凶""象小兒头凶未合";"果"字上部"⊗""象果

形";"交"字下部"人"正象人之两腿相交形。"从某"之"某"的衬托基础字与"象某形"之象形物两部分共同构成衬托象形字,两者缺一不可。

但是《说文》"从某,象某形"这样的解说术语,也有歧义难解之处。例如:

> 《说文·亦部》:"亦,人之臂亦也。从大,象两亦之形。"

我们已在前面分析过,"亦"字是个典型的、公认的指事字,《说文》"亦"字说解字形所用的术语与象形字第三种术语相同。又如:

> 《说文·又部》:"叉,手指相错也。从又,象叉之形。"

"叉"字也是典型的、公认的指事字。《说文》"叉"字说解字形所用的术语也与象形字第三种术语相同。

如何理解和区别《说文》"从某,象某形"这一析形术语所说解的字何为衬托象形字,何为加符指事字?历代学者对此研究的意见,总的可以这样表述:关键是看"象某形"之"某形",若此"某形"是在"从某"之"某"衬托基础上可以看得见的具体象形物,则"从某,象某形"所解说的字即为衬托象字,如兒、兒、果、交等字是也。若此"象某形"之"某形"仅是指事符号,所指之事意多为抽象概念,难以有形可象,那么,"从某,象某形"所解说的字即为加符指事字。如亦、刃、叉、叉、本、末、朱、亦等字是也。段玉裁《说文解字注》指出:"指事之别于象形者,形谓一物,事赅众物,专博斯分。故一举日、月,一举上、下,上、下所赅之物多,日、月只一物。学者知此,可以得指事、象形之分矣。"我们用此法再来分析"母"字、"番"字。

> 《说文·女部》:"母,牧也。从女,象裹子形。一曰象乳子也。"

许氏以"牧"(牧养)训释"母"字之义,是声训的方法。段玉裁《说文解字注》谓"以叠韵为训。牧者,养牛人也,以譬人之乳子"。《说文》"母"字字形有两说:一为"从女,象裹子形","一曰象乳子也"。许氏此二解说,其正训解说为象母亲孕怀婴孩之形,又别训解为象母亲乳子(给孩子喂奶)的样子。"母"字中的两点,实事求是地讲,不能说它象什么形,硬说这两点象母亲孕怀婴孩之形,或曰象母亲给孩子喂奶之形,都嫌牵强附会,所以我们认为"母"字不是象形字。我们认为"母"字中的两点只是单纯的笔画、记号,是指事符号。"母"字从兒(女),未做母亲的女子没有生育,乳房不怎么突出;女子生育孩子之后,乳房胀大,储藏乳汁,便于给孩子喂奶。"母"字中的两点,即是意指女子生育孩子之后两个乳房胀大的指事符号。所以"母"字是加符指事字。

　　《说文·釆部》:"番,兽足谓之番。从釆、田,象其掌。"

　　"番"字本义是指兽足。许氏此解说"番"字字形"从釆(biàn)","釆"是其部首,义为兽爪,在"番"字上部,是衬托基础字,其下部"田",象兽之足掌,是个具体的象形物,金文、小篆"番"字下部都象兽足之掌,所以"番"字是衬托象形字,不能解说为加符指事字。

　　许氏《说文》所采用的"从某,象某形"这一个术语,既可以是衬托象形字的解说术语,也可以是加符指事字的解说术语。这是因为汉字是一个极其庞大复杂的文字系统,汉字创制年代十分久远,汉字构造十分复杂繁难,在对汉字进行"六书"理论解说的筚路蓝缕之初,要全部实现精准科学的解说,实在是一件极难之事,后人不必苛责前贤。

　　四、在《说文》一书中,许氏说解象形字,还采用不规则描绘性术语。例如:

　　《说文·雨部》:"雨,水从云下也。一象天,冂象云,水霝其间也。凡雨之属皆从雨。,古文。"

"雨"字是典型的象形字。《说文》此所引之古文"",与甲骨文(铁 32.3)、(存 1747)、金文(子雨己鼎)一脉相承。许氏此用"一象天,冂象云,水霝(líng)其间也"来说解小篆象形字"雨"的字形结构。许氏这个说解与前三种说解术语相比,明显有了变化,不太规则。

> 《说文·耑部》:"耑,物初生之题也。上象生形,下象其根也。"

小徐本徐锴注曰:"题犹额也,端也。古发端之耑直如此而已。一,地也。"可见"耑"之本义是指植物初生的额题、发端。许氏此用"上象生形,下象其根"描绘法来训释小篆象形字"耑"的字形结构,虽不是精炼的说解术语,但很生动形象,而且与甲骨文(耑)的字形相吻合。

> 《说文·田部》:"田,陈也。树谷曰田。象四口;十,阡陌之制也。"

"田"字是象形字,是耕种谷物的田,陈列得整整齐齐。许氏此用描绘法说解"田"字字形:"象四口(wéi)","口"即"围"之初文,象一个方块田的图画;"田"字中间的"十"字,象东西南北纵横其间的小道。甲骨文、金文、小篆直至楷书,耕种谷物的"田",都是方块田的象形字。

《说文·豸部》:"豸,兽长脊,行豸豸然,欲有所司杀形。"

甲骨文"豸"字写作 、;小篆写作 。李孝定《甲骨文字集释》曰:"上象兽头,张口见牙,四足(侧视作二足)长尾之形。契文与小篆略同。""豸"字本义指一种猛兽,是个象形字。许氏此用描绘法说解象形字"豸"之形:"豸"这种猛兽,生长着长长的脊骨,行走凶猛的样子,象侧目有所窥伺欲捕杀他兽的形状。许氏说解中之"司",即窥伺之伺。

在《说文》中,许氏说解象形字,亦常用以上不规则的描绘法说解象形字的字形结构。

许氏在《说文叙》中定义并举例字曰:"象形者,画成其物,随体诘诎,日、月是也。"这是科学精准之说。段玉裁《说文解字注》对象形字有精当之注曰:"圣人造字,实自象形始。"汉字象形字的精髓实质就是象实物之形,以形表义。这是表意体系汉字的突出特征。本节把《说文》说解象形字的术语概括为四类:一是"象形",二是"象某某之形",三是"从某,象某形",四是不规则的描绘性术语。其间还分析讨论了第三个术语"从某,象某形"与在象形字基础上用指事符号指明字意所在的加符指事字的异同辨识等相关问题,便于初学者研读《说文》时,准确厘清术语相同而其造字法归属有别的难题。

本节还要特别指出的是,用象形造字法所造象实物之形的象形字,不仅是指事字、会意字、形声字、假借字的基础,也是整个汉字体系的基础,也即是说,象形字的构字能力极强。朱骏声《说文通训定声·说文六书爻列》统计《说文》一书象形字只有 364 个,但是构成万千指事字、会意字、形声字和假借字的基础字是象形字。例如:一个象形字"水"字,其极强的构字能力表现为:它可以成为《说文·水部》所收释之"文四百六十八、重二十二"形声字、会意字中表义形旁,又可以成为《说文·林部》所收释之林、淋、渊"文三、重二"会意字中表义形旁,还可以成为《说文·皿部》收释之会意字"益"的表义形旁。"益"字又可以成为后起字"溢"字的兼表音义的亦声旁。又例如象形字"口",是《说文·口部》"文一百八十,重二十一"、《说文·新附》"文十"多个形声字、会意字的表义形旁,又是《告部》"文二"、《吅部》"文六重二"、《哭部》"文二"、《牛部》"牟"字的表义形旁,同时又可以是《手部》"扣"、《言部》"訆"、《金部》"钔"、《阜部》"叩"、《卩部》"叩"等字的表音声旁。又例如象形字"羊",是《羊部》"文二十六、重二"形声字、会意字的表意形旁,又是"羴、羶、羼"字的表意形旁,同时又是"鲜、佯、羌、恙、養、羑、祥、详、翔、洋、庠、痒"等字的表音声旁。

又例如"小"是"少"字的表义形旁，又是《月部》"肖"字的表音声旁。以"小"为形旁构成的"少"字，又可以成为"眇、筲、劓、杪、秒"诸字的表音声旁。以"小"字为声旁构成的"肖"字，又可以成为"宵、消、销、蛸、霄、痟、绡"等字的表音声旁。可见表意体系汉字极强的构字能力，最突出的体现在象形字的构字能力上；由象形字极强的构字孳乳，才产生出数以万计的表意汉字来记录汉语。学习《说文》象形字，初学者不可不知象形字是汉字体系基础字，具有极强的构字能力这一知识。

第三节　形　　声

《说文叙》曰："形声者，以事为名，取譬相成，江河是也。"段玉裁《说文解字注》对许氏《说文叙》关于形声定义的阐说十分具有代表性：

> 事兼指事之事、象形之物，言物亦事也。名即古曰名、今曰字之名。譬者，谕也。谕者，告也。"以事为名"，谓半义也；"取譬相成"，谓半声也。江、河之字，以水为名，譬其声如"工"、"可"，因取"工"、"可"成其名。

汉字是表意体系的文字。从本质上说，"六书"中的象形、指事、会意三种造字法所造的字，都是表意字，都没有表音的成分,所以汉字在象形、指事、会意三种造字法阶段,因所造之字纯粹为表意字,故而汉字总字数十分有限;汉语中的许多词,因无形可象、无事可指、无意可会的局限而无法造字以记之。在许氏《说文》一书训释说解的9 353个字中,象形字、指事字和会意字也只占20%左右。由此观之,《说文》把"形声"造字法列在第三,即列在"会意"造字法之前,不太符合汉字造字发展规律,当依班固《汉书·艺文志》把"会意"列在"形声"之前方为妥当。

　　勤劳智慧的上古造字先民,在象形、指事、会意三种造字法的基础之上,发明了形声造字法,即在象形、指事、会意三法纯粹以形表意的基础之上,发明了形意声音兼表的造字法,使汉字造字走上了健康发展的快车道。许氏《说文叙》说:"形声者,以事为名,取譬相成,江河是也。"这个定义,用现代通俗的语言来表述,即形声造字法是根据事物的类属,借用一个已有的相同意符的字来作为新字的形(意)符,再借用一个读音相同或相近的字来譬拟新字的读音,即作声(音)符,把形符(或曰形旁)字和声符(或曰声旁)字组合起来即得到表示新意的形声字。"江"、"河"就是这样的字。形声造字法是一个伟大的创造!形声造字法所造的形声字数量众多,形式多样,内容丰富,许氏《说文》是第一次给予全面科学阐释的伟大著作。下面予以分类简介。

一、《说文》解说形声字所用的第一个术语为"从某,某声"。例如:

> 《说文·水部》:"江,水。出蜀湔氐徼外崏山,入海。从水,工声。"

江,是水名;上古专指长江,后来引申为江河的通称。长江出自蜀地湔氐道边塞外的崏山,即岷山,之后流入大海。"江"字是形声字:水为形符,工为声符。

> 《说文·水部》:"河,水。出敦煌塞外昆仑山,发原注海。从水,可声。"

河是水名;上古专指黄河,后来引申为江河的通称。黄河发源于敦煌边塞之外的昆仑山,从黄河源头出发,流入大海。"河"字是形声字:水为形符,可为声符。

> 《说文·雨部》:"霖,雨三日已往。从雨,林声。"

"霖"字本义是指雨连续下三天以上。"霖"字是形声字:雨为形符,林为声符。

> 《说文·彳部》:"徐,安行也。从彳,余声。"

"徐"字本义是指安步行走。"徐"字是形声字,从彳,余声,彳(chì)为形符,余为声符。彳为部首字,意思是小步行走。

　　《说文·艸部》:"芸,艸也。似目宿。从艸,云声。《淮南子》说:芸艸可以死复生。"

"芸"字本义是指草,又叫芸香草,象目宿草。《淮南子》说:芸香草可以死而复生。"芸"字是形声字:艸为形符,云为声符。

　　"从某,某声",形声字这一解说字形结构的术语简洁明了,意即该形声字"从某"——以某为形符(形旁),"某声"——以某为声符(声旁),所谓形声字一半取形,一半取声也。这是《说文》一书解说形声字用得最多也最容易理解的一个术语。

　　二、《说文》解说形声字所用的第二个术语为"从某省,某声"。"从某省",意即借用某字为形声字的形符(旁),由于该字结构重繁,所以不采用其全部字形,只取用该字形的一个部分,其余重繁部分字形省去。这类"从某省"的形声字,也叫做省形形声字。例如:

　　　　《说文·老部》:"耇,老人面冻黎若垢。从老省,句声。"

汉刘熙《释名·释长幼》曰:"耇(gǒu),垢也。……或曰冻梨,皮有斑点,如冻梨色也。"刘熙释"耇,垢也",用的是声训法。许氏《说文》这里也用的是声训法。"耇"字本义是指老人的面容似冰冻的梨子,象有斑点污垢。许训之"黎",当为梨子之梨,同音通假。"耇"字是个省形形声字:老字为形符,此省去下部之"匕",句为声符。"从老省",目的是使"耇"字结构匀称不重繁。

又,《说文·老部》下共收释九个字,全部是省形字,其中耆(qí)、耇、耋(diàn)、壽、考五个字均为省形形声字,另四个字为省形会意字。

《说文·履部》:"屦,履也。从履省,娄声。一曰鞮也。"

段玉裁《说文解字注》注"履"字曰:"古曰屦,今曰履;古曰履,今曰鞵(xié,鞋也)。名之随时不同者也。"屦、履,都是指鞋。鞮(dī),《说文·革部》释为"革履也",即用皮革做的鞋。也就是说"屦"字别义"一曰鞮也"之义。许氏此解说"屦"字为省形形声字:"从履省"是说"屦"字形符省去了"履"字右下角的"复"字,声符"娄"字正好安放在右下角,精巧之致!

《说文·履部》:"屐,屩也。从履省,支声。"

　　唐颜师古在《急就篇》"屐屩"下注释说："屐者,以木为之,而施两齿,所以践泥。"许氏《说文》"屐"与"屩"二字互训,可知屐、屩二字本义都是指木鞋、木屐。今南方诸省常穿。日本木屐亦多。

　　《说文·履部》之下一共收释屦、屟(lì)、屝(xù)、屩、屐五个字,除屟指鞋底外,都是指鞋。这五个字,许氏都解说为省形形声字,它们都以部首字"履"为形符,但都省去了右下部的"复"字,分别将声符字"娄"、"歷"、"予"、"乔"、"支"安放于右下部,使其结构匀称而不重繁也。

　　《说文·歙部》:"歠,歙也。从歙省,叕声。"

　　"歙(yǐn)"是该部部首字。"歙,歠(chuò)也。""歠,歙也。"《说文》此为互训,都是"喝"、"饮"之义。许氏说:"古文歙从今食。"也就是说"飲(饮)"是古字,"歙"是今字。后世古字"飲"通行而今字"歙"废而不用。许氏此解说"歠"字"从歙省",是说形符省去左上部之"今",将声符"叕"(zhuō)放置在左上部,因此"歠"为省形形声字。

　　《说文·止部》:"歸(归),女嫁也。从止,从婦(妇)省,自声。"

　　"歸"字本义是指女子出嫁。"歸"字有两个形符:止、婦。组成形声字,其"婦"字省去"女"字旁;其左上部写声符"𠂤"(duī),左下部写部首形符"止",这样"歸"字就成为省形形声字。

在《说文》中,省形形声字数量不多,许氏对所省之形符都有明确的解说,读者不难理解,此不赘述。

三、《说文》解说形声字所用的第三个术语为"从某,某省声"。"某省声",是指借用某字为形声字的声符,因该字结构重繁,故而不用该字的全部字形,只取用该字的部分字形作为声符,其余字形省去,以免结构繁重。这类"某省声"的形声字,也叫省声形声字。例如:

《说文·玉部》:"珊,珊瑚,色赤,生于海,或生于山。从玉,删省声。"

珊是珊瑚,红色,产生于海中,或产生于山中。"珊"字以玉为形符,"删"字省去右边立刀旁为声符,构成省声形声字。

《说文·牛部》:"犊,牛子也。从牛,渎省声。"

"犊"字本义是指小牛。"犊"字以牛为形符,"渎"字省去三点水为声符,构成省声形声字。

《说文·口部》:"咺,朝鲜谓儿泣不止曰咺。从口,宣省声。"

《说文》此训当本自西汉扬雄《方言》卷二:"凡哀泣而不止曰咺。……燕之外鄙,朝鲜、洌水之间少儿泣而不止曰咺。""咺"字以口为形符,"宣"字省去上部之宀(mián)为声符,构成省声形声字。

《说文·走部》:"赴,趋也。从走,仆省声。"

部首"走"字本义,《说文》训释为"趋",释"趋"为"走",同义互训,都是跑的意思。许氏又释"赴,趋也",也是跑义。"赴"字以走为形符,"仆"字省去左边单人旁剩"卜"为声符,构成省声形声字。

《说文·辵部》:"進,登也。从辵,閵省声。"

"進"(进)字本义指前进登高。"進"字以辵(chuò)为形符("辵"是部首,是乍行乍止,忽行忽止的意思),"閵"lìn字省去外框门字为声符,构成省声形声字。《玉篇·辵部》"進"字说解之下收释曰:"遴,古文。"足可证明《说文》"進"字为"閵省声"的省声形声字。

《说文·辵部》:"邁,远行也。从辵,蠆省声。邁或不省。"

"邁"(迈)字本义是远行。"邁"字以辵为形符,"蠆"(chài)字省去下部虫字为声符,构成省声形声字。《玉篇·辵部》"邁"字说解之下收释曰:"遭,同上。"

表意体系的汉字在造字之初,为形体肖似的事物造字,"盖依类象形",故字形相似者颇多,笔画繁难,结构复杂。在后世社会应用中,古人把笔画、结构相似而繁难的字逐渐抽象化,由繁趋简。会意字、形声字中"从某省"、"某省声"之省形、省声字,正是汉字由繁趋简的反映。只借取某字的部分形体作为形符或声符,不取其全部字形,正是为了简化,不仅是为了去除繁难重复的字形结构,以使新造之字结构匀称美观,而且也是为了便于书写。《说文》对具体的"从某省"、"某省声"字都有详细的说解,但是没有明言省形、省声字的造字意图。初学者学习研究《说文》解说的省形、省声字,应当把握"从某省"、"某省声"的真正造字意图。

四、《说文》解说形声字所用的第四个术语为"从某从某,某亦声"。此类形声字,又叫形声兼会意字;在文字学上又称为"亦声字"。例如:

《说文·女部》:"姓,人所生也。古之神圣母,感

天而生子,故称天子。从女从生,生亦声。《春秋传》
曰:'天子因生以赐姓。'"

"姓"字本义是指母系家族姓氏。古代的神圣母亲,感
动天而生子,因而叫"天子"(天之子)。"姓"字的表意形符
有两个:"女"、"生"。"生"字同时还是表示形声字"姓"的
声符。《春秋左氏传·隐公八年》说:"天子建德,因生以赐
姓。"即天子凭借出生的血缘来赐给诸侯之姓。其实"姓"
最初就是指母系的血缘关系,所以"生"字既表意又表音,
是意符兼声符。母系社会子女之姓,由母亲血缘所定,因
为其时人们只知其母,不知其父,故最早的姓都是意符从
女,例如姚、姬、姜、嬴、姞、妘、妊(shēn)、嬿(niàn)、娸(qí)
等。所以"姓"字从女表示女子、母亲;从生,生亦声表示子
女是母亲所生,"生"字是既表意又表声的意兼声符。

> 《说文·女部》:"姻,婿家也。女之所因,故曰姻。
> 从女从因,因亦声。"

"姻"字本义是指女婿(婿,后世多写作"婿")的家,是
女子出嫁到夫家一辈子依赖的家,所以叫姻。"姻"字的表
意形符有两个:"女"字、"因"字。"因"是依凭、依赖,即指
女婿之家是出嫁女一辈子所依凭、依赖的家,所以"因"既
是表意意符,又是表音声符,因而"姻"字是个形声兼会

意字。

　　《说文·示部》："禮（礼），履也。所以事神致福也。从示从豊，豊亦声。"

《说文》此训礼为"履也"，是用声训之法，认为礼是履行祭祀神灵而求福致福、保佑平安、驱邪的行为。"礼"字表意形符有两个："示"字、"豊"字；"豊"字同时是表示形声字礼的表音声符，所以"礼"字是个形声兼会意字。

查甲骨文、金文，"礼"字最初就写作"豊"，下部的"豆"是祭祀用的高脚盘，上部是祭神用的几串玉。上古以玉事神，玉是接通人与神的祭祀物品（后来也用牛、羊等祭牲），或曰接通人与神的桥梁。"豊"就是上古祭祀神灵求福致福、保佑平安、驱邪的仪式。后来增加表示神事的部首字"示"，才变成了"从示从豊，豊亦声"的形声兼会意字。作此爬梳，理解《说文》对"礼"字的训解就不会有什么障碍了。

　　《说文·女部》："娶，取妇也。从女从取，取亦声。"

"娶"字本义是娶女人为妻。但是上古最早娶女人为妻，字写作"取"，不写作"娶"。取、娶，是古今字。例如：

《易·蒙》:"勿用取女。"《诗·伐柯》:"取妻如何?"《左传·襄公二十八年》注:"别姓而后可相取。"《礼记·杂记》:"可以冠、取。"这些都是上古文献用"取"表娶妻义的文字实例。"取"字本义为捕取,"娶妻"只是其多个义项中的一个,为区别、固定"娶妻"一义,人们后来在"取"字之下加一"女"字作义符。所以《说文》训解为:"取妇也。从女从取,取亦声。"可见"取"为娶妇的本字,意义和声音同时兼有。

　　《说文·须部》:"頿,颊须也。从须从冄,冄亦声。"

"頿"(rǎn)字本义是指男人脸颊上的胡须。"頿"字结构"从须从冄,冄亦声",其实"冄"就是"頿"的本字。《说文·冄部》就只收释"冄"这一个字,许氏训为:"毛冄冄也。象形。凡冄之属皆从冄。""毛冄冄也,象形",就是指男人脸颊上胡须毛冄冄(毛乎乎)的样子,"冄"字形意和声音兼有,人们后来再给"冄"增加一个形符"须","頿"字才变成了一个形声兼会意字。"頿"字后来又换了一个形符"髟"biāo(长头发的样子),写作"髯"。《玉篇·髟部》曰:"髯,颊须也。本作頿。"

　　《说文·贝部》:"贫,财分少也。从贝从分,分亦声。"

贝,是上古的货币,是钱财。许氏训释"贫"为"财分少也",即是说钱财分出减少即为贫。人之贫,确实是财物缺乏。"贫"字结构"从贝从分,分亦声",即谓"贝"字、"分"字是"贫"字的两个表意形符,而且"分"字同时亦是表示"贫"字读音的声符,或曰意兼声符,所以"贫"字是个形声兼会意字。

　　《说文·玉部》:"琀,送死口中玉也。从玉从含,含亦声。"

古人死亡,厚葬习俗讲究让死者下葬前口中含物以图吉祥,据刘向《说苑》所说,死后天子含珠,诸侯含玉,大夫含璧,士含贝,庶人含谷。《说文》此训"琀"为"送死口中玉",即指为送终死者口中所含的玉。"玉"字、"含"字是"琀"字的两个表意形符,而且"含"字同时亦是表示"琀"字读音的声符,或曰意兼声符,所以"琀"字是个形声兼会意字。

许氏《说文》把形声字中既可以表意,又可以表音的意兼声符解说为"某亦声"。宋代学者王子韶(字圣美)在许氏"某亦声"说的基础上,概括为"右文说"。王氏的著作失传了,他的观点保留在宋代学者沈括《梦溪笔谈》卷十四之中:

王圣美治字学,演其义以为右文。古之字书,皆从左文。凡字,其类在左,其义在右,如木类,其左皆从木。所谓右文者,如:戋,小也。水之小者曰浅,金之小者曰钱,歹而小者曰残,贝之小者为贱。如此之类,皆以"戋"为义也。

王圣美"右文说"谓"凡字,其类在左,其义在右",话说过头了,不是严谨之说,也不是对许氏《说文》"某亦声"的准确解说。《说文》意兼声符"某亦声"之"某",内涵有二:其一,此"某"字在形声兼会意字中,既表意又表音,既是形符又是声符;其二,"某亦声"之"某"在形声字中也只是一小部分,不可能做到"凡字,其类在左,其义在右"。只有在形声兼会意字中,"某亦声"之"某"同时兼有表意形符和表音声符两个功能,才能说"其义在右"。例如上面我们所举例讲析的姓、姻、礼、娶、颓、贫、珞等字才能说"其义在右"。《说文》用"从某从某,某亦声"来解说,是严谨准确的。但是汉字中的这一类"亦声"字,《说文》有时也用其他表述方式来解说。例如:

《说文·它部》:"它,虫也。从虫而长,象冤曲垂尾形。上古草居患它,故相问:无它乎?凡它之属皆从它。蛇,它或从虫。"

许氏《说文》为"它"字单独设立一个部,该部之下没有其他字,所以《说文·它部》之设并没有什么意义。其实"它"正是其或体字"蛇"之本字、初文。许氏其时看不到甲骨文,所以只能把小篆的"它"说解为正体字,把从虫之"蛇"字说解为或体字。查甲骨文,"它"字写作 (甲1654)、(珠 4),①正象蛇曲身垂尾昂首之形,许氏所谓"从虫而长,象冤曲垂尾形"。"它"是"蛇"之本字、初文,象形。王筠《说文释例》曰:"大蛇盘曲昂头居中以向物,而尾垂于下。它字象之。"后世并没广泛使用蛇的本字、初文"它",而是通用许氏《说文》所收之或体字"蛇"。此"蛇"字实际是以本字、初文为意兼声符,孳乳分化产生新字,又借"虫"为一个形符,从而构成了"从虫从它,它亦声"的形声兼会意字。许氏其初创"某亦声"之说,尚不能准确用"从虫从它,它亦声"之术语来解说"蛇"字,后学不应苛求。

五、形声字结构形式及形符、声符等相关知识。

形声字都是由两个或两个以上形符、声符组成的合体字。形声字的结构形式,形声字形符、声符等相关知识,不是一句话两句话就能说得清楚的,也须作专门的讲解介绍。

从前面讲解《说文》关于形声字所用四个术语及其例

---

① 臧克和、王平《说文解字新订》,中华书局,2002 年,第 895 页。

字的介绍中,我们可以得知形声字的结构形式也呈繁复的状态。归类分别而言,形声字的结构形式主要有以下八种。

1. 左形右声。即形声字的形符在左,声符在右。例如:

神、祀、桐、槽、订、诂、江、河、财、该、唱、依、持、接、扣、膜、侣、谋、铮、何、聪……

左形右声的形声字最为常见,字数最多。

2. 左声右形。即形声字的声符在左,形符在右。例如:

翩、政、雅、刚、攻、郊、效、歌、励、邵、刨……

左形右声和左声右形的形声字,其结构都属于左右结构。

3. 上形下声。即形声字的形符在上,声符在下。例如:

符、空、箭、菅、苦、芝、芭、寞、霖、简、室……

4. 上声下形。即形声字的声符在上,形符在下。例如:

架、驾、想、棠、酱、盒、堡、惑、装、基、斧、掌……

上形下声和上声下形的形声字,其结构都属于上下结构。

5. 内形外声。即形声字的形符在内,声符在外。这类形声字数量相对较少,其形符和声符也相对较难识别。

例如：

问(从口门声)　闷(从心门声)　哀(从口衣声)

辨(从刀辡声，"刂"为"刀"之变形)

匙(从匕是声)　　　题(从页是声)

哉(从口𢦏声)　　　裁(从衣𢦏声)

莽(从犬㹠，㹠亦声)

6. 内声外形。即形声字的声符在内，形符在外。

例如：

圆(从囗员声)　　圜(从囗袁声)

圄(从囗吾声)　　囹(从囗令声)

闸(从门甲声)　　裹(从衣果声)

裏(从衣里声)　　越(从走戉声)

迹(从辵亦声)　　逾(从辵俞声)

嚣(从𢔌丩声，高声大呼也)

内形外声和内声外形的形声字，其结构属于内外结构，或曰包围、半包围结构。

形声字形符和声符的位置结构，除了上面所说的六种之外，还有以下特殊的一种也应了解。

7. 形符或声符各位居一角。例如：

《说文·彡部》："修，饰也。从彡，攸声。"

"修"字本义是指文饰。"修"字总体是个左右结构的

形声字,但是其形符"彡"(shān)只居右下一角,其声符
"攸"则被拆分写为左边"亻"和右上部之"攵"。

《说文·禾部》:"颖,禾末也。从禾,顷声。"

"颖"字本义是指禾穗的尖端。"颖"字总体是个左右
结构的形声字。但形符"禾"只居左下一角,其声符"顷"则
被拆分写为左上"匕"和右边之"页"。前文举例讲析男人
脸颊上的胡须之"颡"字,其后加形符"须"在整个字形结构
中所占位置与"颖"字之"顷"相同。

《说文·贝部》:"赖,赢也。从贝,剌声。"

"赖"字本义是指赢利。"赖"字总体是个左右结构的
形声字。其形符"贝"只居右下一角,其声符"剌"则被拆分
写为左边之"束"和右上之"勹"。此"勹"是立刀"刂"的变
形写法。

《说文·虫部》:"强,蚚也。从虫,弘声。"

"强"字本义是指蚚(qí)一类的蝇虫。《玉篇》释为"米
中蠹,小虫。""强"字字形呈现为左右结构,其声符被拆分
为左边的"弓"和右上的"厶"。

这类被拆分书写的形声字,其声符或形符各居一角,初读《说文》,要特别引起注意。这类字还有"疆,从土彊声"、"雖,从虫唯声"等等。另外,为使形声字结构匀称不重繁的"从某省"、"某省声"两类省形、省声字,前面已作专门的分析简介,这里就不再赘言了。

8. 关于多形、多声的形声字。

形声字之结构,多为一形(符)一声(符);形声字之特殊结构,也有少数多形(符)、多声(符)者。多形、多声的形声字,情况较为复杂。下面作一些简介。

先说"多形"形声字。

《说文·廾部》:"奉,承也。从手从廾,丰声。"

"奉"字本义指以手承受。《说文》此释"奉"字为二形(从手从廾)、一声(丰声)。手、廾都是手,这两个形符可以说是重赘的形符。甲骨文未见"奉"字。金文阶段散氏盘、侯马盟书中"奉"字写作 ,正是一形(从廾)、一声(丰声)的形声字。小篆"奉"字写作 ,许氏据小篆二形(从手从廾)、一声(丰声)而释,后世通行。

《说文·力部》:"飭,致坚也。从人从力,食声。读若敕。"

　　"饬"字本义是指人力并合会意,即人力治理使之坚固。"饬"字在汉语中引申为整治,二形(从人从力)一声(食声)。

　　　　《说文·木部》:"梁,水桥也。从木从水,刅声。"

　　"梁"字本义是指水上桥梁,最早为架在水上的木制桥梁,所以"梁"字有"水"有"木"两个形符,一个声符:"刅声"。指事字"刅"为"创"的本字。

　　　　《说文·宀部》:"寶(宝),珍也。从宀从王(玉)从贝,缶声。寚,古文寶省贝。"

　　"宝"字本义指珍宝。许氏此据金文、篆文训释"宝"字为三形(从宀从王从贝)、一声(缶声)。甲骨文"宝"字从宀从玉从贝,三个形符,写作 ,是个会意字。许氏此释"寚,古文寶省贝",有宀有王(玉),缶声,而无"贝",与甲骨文不同;许氏此云"古文",盖指金文,因为金文时期"寶"字就增加"缶声"而成为了形声字,而且多不省"贝"字,亦偶见省"贝"的"寚"字。

　　汉字历史悠久,结构复杂。对形声字中的多形字,要作认真的分析。前面介绍《说文》形声字中"从某从某,某亦声"字,都可视为二形一声字。又如:

　　《说文·土部》："坪，地平也。从土从平，平亦声。"

多形形声字就作以上介绍。

此下再说"多声"形声字。

形声字中具有多声符的字极少。《说文》一书有两例：

　　《说文·米部》："竊，盗自中出曰竊。从穴米，禼、廿皆声。"

　　"竊"字本义是指偷米从洞穴中出来；《玉篇·穴部》释为"盗也"。今简化字写作"窃"。许氏《说文》此释"竊"字结构为二形（从穴从米）、二声（禼、廿皆声）。清人张文虎《舒艺室随笔》疑曰："禼、廿不同部，岂得两谐其声？"今人裘锡圭《文字学概要》亦曰："《说文》对'竊'字的分析显然不可信。"今人汤可敬《说文解字今释》："按：禼，月部；廿，质部。廿、竊同部。"《说文》此二声说待考。

　　《说文·韭部》："𦰩，齏也。从韭，次、㡀皆声。"

　　大徐本之"齏"，小徐本作"𪘂"（duì），指切碎的菜。蔬菜归《韭部》，是也。《说文》此释"𦰩"（jī）字结构为一形（从韭）、二声（次、㡀皆声）。朱骏声《说文通训定声》认为"次"

为形符,仅有"朼"(zǐ)为声符:"从韭从次会意,细切匀之有叙也。朼声。"我们认为:《说文》此解"次、朼皆声",当为有据,因为"次、朼"都可作"蕰"字的声符。

在汉字中,形声字有多形是不争的事实,但多声字则多存争议。有待进一步深入研究。

"六书"中象形、指事、会意三种造字法,纯粹是以字形表意来造字记录汉语的词,是纯粹的表意字。这些表意字的字形一经固定,并用以记录汉语词,人们便赋予这些表意字以固定的读音,约定俗成,代代相传,这些用象形、指事、会意造字法所造的字就有了为社会所公认的字形、字意和字音。这些具有形、意、音三要素的表意字,为后来产生的形声字奠定了坚实的基础,成为了形声字的形符和声符,有一部分意义和声音兼具的字还成为了形声字的意兼声符,即《说文》所释的"某亦声"。汉字发展到"形声者,以事为名,取譬相成"的阶段,便借用两个或两个以上的字形,一个从意义的角度,一个从声音的角度,共同组合成形声字来记录汉语词。从文字学造字法的角度而论,文字最好能够记录语言的意义,又能记录语言的声音,而且具有固定的社会公认的字形。这样的造字法就是最理想的造字法,这样的文字就是最理想的文字。汉字形声字正好具备了这样的优点,充分显示了汉字"六书"造字由单纯表意到表意和表音同时兼顾的发展趋势。从《说文》所收释的80%以上的形声字发展到现代90%左右的形声字;现当代新创造的随着社会进步、科学技术发展记录层出不穷新事物、新概念的字,绝大多数是形声字。例如《化学元素周期表》中记录化学元素的字,医药卫生、电子工程、网络信息技术、意识形态新事新概念,国际交流等等,大都依照形声造字法造出新的形声字而得以记录。形声字与时俱进的发展,有力地证明形声造字法是汉字"六书"中最能产生新字而且符合社会进步发展的既能表意又能表音的最理想的造字法,所造形声字可以用之无穷,可以更好地满足记录汉语、适应和推动社会进步发展的需要。早在宋代,郑樵撰《六书略》,阐释许氏《说文》形声造字法就说过:"五书有穷,谐声无穷……谐声尚声……谐声者触声成字,不可胜举。"郑氏此一阐释,颇得许书形声造字法之真谛。字圣许叔重在其不朽巨著《说文》中为后人树立了榜样,为形声造字法作出了前无古人的科学阐释,为中华民族留下了无比珍贵的文化遗产,功莫大焉!

第四节　会　　意

许氏在《说文叙》中定义说:"会意者,比类合谊,以见指㧑,武信是也。"这是科学精准之说,后世无歧义。段玉裁《说文解字注》阐释说:

　　会者,合也,合二体之意也。一体不足以见其义,必合二体之意以成字。谊者,人所宜也。先郑《周礼注》曰：今人用"义"，古书用"谊"。谊者，本字。义者，假借字。指拗与指麾同，谓所指向也。比合"人言"之谊，可以见必是"信"字；比合"戈止"之谊，可以见必是"武"字。是会意也。会意者，合谊之谓也。

我们用现代最通俗的话来说，会意是把两个或两个以上的字会合在一起，会合它们的意义指向来构成一个新的字义。武、信就是这样的字。会意字不能是独体字，必须是合体字；合体构成的两个字都原有字意，会合之后产生的字意才是新会意字的字意。《说文》解说会意字，有其专用术语，下面分别简介。

一、《说文》解说会意字所用的第一个术语是"从某从某"。例如：

《说文·人部》："信，诚也。从人从言，会意。"

"信"字本义是指人的言语真实。《老子》八十一章曰："信言不美，美言不信。"信由人的言语真实引申为诚实。

"信"字是《说文叙》定义会意字的例字。此说解"信"字造字法"从人从言"，即会合"人、言"二字为"信"字，且明确指出为"会意"。这是《说文》全书唯一指明"会意"的说解，尤其珍贵。

《说文·采部》："寀,悉也,知寀谛也。从宀从采。审(审),篆文寀从番。"

后世通行之审视、审察之审(审),古文写作"寀"shěn,小篆写作"审"。"寀"字本义"悉也,知寀谛也",即是详尽知晓,详尽周密。古文"寀"字从宀(mián)从采(biàn,义为分别、辨别),篆文则从宀从番。寀、审都是会意字。

《说文·采部》："悉,详尽也。从心从采。"

"悉"字本义是辨别详尽,收归《采部》,故从采;对人、事、信息了解详尽须用心,故"悉"字下部从心。从心从采会意,"悉"字为会意字。

《说文·口部》："唬,嗁也。一曰虎声。从口从虎。"

唬即"啼"字。"唬"字本义是指禽兽号啼之声,一曰别义是指老虎发出的怒吼声。唐人玄应《一切经音义》引《说文》解释为"虎怒声也"。"唬"字从口从虎会合得"唬"意,是个会意字。

《说文·言部》："设,施陈也。从言从殳。殳,使人也。"

"设"字本义是布置陈列。小徐本徐锴注"殳"（shū）曰："殳，所以驱遣指使人也。"朱骏声《说文通训定声》曰："言以口使，殳以手使。""设"字从言从殳会合得"施陈"意，是个会意字。

《说文》用"从某从某"的术语来解说会意字，两个"某"都必须是独立成形的字。如果第二个"某"只是抽象的指事符号，那么"从某从某"之术语所解说的字应为指事字，而不是会意字。例如《说文·寸部》："寸，十分也。人手却一寸，动脉谓之寸口。从又从一。"此"从一"之"一"，是代表动脉寸口的抽象指事符号，所以文字学界把"从又从一"之"寸"字说解为指事字。这是《说文》"从某从某"术语解说会意字和指事字交叉的难点所在，初学者应予掌握。

二、《说文》解说会意字所用的第二个术语是"从某某"。例如：

　　《说文·言部》："说，说释也。从言兑。一曰谈说。"

段玉裁《说文解字注》曰："说释即悦怿。说、悦，释、怿，皆古今字。许书无悦怿二字。"依许氏《说文》，"说"字本义是指喜悦，读音为 yuè，是"悦"之古字；别义为谈说，读音为 shuō。"说"字由言、兑二字会合得意，是会意字。

　　《说文·攴部》："败，毁也。从攴贝。"

　　许氏此释"败"字本义为毁坏。甲骨文、金文和小篆"败"字都是从攴（手持棍棒敲击）贝为毁坏。"败"是会意字。

　　《说文·目部》："瞋，目大也。从目侖。《春秋传》有郑伯瞋。"

　　"瞋"（gǔn）字本义是指眼睛圆大。从目字、侖字会合而得瞋之眼睛圆大意，是个会意字。《春秋左氏传·襄公二年》有人名曰郑瞋，即郑成公。

　　《说文·口部》："吉，善也。从士口。"

　　"吉"字本义是指美好吉祥。在《说文》中，"吉"与"善"互训，都是会意字。"吉"字由士字、口字会合而得意；"善"字由誩（jìng）字、羊字会合而得意，写作"譱"。段玉裁《说文解字注》曰："据此则譱为古文可知矣。……'譱'字今惟见于《周礼》，他皆作善。"

《说文》会意字的第二个术语"从某某",比第一个术语"从某从某"少一个"从"字,但是表示由两个字会合而成一个会意字的解说则没有什么区别。

三、《说文》解说会意字所用的第三个术语是"从某,从某省",或是"从某省,从某"。此"从某省"之"某",是指取用这一"某"字的字意,但是为了使新组成的会意字结构匀称不重繁,不取用此"某"字的全部字形,只将此"某"字的部分形体写入新构成的会意字之中。这类会意字被称为省形会意字。例如:

> 《说文·老部》:"耋,年八十曰耋。从老省,从至。"

八十岁的老人叫"耋"(dié)。"耋"字本来由"老"字和"至"字会合而成,但是造字的人为了使会合而成的新会意字结构匀称不重繁,便省去"老"字下部的"匕"(huà),于是新会意字就写作"耋"。这是个省形会意字。

《说文·老部》之下一共收释耋、薹(mào)、耆(qí)、耇(gǒu)、耆(diǎn)、耈(shù)、壽、考、孝九个字。除"薹"字外,其余八个字许氏说解都注明"从老省",其中耆、耇、耈、壽、考五个字为省形形声字。下面简释另外三个省形会意字。

　　《说文·老部》:"耆,年九十曰耆。从老,从
蒿省。"

　　此"耆"字不是从老省,而是"从蒿省"。为使这个新造
的会意字结构匀称不重繁,造字先民省去"蒿"字下部的
"口"字。这个省形会意字"耆"不常用,后世依照《说文·
老部》省形会意字的造字方法,改造一个"耄"字代替它。
段玉裁《说文解字注》曰:耆"今作'耄',从老省,毛声"。
"耄耋"二字后世常连在一起使用,形成一个并列式双音
词,指八九十岁的高寿老人。

　　《说文·老部》:"耇,老人行才相逮。从老省,易
省,行象。读若树。"

　　"耇"字本义是指老人行走,两只脚仅能小步前后相
及,字读音为"树"。"耇"字字形结构,许氏释为"从老省",
省去"老"字下部的"匕";"易省",省去"易"字上部的"日",
所以"耇"字是由老字、易字省形而会合成的省形会意字。

　　《说文·老部》:"孝,善事父母者。从老省,从子。
子承老也。"

　　"孝"字本义是指善于侍奉父母的人。"孝"字结构"从

老省",即省去"老"字下部的"匕",再与"子"字会合而成省形会意字。"从老""从子"表示"孝"要子女善于侍奉父母。中国向来孝老敬老,以孝治国。

《说文·隶部》:"隶,及也。从又,从尾省。又,持尾者,从后及之也。"

这个"隶"字,实际是"逮"字的古字,所以《说文》此释"隶,及也"。意思是从后面追上去用手抓住。"隶"字字形结构"从又"表示用手抓,即"隶"字上部"彐";"从尾(wěi)省",尾即尾字,即省去"尸"字头,"又(彐)"与"氺"会合而成省形会意字"隶"(会合以后此字的上、下部笔画都略有变形)。"又,持尾者,从后及之也",许氏详细、生动解说"隶"字本义是从后用手抓住。

《说文·至部》:"臺,观。四方而高者。从至,从之,从高省。"

"臺"字本义是指台观,连篆文并读为台观,即四方而高的建筑物。"臺"字结构,篆文上部是"之"(从之)字,中部是"高"字省形(从高省),下部是"至"字(从至),之、高(省形)、至三字会合为省形会意字"臺"。

省形会意字的关键是取用组成会意字的两个以上字

中某一字的部分字形,省去繁重,会合构成新的结构匀称的省形会意字。这是造字先民聪明智慧的体现。《说文》对此类省形会意字都有"从某省"的明确解说。

四、《说文》解说会意字所用的第四个术语是"从某,在某下(上,中)"。例如:

《说文·品部》:"喿,鸟群鸣也。从品,在木上。"

"喿"字本义是指鸟群鸣叫。"喿"字《说文》归在《品部》,部首"品"之三口表示众鸟之口,众鸟张口在树木上鸣叫。"从品,在木上",即是品字、木字会合构成会意字"喿"。此"喿"字后世再添加一个"口"字,写成从口从喿,喿亦声的"噪"字,常表示噪声、噪音。

《说文·茻部》:"莫,日且冥也。从日,在茻中。"

"莫"字本义指傍晚,"日且冥"即太阳将要落山之时。茻(mǎng)是指众草、草莽丛生。"莫"字结构"从日,在茻中",即指太阳将要落到草莽之中,此时为天将黑,傍晚时分。"莫"字是典型的会意字。在汉语中,"莫"常被借去记录同音无字的无定代词、否定副词,所以后世又造了一个从日从莫、莫亦声的"暮"字来表示"日且冥"之本义。

《说文·女部》："安，静也。从女，在宀下。"

许氏此训"安"字本义为"静"，本指女子在家安居而静。"安"字由女由宀(mián)二字会合而成会意字。

《说文·匚部》："匶(区)，踦匶，藏匿也。从品，在匚中。品，众也。"

"踦匶"，段玉裁《说文解字注》释为："叠韵……此言委匶包蔽也。"也即"踦匶"为叠韵连绵词，隐藏、藏匿之本义。"品"是指众多；"匚"xì是部首字，是藏匿物品的器物。"匶"字由众多物品藏匿在匚中会合成会意字。

《说文·口部》："局，促也。从口，在尺下，复局之。"

丁福保《说文解字诂林》曰："'尸'误作'尺'，复勹(bāo)之'勹'误作'局'。"丁氏此注可以准确解读许氏此训：口、尸都指人。"从口，在尸下；复勹之"，复被包围着，所以由口、尸、勹三字会合成会意字，表示局促之本义。

《说文·屚部》："屚，屋穿水下也。从雨，在尸下。

尸者,屋也。"

"屚"(lòu)字本义是指房屋穿孔,雨水屚下来。"屚"字"从雨,在尸下"("尸"指房屋),也即雨在房屋之下,雨字、尸字会合成会意字"屚",表示漏雨之本义。段玉裁《说文解字注》曰:"今字作'漏',漏行而屚废也。"

　　《说文·门部》:"闪,阚头门中也。从人,在门中。"

"闪"字本义是指人阚(窥)头在门中偷看。"从人,在门中",即由人字、门字会合成会意字,表示人阚(窥)头在门中偷看之本义。

　　《说文》解说会意字的第四个术语"从某,在某下(上、中)",其中的两个"某"都必须是独立成形的汉字。这是"会意者,比类合谊,以见指㧑"的关键,也即是说此类会意字必须会合二字及二字以上的字意方可构成新的会意字。如果只有一个独立成形的字,另一个只是抽象的符号,或曰指事符号,这样合成的字不能称会意字。例如:

　　《说文·木部》:"本,木下曰本。从木,一在其下。""末,木上曰末。从木,一在其上。""朱,赤心木。松柏属。从木,一在其中。"

"本"、"末"、"朱"这三个字,《说文》的解说术语都是"从木,一在其下(上、中)",与会意字解说的第四个术语"从某,在某下(上、中)"相同;但是"本"、"末"、"朱"三字是典型的指事字,而不是会意字。因为这三个字的字形结构中只有一个独立成形的字,就是"从木"的"木"字。"一在其下(上、中)"之"一",不是独立成形的字,而是抽象的指事符号。同样是"一",在木下指的是树根,在木上指的树梢,在木中指的是赤心(红心)。随着指事位置的变化,这个指事符号"一"而有不同的指事意,这是指事字的关键所在。所以说这个"一"不是独立成形,有确指字意的字,而只是一个指事符号。会意字的关键所在,是要由两个或两个以上独立的具有固定形音义的汉字会合而成。

五、《说文》解说会意字所用的第五个术语为不规则术语。例如:

《说文·戈部》:"武,楚庄王曰:'夫武,定功戢兵。故止戈为武。'"

"武"字、"信"字是《说文叙》定义会意字所举的两个例字。"信"字解说中,许氏明言"从人从言,会意"。而"武"字解说则没有专用术语,直接意引《左传·宣公十二年》楚庄王之语训释"武"字义及其字形结构:凭借武力,确定战功,从而收藏兵器,止息战争。"止戈为武"即是解说用"止"字、"戈"字会合而成会意字"武"。《左传·宣公十二年》原文是:"楚子曰:'非尔所知也。夫文,止戈为武。'"

　　《说文·正部》:"乏,《春秋传》曰:'反正为乏。'"

　　许氏解说"乏"字亦未用专用术语,而是意引《左传·宣公十五年》语来作解说。《左传·宣公十五年》原文是:"故文,反正为乏。"意思是:"正"字反过来就成了"乏"字。段玉裁《说文解字注》曰:"此说字形而义在其中矣。……不正则为匮乏,二字相向背也。"

　　《说文·目部》:"看,睎也。从手下目。"

　　"看"字本义为"睎",睎是远望。《说文》此解说"看"字字形结构为:"从手下目",即字之上部为"手"字,下部为"目"字,由手、目二字会合成会意字"看"。桂馥《说文解字义证》曰:"凡物见不审,则手遮目看之,故看从手下目。""从手下目",这是《说文》解说会意字"看"所用的一个不规则术语。

　　《说文·史部》:"史,记事者也。从又持中。中,正也。"

"史"字本义是指记事的人。"从又持中",是说"史"字由手(又)持着中字会合而成会意字,中是正的意思。小篆写作𠭛,楷书变写为史。

> 《说文·宀部》:"寒,冻也。从人在宀下,以茻荐覆之,下有仌。"

"寒"字本义是冻。会意字"寒"由人、宀、茻、仌(冰)四个字会合构成。许氏解说云:"从人在宀下,以茻荐覆之,下有仌。"也就是说:人在宀(房屋)下,用茻(众草)垫盖着,人的脚下还有仌(冰)呢,足见其寒其冻。小篆写作𡫸。楷书变化笔画写作"寒",就不易看出字形结构了。《说文》对"寒"字字形结构的解说,也属于不规则。

> 《说文·戈部》:"戍,守边也。从人持戈。"

"戍"字本义是指将士守卫边关。许氏此解说所用语"从人持戈"属于不规则术语。

> 《说文·聿部》:"聿,手之疌巧也。从又持巾。"

"聿"(niè)字本义是指手敏捷灵巧,小篆写作聿,可以比较清楚地看出由又(手)字、巾字会合而成会意字。《说文》此"从又持巾"解说术语属于不规则术语。

以上"武"、"乏"、"看"、"史"、"寒"、"戍"、"聿"诸字,许氏《说文》所用的解说术语虽不规则,但是读者一看便知是在解说会意字,所以《说文》这类会意字不规则解说术语反而是没有歧义的,很好读懂。

六、《说文》解说同体会意字所用术语为"从二(三、四)某(某)"。前面所简介的五种会意字,其会合而成的两个或两个以上的字,都是不同形体的字。文字学界把两个或两个以上不同形体的字会合而成的会意字叫做异体会意字。这里所说的同体会意字,是指所会合的两个或两个以上的字,都是相同形体的字。《说文》用"从二(三、四)某(某)"之术语来解说。例如:

《说文·从部》:"从,相听也。从二人。"

"从"字本义是指相听从,是由二人前后相随会合而成的同体会意字。从,后世造今字作"從";简化字盛行,又回归使用古字"从"。

《说文·㐺部》:"㐺,众立也。从三人。"

"仦"(yín)字本义是指众人并肩站立,由三个人字并排会合而成同体会意字。

《说文·炎部》:"炎,火光上。从重火。"

"炎"字本义是指火光、火焰上腾。"从重火",重者,二也,叠也;即用两个火字上下重叠会合而成同体会意字"炎"。

《说文·又部》:"友,同志为友。从二又,相交友也。羿,古文友。"

"友"字本义是指志趣相同的人为友。"从二又",小篆写作彐,表示由两只手上下重叠会合而成同体会意字"友",即志趣相同的人相交为友。羿,古文"友"字是两只手左右并列。

《说文·羴部》:"羴,羊臭也。从三羊。……羶,羴或从亶。"

"羴"(shān)字本义是指羊羶味,由三个羊字会合成品字形的同体会意字。"羴"字后世使用不多,用得多的是《说文》此所释或体字:羶;从羊,亶声,是个形声字。

《说文·雔部》:"雔,双鸟也。从二隹。"

《说文·雦部》:"雦,群鸟也。从三隹。"

隹(zhuī),《说文》释为短尾鸟的总名。两个"隹"字左右并列会合成同体会意字"雔"(chóu),是指双鸟。三个"隹"字会合成品字形同体会意字"雦"(zá),是指群鸟汇集。

《说文·艸部》:"艸,百芔也。从二屮。""芔,艸之总名也。从艸屮。"《说文·茻部》:"茻,众艸也。从四屮。"

屮(chè),《说文》释为草木初生,是个象形字。两个"屮"字左右并列会合为同体会意字"艸",读音为 cǎo,字义指百草。三个"屮"字会合成品字形的同体会意字"芔",《说文》写作"芔",读音为 huì,字义为百草的总名,如"花卉"。《说文》没有用"从三屮"的术语,而说"从艸屮",艸加屮亦为三屮也。《说文》之"芔"字,后世下部两横连写,作"卉"。四个"屮"字会合成同体会意字"茻",读音为 mǎng,字义为众多的草。朱骏声《说文通训定声》曰:"经传草茻字皆以'莽'为之。"

《说文·吅部》:"吅,惊呼也。从二口。"

《说文·品部》:"品,众庶也。从三口。"

"口"字是人之口的象形字。由二"口"字会合成同体会意字"吅",读音为 xuān,字义为惊呼喧哗。此惊呼喧哗义的"吅"字,经典文献也很少见,后来写作从口宣声的形声字"喧"。由三个口字会合而成的同体会意字"品",意指众多。《说文·朤部》还收释由四个口字会合而成的同体会意字"朤",意指"众口也。从四口。……读若戢"。

在汉字会意字中,从数量上来说,由两个或两个以上不同形体的字会合而成的异体会意字居多,由两个或两个以上相同形体的字会合而成的同体会意字相对较少。但是同体会意字很有特色。例如"从三某",即由三个相同形体会合而构成的字,上一下二,构成三角字形,结构稳定美观,其字一般多含有"众多"之意(段玉裁《说文解字注》谓"凡言物之盛皆三其文")。例如三口为"品",意指众庶。三人为众,意指众人、众多。三木为"森",意指众多林木汇成森林。三羊为"羴",意指众羊聚在一起形成的羊羴气味。三马为"骉"(biāo),意指众马。三牛为"犇"(bēn),意指众牛奔跑。三虫为"蟲"(chóng),意指多脚虫。三水为"淼"(miǎo),意指水势浩淼。三石为"磊",意指众石。三日为"晶",意指太阳的精光。三金为"鑫",意指众金。三隹为"雥"(zá),意指群鸟。三心为"惢"(suǒ),意指多心,心疑。三耳为"聶",意指多只耳朵附在一起窃窃私语。……当然,"从三某"的同体会意字,有的也不一定都含有"众多"的字义。例如三鱼为"鱻"xiān,意指新鱼之精、之鲜。段玉裁《说文解字注》在《鱼部》"鱻"字下注曰:"凡鲜明、新鲜字皆当作鱻,自汉人始,以鲜代鱻。"三犬为"猋"(biāo),《说文·犬部》释为"犬走皃",即狗快跑的样子。三鹿为"麤"(cū),《说文》释为"行超远也",即鹿行走能跳跃很远。这个"麤"字,后世写作"粗"。段玉裁《说文解字注》曰:"今人概用粗,粗行而麤废矣。"

汉字是表意体系的文字。"六书"会意的造字法会合两个或两个以上的字来构成一个新的会意字,在象形造字法和指事造字法的基础上有了大的发展,使得汉字字数迅速增多,汉字记录汉语词的能力大大增强。这是汉字"六书"造字法的一大进步。

第五节 转 注

《说文叙》曰:"转注者,建类一首,同意相受。考老是也。"许氏关于转注的这个界说,难于准确理解。近两千年来,学术界形成了诸多不同的理解。

南唐徐锴和清代江声的"形转说"就是有代表性的一种观点。徐锴注"上"字曰:"转注者,建类一首,同意相受。谓老之别名有耆,有耋,有寿,有耄,又孝子养老是也。一首者,谓此孝等诸字皆取类于老,则皆从老。若松、柏等皆木之别名,皆同受意于木,故皆从木。"江声《六书说》阐释说:"《说文解字》一书,凡五百四十部,其分部即建类也。其始一终亥,五百四十部之首,即所谓一首也。下云'凡某之属皆从某',即同意相受也。此皆转注之说也。"

清人戴震、段玉裁力主"义转说"。戴震《答江慎修先生论小学书》说:"《说文》于考字训之曰老也,于老字训之曰考也,是以序中论转注举之。《尔雅·释诂》有至多四十字共一义,其六书转注之法欤!"戴氏认为"转相为注,互相为训"即是转注。段玉裁师承戴说,谓:"《老部》曰:老者考也,考者老也。以考注老,以老注考,是之谓转注。盖老之形从人毛匕,属会意;考之从老,丂声,属形声,而其义训则为转注。"清人孙星衍《重刊宋本说文序》也力主"义转说":"转注最广。'建类一首',如:祯祥祉福祐,同在《示部》也。'同意相受',如祯,祥也;祥,祉,福也;福,祐也;同意转注以明之。推广之,《尔雅·释诂》:'肇、祖、元、胎,始也。''始'为建类一首;'肇祖元胎'为同意相受。后人泥'考老'二字,有左回右注之说。是不求之注义而求其字形,谬矣。"

近人章太炎力主"声义转说"。章氏在《小学答问》中说:"夫字者,孳乳而浸多,或同语而双声相转,叠韵相迤,则为更制一字,此所谓转注也。何谓'建类一首'?类谓声类,首者今所谓语基。""转注者,繁而不杀,恣文字之孳乳者也。"章氏还在其《转注假借说》中明言:"明转注者,经以同训,纬以声音,而不纬以部居形体。"

　　"形转说"、"义转说"和"声义转说",这些纷争之说很难一时定论。"六书"当中最难解说理解的就是"转注"。这是从东汉许叔重到现代学人都未解说清楚的问题。所以现代著名文字学家裘锡圭在其《文字学概要》中主张:"转注字只是比较特殊的一种形声字,似乎没有独立为一书的必要。"又说:"在今天研究汉字,根本不用去管转注这个术语。不讲转注,完全能够把汉字的结构讲清楚。至于旧有的转注说中有价值的内容,有的可以放在文字学里适当的部分去讲,有的可以放到语言学里去讲。总之,我们完全没有必要卷入到无休无止的关于转注定义的争论中去。"

　　我们赞同不争论《说文》关于"转注"的定义,更赞同"转注只是比较特殊的一种形声字"的观点,因为研究《说文》关于"建类一首,同意相受"的转注字,其实多为形声字,多为同一个部首之下字义可以互相辗转解释而且字音有关联的字。在《说文》中,"老"字是一个部首,《老部》之下,许氏释曰:"老,考也。""考,老也。"老、考互相辗转注释,都是指老年人的意思,而且"老"和"考"语音上都属于古音幽部的叠韵字。又例如《说文·页部》:"顶,颠也。""颠,顶也。"顶、颠二字字形同属《页部》;字意都是头顶之义;语音上都属于端母的双声字。《说文·穴部》:"空,窾也。""窾,空也。"空、窾二字字形同属《穴部》;字意都是孔穴之义;语音上都是溪母的双声字。《说文·木部》:"标,木杪末也。""杪，木标末也。"标、杪二字字形同属《木部》；字意都是指树梢；语音上都是属于宵韵的叠韵字。《说文》所说的转注字，其实字形上都是同属一个部首，字意上可以互相辗转注释而同义，语音上都属于或双声、或叠韵，语音相互关联的形声字，造字法上没有什么创新。而且转注字在《说文》中数量很少，所以"转注"应不应当与"象形"、"指事"、"会意"、"形声"、"假借"并列为"六书"之"一书"，是值得研究的。

第六节　假　　借

《说文叙》曰："假借者，本无其字，依声托事。令长是也。"许氏关于"假借"的定义是清楚准确的，但是用"令"、"长"二字作为例字则是值得商榷的。"令"、"长"二字不属于假借，与定义不符；此二字属于词义引申，历代多有研究批评，此不赘言。

许氏所言之"本无其字"，是指社会生活中有某一种事物，语言中有一个词来称谓这种事物，但是汉字中没有记录这个词的字；许氏所言之"依声托事"，是说人们借用一个已有的音同或音近的字来记语言中有音有义而无字的那个词。这就是假借。《说文》一书对假借的解说、举证应用不如象形、指事、会意和形声那样明确，所用术语也比较隐晦，必须认真研究才能理出头绪，才能真正弄懂许氏《说文》所解说的假借造字法和假借字。

许氏虽在《叙》中以"令"、"长"为假借例字,但在正文中,却训释为:

《说文·卩部》:"令,发号也。从亼、卩。"

"令"字造字结构"从亼(jí)、卩(jié)","亼"是集,"卩"是瑞信,即信验凭证。大徐本引徐锴注曰:"号令者,集而为之。卩,制(信验凭证)也。""令"字无疑是个会意字。

《说文·长部》:"长,久远也。从兀、从匕。兀者,高远意也。久则变化。亾声。"

"长"字造字结构"从兀(wù)、从匕(huà),亾声",是个形声字。"长"字本义指长久、长远;其一形符"兀"为高而远的意思,另一形符"匕"为长久就起变化的意思;其声符"亾"即"亡"字,表示"长"字读音。

许氏在《说文》正文中训释"令"字为会意字,训释"长"字为形声字,都没有任何假借字的训解。许书正文关于"令"、"长"二字之训释与其《叙》之"假借"定义例字产生矛盾,这就使得理解《说文》"假借"增加了难度。这是许氏在解说"六书"上出现的一个疏漏。其实认真仔细研究《说文》,许氏在全书正文中关于假借的训释解说,还是有迹可循的。

一、《说文》解说假借所用的第一类术语是："故借以为"、"故因以为"、"故以为"、"或以为"、"以为"、"故为"、"故称"、"称"等。例如：

> 《说文·韦部》："韦，相背也。从舛，口声。兽皮之韦，可以束枉戾相韦背，故借以为皮韦。"

"韦"字本义是指围绕，是"围"的本字。甲骨文写作 、，中间的"口"，就是"围"的本字，读音是 wéi。《说文》训为"口"声。实际"口"字是意兼声符。"口"字上、下、右边的""、""、""，实际是"止"字，脚趾的"趾"之本字，表示二止或三止围绕。李孝定《甲骨文集释》训释说：、，"二止则象二人，或象多人。韦实即古围字"。"口"字上下的"止"字，许氏误解说为"从舛"。"韦"字由本义围绕引申指违背。汉语中已经有用来缠束矫正弯曲相违的兽皮，读音为 wéi(无字记录)，与围绕义的"韦"字同音，于是造字先民采用"本无其字，依声托事"假借造字法，假借围绕义的"韦"字来记录兽皮"韦"。许氏训解为："兽皮之韦，可以束枉戾相韦背，故借以为皮韦。"是也。《史记·孔子世家》："孔子晚而喜《易》……读《易》，韦编三绝。"这个"韦"字就是《说文》"本无其字，依声托事"，"故借以为皮韦"所释的假借字。

《说文·来部》："来，周所受瑞麦来麰。一来二缝，象芒束之形。天所来也，故为行来之来。《诗》曰：'诒我来麰。'"

"来"字本义是指周地承接上天赐给的良麦：来麰(móu)，是个象形字(一根麦秆长着两颗麦穗，象麦之芒刺形)。许氏此举《诗·周颂·思文》为证："诒我来麰。"甲骨文、金文均为象形字。来麰是上天赐来，读音为lái；在语言生活中已经有动词往来、行来的"来"在使用，但是没有字来记录，于是先民便借用"来麰"的"来"字。这便是假借"依声托事"所造的假借字"来"。许氏此训为"天所来也，故为行来之来"。

《说文·西部》："西，鸟在巢上。象形。日在西方而鸟栖，故因以为东西之西。"

"西"字本义是指鸟在窝巢之上，是个象形字。日落西方而鸟栖于窝巢；汉语中西方之"西"有音而无字，于是先民假借"鸟在巢上"之"西"字来记录同音的东西方之"西"，许氏此训释为"故因以为东西之西"，符合"本无其字，依声托事"的假借定义。

《说文·鸟部》："鳳(凤)，神鸟也。……从鸟，凡声。……鳳飞,群鸟从以万数,故以为朋党字。"

"凤"字本义是指神鸟。小篆"凤"字是从鸟、凡声的形声字,读音为 fèng。汉语中表示朋党、群从相聚之朋有音而无字,于是先民"依声托事",假借同音的神鸟"凤"字来记录朋党的"朋"(凤、朋二字在上古都是唇音字,古无轻唇音"f")。许氏此训释为"故以为朋党字"。又,许氏《说文》没有单独收释"朋"字,但收释有以"朋"字为声符的棚、傰、弸、輣等字。《说文》"凤"字说解中训释假借字"故以为朋党字",就算正式解说"朋"字的来源。

《说文·艸部》:"茵,以艸补缺。从艸,丙声。读若陆。或以为缀。"

"茵"(zhì)字本义是指以草来补空缺,是个形声字,读音如陆字;此"陆"音与今音 zhì 变化很大。"茵"字声符"丙",许氏训释为:"读若三年导服之导;一曰竹上皮,读若沾;一曰读若誓,弼字从此。"我们认为《说文·合部》之"丙"字有三个读音:导(dǎo);沾(zhān);誓(shì)。从艸丙声的"茵"字当读"丙"字又音"誓",故"茵"字可读如大徐本"直例切"(今音切读为 zhì)。

许氏此训释"茵……或以为缀",是训释假借,即把"茵"字假借来记录"缀"字。

《说文·水部》："㳺，浮行水上也。从水从子。古或以㳺为没。泅，㳺或从囚声。"

"㳺"(qiú)字本义是浮游、游泳，是个会意字。依许氏此"㳺或从囚声"之解说，"㳺"当为正体字，从水囚声之"泅"字则为或体字；后世此或体形声字"泅"大行于世，而所谓正体会意字"㳺"则仅存留在古籍文献中。

"㳺"字本义为浮游、游泳，许此训"㳺……古或以㳺为没"，是训释假借，即把"㳺"字假借来记录沉没的"没"字。

《说文·能部》："能，熊属，足似鹿。……能兽坚中，故称贤能；而强壮称能杰也。"

"能"字本义是指熊类兽。此"能"字本义，后世不见使用；而广泛使用的恰恰是假借义。许氏此训"能兽坚中，故称贤能"，是训解把"能兽"的能假借来记录贤能的"能"；"强壮称能杰"，是训解把"能兽"的能假借来记录能杰的"能"。段玉裁《说文解字注》对此注释曰："此四句发明假借之旨，贤能、能杰之义行，而本义几废矣。"

二、《说文》解说假借字所用的第二类术语是："古文以为"、"籀文以为"。例如：

《说文·屮部》："屮，艸木初生也。象丨出形有枝茎也。古文或以为艸字。读若彻。凡屮之属皆从屮。尹彤说。"

"屮"字本义是指草木初生的嫩芽,是个象草木初生嫩芽刚长出地面形状的象形字。古文把"屮"假借为"艸"字。段玉裁《说文解字注》曰:"凡云古文以为某字者,此明六书之假借。以,用也。本非某字,古文用之为某字也。……古文以'屮'为'艸'字,以'疋'为'足'字,以'丂'为'亏'字,以'伇'为'训'字,以'臭'为'泽'字,此则非属依声或因形近相借,无容后人效尤者也。"我们认为,讲"六书"之假借,还是得按许氏《说文》"本无其字,依声托事"这个原则来讲。如果按"因形近相借"来论说假借,那假借就没有原则了,汉字因形近而假借,那就会泛滥成灾了。下面再来分析《说文》全书用"古文以为"、"籀文以为"说解假借字的例字。

《说文·宀部》:"完,全也。从宀,元声。古文以为宽字。"

"完"字本义为"全",读音为 wán。汉语中有严宽的"宽",有音而无字;古文假借读音相近的"完"字来记录"宽",符合"本无其字,依声托事"的假借定义。段玉裁《说文解字注》曰:"古文以为宽字,此言古文假借字。"

《说文·臤部》："臤，坚也。从又，臣声。……古文以为賢(贤)字。"

"臤"qiān字本义为坚。汉语有贤能的"贤"，有音而无字；古文假借读音相近的"臤"字来记录"贤"，符合"本无其字，依声托事"的假借定义。

《说文·丂部》："丂，气欲舒出，丂上碍于一也。丂，古文以为亏字，又以为巧字。"

"丂"字本义指人之气息想要舒出而被阻，读音为kǎo。汉语有巧妙的"巧"，有音而无字；古文假借读音相近的"丂"字来记录"巧"。古文假借"丂"字来记录亏损的"亏"字，与读音无涉，待考。

《说文·日部》："㬎，众微杪也。从日中视丝。古文以为顯(显)字。"

"㬎"字本义是指众物微小，读音为xiǎn。汉语有显现义的"显"，有音而无字；古文假借读音相同的"㬎"字来记录"显"。段玉裁《说文解字注》曰："经传'显'字皆当作'㬎'。㬎者本义，显者假借。载籍既皆作'显'，乃谓古文作'㬎'为假借矣。故曰'古文以为显字'。"

《说文·爱（biāo）部》："爱，引也。从爱，从于。籀文以为车辕字。"

"爱"是动词"援"的本字，本义为牵引。甲骨文"爱"字写作🜚。李孝定《甲骨文字集释》曰："爱字象二人相牵之形。自爱假借为语词，乃复制从手之援以代爱字。"李氏此说本义为牵引的"爱"字假借为虚词"爱"，后世通用。许氏《说文》此说解"籀文以为车辕字"，即"爱"在籀文中假借为同音而无字的车辕之"辕"字，符合"本无其字，依声托事"的假借定义，但是假借字"爱"用为车辕的"辕"字例，后世未见。

三、《说文》解说假借字的第三个办法是援引通人之说或引用古籍例证以训假借。例如：

《说文·奴部》："舁，举也。从廾，由声。《春秋传》曰：'晋人或以广坠，楚人舁之。'……杜林以为骐麟字。"

"舁"字本义是指举起。许氏此以《春秋左氏传·宣公十二年》"晋人或以广坠，楚人舁之"用例以证其本义。"舁"字读音为 qí；汉语中骐麟之"骐"有音而无字，于是造字先民"依声托事"，假借同音的"舁"字来记录之。许氏这里是援引通人"杜林以为骐麟字"来作解说。"舁"字用作

"骐",是假借字。

> 《说文·寀部》:"寀,倾覆也。从寸,臼覆之。寸,
> 人手也;从巢省。杜林说:以为贬损之贬。"

"寀"字本义是倾覆,读音为 biǎn。汉语中贬损的"贬"有音而无字,于是造字先民"依声托事",假借同音的"寀"字来记录之。"寀"字用作"贬",是假借字。

> 《说文·乌部》:"乌,孝鸟也。象形。孔子曰:乌,
> 盱呼也。取其助气,故以为乌呼。"

"乌"是孝鸟的象形字,读音为 wū。汉语有"乌呼"词,"乌"有音而无字,许氏此引:"孔子曰:乌,盱呼也。"以解说。"乌"用为乌呼之"乌"为同音假借字,符合"本无其字,依声托事"的假借定义。

> 《说文·阜部》:"陧,危也。从阜,从毁省。⋯⋯
> 贾侍中说:陧,法度也。⋯⋯"

"陧"字本义是危险。许氏这里援引其师贾逵之说:"陧,法度也。"陧与法度怎样理解?段玉裁《说文解字注》曰:"陧与臬,双声。臬者,射埻的也,有法度之意。贾谓

'陉'为'臬'之假借。"原来"陉"与法度义的"臬"同音,于是依声托事,"陉"同音假借记录"臬"。段氏此注,得杜氏、许氏说解之本意。

> 《说文·卤(tiáo)部》:"𥣫,嘉谷实也。从卤,从米。孔子曰:𥣫之为言续也。"

"𥣫"字本义是指优良谷籽,读音为 xù。许氏这里援引"孔子曰:𥣫之为言续"以解说,即是依据"依声托事"的假借原理,解说"𥣫"同音假借记录继续的"续"。

> 《说文·卤部》:"𥠖,木也。从木,其实下垂,故从卤。𣡔,古文𥠖从西、从二卤。徐巡说:木至西方战栗。"

"𥠖"字本义是指树木之名,读音为 lì。许氏这里援引通人徐巡说:"木至西方战栗。"即树木到了西方就战栗。就字面义而言,徐说很难理解。王筠《说文句读》批评为"此乃曲说"。但是认真领会许氏之意,是说"𥠖"字假借为战栗之"栗"。《说文》未收释"栗"字,但以"栗"为声符字却收释有从水栗声的"溧"字,从仌(bīng)栗声的"凓"字,从玉栗声的"瑮"字。溧、凓、瑮三字所从声符"栗",从《说文》小篆看都写作"𥠖";"𥠖"字古文"从西,从二卤"写作"𣡔",

读音都相同：lì。按照"依声托事"的假借原理，"桌"字同音假借为战栗的"栗"有充分依据。段玉裁《说文解字注》改二徐本"桌，木也"为"桌，栗木也"，注曰："三字句，旧删'栗'字，非也。假借为战栗。"段氏此说桌"假借为战栗"正确，但是改动二徐本"桌"字说解为"栗木也"，人为增添一个"栗"字，尚无版本依据。

> 《说文·黽部》："鼌，匽鼌也。读若朝。扬雄说：匽鼌，虫名。杜林以为朝旦，非是。"

"鼌"字读音为 cháo，"匽鼌"本义是指虫名。杨雄之说是也。许氏这里批评"杜林以为朝旦，非是"，颇值商榷。鼌与朝同音，属"依声托事"的假借。段玉裁《说文解字注》云："此'以为'乃说假借之例。……古假'鼌'为'朝'，本无不合。许云'非是'，未审。"

四、《说文》解说假借所用的第四类术语是"读若某"。例如：

> 《说文·攴部》："敚，闭也。从攴，度声。读若杜。"

《说文》之"读若"，主要用为注音术语，但是有时也用为解说假借的术语。这里的"读若杜"，许氏既注"敚"字之读音读如"杜"，又解说从木土声、本义为棠梨的"杜"因为同音假借为闭塞义的"敱"。王筠《说文句读》曰:"经典借'杜'为'敱'也。《晋语》:'狐突杜门不出。'"

> 《说文·力部》:"勢,健也。从力,敖声。读若豪。"

此"读若豪",既注"勢"字之音读如"豪"字之音,又解说"豪"字假借为"勢"。"勢"是豪杰之"豪"的本字。经典借本义为猪名,其颈上毛如笔管之"豪"为"勢杰"之"勢",因为"豪"与"勢"同音而假借;假借而来的"豪杰"之"豪"通行于世,反倒使其本字"勢"消失无闻。王筠《说文句读》曰:"经典作'豪杰',借字也。"

另外,在《说文》中,许氏解说"六书"之假借字,有时未用专门的术语,需要认真地研读方知其本字和假借字。例如:《说文·云部》:"云,不顺忽出也。从到子。《易》曰:'突如其来如。'……㞷,或从到古文子,即《易》'突'字。"《说文》此第十四篇之"云",读音为 tū,是个倒着写的"子"字,本义是指婴孩倒逆不顺出生。因为与"突"字同音,许氏解说为"或从到古文子,即《易》'突'字",即"云"假借为"突"。段玉裁《说文解字注》对此注曰:"谓《周易》之'突',即仓颉之云也。此爻辞之用假借也。'突'之本义谓犬从穴中暂出,'云'之本义谓不顺,故曰用假借。"

许氏《说文》关于"本无其字,依声托事"的假借说,主要是以上内容。许氏在《说文》一书中具体解说的假借字，也不过 60 个左右，但是通过许氏《说文》关于假借定义及其用例的解说，可以窥见"六书"假借起源应用很早。汉字在运用象形、指事、会意三种象形表意造字法造字阶段，所造的有形可象、有事可指、有意可会的字都是表意字，没有任何表音的成分。全部采用表意字来记录与时俱进、日益丰富的汉语词是有困难的。社会一天天进步发展，新事物、新概念、新词语不断涌现，那些无形可象、无事可指、无意可会的词，那些无意义的虚词，无法用表意字来加以记录。在长期的困难抉择中，我们汉民族先民找到了"依声托事"的假借造字方法。宋元之际的戴侗在《六书故》解释说："所谓假借者，义无所因，特借声音。"假借的实质，就是把汉字中已有明确字义的表意字语音符号化，用来记录同音或近音的语词，这就使得汉语中因无形可象、无事可指、无意可会的词，以及只能表示各种语法意义的虚词得以记录交流。记录汉语中所有虚词的字，都是采用假借造字法同音假借而产生的。例如簸箕义的"其"假借为虚词"其"，燃烧义的"然"假借为虚词"然"，斧斤义的"斤"假借为量词"斤"，赤心木的"朱"假借为色彩义的"朱"，来麰的"来"假借为行来动词的"来"，腋窝义的"亦"假借为虚词"亦"……同时又可以使得汉字原由依形表意造字的单一方向，发展为既能朝表意方向(表意字)造字发展，又可以朝表音方向(假借字)造字发展。表音方向而产生的假借字，相对解决了上古时期汉字少的问题。清代学者孙诒让在《与王子壮论假借书》中指出:"天下之事无穷,造字之初,苟无假借一例,则逐事而为之字,而字有不可胜造之数,此必穷之数也,故依声而托以事焉。视之不必是其字,而言之则其声也,闻之足以相喻,用之可以不尽。是假借可救造字之穷而通其变。"

但是如果无限制地假借使用下去,汉字又会产生两个难以克服的矛盾:一是原有的表意字数量有限,无法满足单个字无限假借的矛盾;二是如果无限假借已有的音同音近的表意字,一字多义多用而无节制,则会产生语言文字的混乱。一篇文字,哪一个用的是本字? 哪个用的是假借字? 本字本义及其引申义与假借字假借义多到满篇混同而无法辨别、无法识读,那就是灾难了。好在先民聪明智慧,虽然创造性发明了"依声托事"的假借造字法,但是并没有把汉字引入纯粹表音假借造字的方向无限发展,而是把表音假借作为一个造字原理、造字方法而科学地运用。也就是说先民不是完全把依形表意造字方向和表音假借造字方向作为两个造字方向平行发展,而是选取优长,结合起来综合发展,形成了汉字造字的第三个方向:表意兼表音,即借用形符和声符组合成新字表示新字义的形声造字方向。例如日且冥义的"莫"字被借去记录无定代词和否定副词,人们便以原本字"莫"为意兼声符,另借一个形符"日",新造出一个形声兼备的后起形声字"暮"。又如燃烧义的"然"字被借用为虚词,人们便以"然"为意兼声符,另借一个形符"火",新造出一个形声兼备的后起形声字"燃"。依照这个方法新造出一批新的形声字,例如其—箕、豊—禮(礼)、取—娶、它—蛇、宁—贮、新—薪、周—稠……可见这是一个能产新字满足记录汉语词且符合中国国情的大创造。黄侃先生在《说文略说》中创造性地指出:

> 故知假借之法,行于太初;依其理以造形声之字,而假借之用益大。是故形声之字,其偏旁之声……无义可言者,亦莫不由于假借。[1]
>
> 形声之字,其所从之声多由假借。[2]

可见"依声托事"的假借原理是极其重要的造字原理,也是重要的造字方法,是催生形声造字法的金钥匙!我们学习、研究《说文》关于"六书"造字的解说,切不可把"假借"只当作简单的用字方法来对待,而应当充分认识并掌握"依声托事"的假借是科学的符合汉字实际的造字原理,是科学的造字方法,是形声造字法得以产生的点金石和催化剂。

---

[1] 黄侃《论学杂著·说文略说》,上海古籍出版社 1980 年 4 月版,第 5 页。
[2] 黄侃《黄侃手批说文解字》,上海古籍出版社 1987 年 7 月版,第 945 页。

　　关于汉字"六书"的研究,关于汉字造字原理造字方法的研究,关于假借如何具体催生形声造字法的研究,我有一篇专论:《汉字造理论新说》,发表在《中国文字研究》第五辑上,可以参看。

第三章

《说文解字》的主要贡献与不足

　　许叔重撰著的《说文解字》一书,是一部前无古人,后启千秋的伟大著作。我们在前面两章简要介绍了其主要内容和入门学习的路径方法,下面简要谈谈其主要贡献与不足。

第一节　《说文解字》的主要贡献

一、《说文解字》首创汉字字典部首编排体例

　　中国是伟大的文明古国。如果从西安半坡仰韶文化遗址出土陶器上的文字符号算起,汉字起源、发展到许叔重生活的东汉时期,已经有 4 000 年左右的时间。4 000 年的文献古籍浩如烟海,书写记载文献古籍的汉字单字已逾万数。中国历史悠久,地域辽阔,上古时代"言语异声,文

字异形"严重,迫切需要将数以万计的汉字科学系统地归编诠释为一书。相传周宣王太史籀编写了一本《史籀篇》(或曰《籀篇》《史篇》),这是一本以四字韵语编写的教授蒙童的识字课本。秦朝统一中国以后,实现"书同文",即以小篆为通行天下的规范字。丞相李斯编写了《仓颉篇》七章,中车府令赵高编写了《爰历篇》六章,太史令胡毋敬编写了《博学篇》七章。这三本书都采用小篆字编写,都是教授蒙童识字课本。秦朝的这三本书流传到西汉,复以李斯的《仓颉篇》统称,四字一句,有韵上口,便于诵读,以六十字为一章,三本书共有五十五章,三千三百字,仍然是蒙童识字课本。后来西汉司马相如编写了一本七言韵语书《凡将篇》。西汉扬雄又在《仓颉篇》的基础上编写了《训纂篇》,东汉贾鲂编写了《滂喜篇》,这两种书仍然是四字韵语,用以教授蒙童。东汉元帝时史游编写了《急救篇》三十二章,有三言句、四言句和七言句。

秦汉之间所编的这些书,大约荟萃汉字五六千字,主要用作教授蒙童的识字课本,也可以视为秦汉时期许叔重之前的汉字总汇,但是没有哪一本书能够称得上字典,称得上汉字研究著作。只有到了东汉安帝建光元年(公元121 年),伟大的汉字字圣许叔重在其首创完成的《说文解字》一书中,第一次全面、系统而科学地解说中国传统的"六书",第一次从汉字字形分析入手,审音辨义,考究汉字语源字源,首创540 个部首编排体例,坚持据形系联,兼之以意类相从的原则,科学而有序地统摄、编排、训释 9 353 个字(另有 1 163 个重文),"分别部居,不相杂厕"。许叔重首创的《说文解字》一书成为了中国历史上的第一本汉字字典,第一本全面系统科学研究汉字的著作。段玉裁《说文解字注》于《叙》下指出:"此前古未有之书,许君之所独创。若网在纲,如裘挈领,讨原以纳流,执要以说详。与《史籀篇》《仓颉篇》《凡将篇》之乱杂无章之体例,不可以道里计。"《说文解字》的部首编排体例,是中国汉字字典科学编排的首创。后世产生的字典辞书,例如晋朝吕忱的《字林》、南朝顾野王的《玉篇》、宋朝署名司马光的《类篇》、辽代释行均的《龙龛手镜》、明朝梅膺祚的《字汇》、张自烈的《正字通》、清朝钦定的《康熙字典》、民国的《中华大字典》《辞源》及其当代修订本、《辞海》及其当代修订本、当代之《新华字典》《现代汉语词典》《汉语大字典》《汉语大词典》《中华字海》等等,全都沿用《说文解字》开创的部首编排体例编写。用部首编排体例编辑汉语汉字字典辞书还将继续沿用下去,这是《说文解字》的一大贡献。

二、《说文解字》首次全面系统解说传统"六书"理论

汉字造字理论,据《周礼》记载,从周朝就有了"六书"造字之说,但是《周礼》一书也仅存"六书"之名而未有具体解说。其后发展到汉朝,什么是"六书"?"六书"的定义界

说是什么？如何用"六书"理论来分析解说汉字的形体结构？这些重大问题都悬而未决。在许叔重《说文解字》问世之前，"六书"细目仅见于西汉刘歆的《七略》，传于后世的主要有以下两段著名的文字：

保氏掌谏王恶，而养国子以道。乃教之六艺。一曰五礼，二曰六乐，三曰五射，四曰五驭，五曰六书，（郑众注曰："六书：象形、会意、转注、处事、假借、谐声也。"）六曰九数。（《周礼·地官·保氏》）

象形、象事、象意、象声、转注、假借，造字之本也。（班固《汉书·艺文志》）

如果仅凭郑众、班固关于"六书"的这两段注释解说，后人是无法知晓"六书"理论的内涵与外延的，更无法运用"六书"理论来分析解说历史悠久、结构复杂、数量众多的汉字形体结构。只有诞生了伟大的《说文解字》，后人才真正得以知晓什么是"六书"：

周礼：八岁入小学，保氏教国子，先以六书。一曰指事。指事者，视而可识，察而可见，上下是也。二曰象形。象形者，画成其物，随体诘诎，日月是也。三曰形声。形声者，以事为名，取譬相成，江河是也。四曰会意。会意者，比类合谊，以见指㧑，武信是也。五曰

转注。转注者,建类一首,同意相受,考老是也。六曰
假借。假借者,本无其字,依声托事,令长是也。(许
慎《说文解字叙》)

　　许氏在前代先哲学说的基础之上,不仅为"六书"明确
了定义,举出了例字,排列了"六书"先后顺序,而且在《说
文解字》一书中根据"指事、象形、形声、会意、转注、假借"
六书理论体系,首次全面系统地分析解说汉字的字形、字
义、字音,首次全面地分析解说汉字的形体构造,使得9 353
个小篆文字(另1 163个重文)形体构造首次有了"指事、象
形、形声、会意、转注、假借"的六书归属,首次科学地揭橥
汉字形体构造的系统性和规律性,揭橥汉字造字由指事、
象形、会意并凭借同音假借走向形声兼备发展的真谛。可
以说"六书"虽然不是许叔重首创,但是"六书"理论体系的
完整形成,肯定是许叔重首次完成的,功莫大焉! 由于"六
书"理论体系初创等历史原因,《说文》关于"转注"的定义
与应用,关于"假借"的例字,关于某些汉字形体结构以及
某些字义音的解说等尚存不尽完善之处,但是作为科学系
统解说汉字"六书"理论的发轫之作,《说文解字》是功垂千
古的。如果没有《说文解字》关于"六书"理论的全面系统
而科学的分析解说,何来中国文字学在东汉时期的奠基与
勃兴? 何来《字林》《玉篇》等后世汉字专著的继承研究与
发展? 何来清代戴震、段玉裁的"四体二用说"、现代唐兰

的"三书说"、当代陈梦家、裘锡圭、刘又辛等人的"新三书说"？何来现当代关于表意体系汉字形体结构、汉字造字理论全面、深入而科学的继承研究与发展？所以后世学人、汉字使用者应当充分肯定、高度评价《说文解字》首次全面系统解说中国传统"六书"理论的重大贡献。

三、《说文解字》珍存籀文、古文、篆文字体及其训诂释义

《说文解字叙》曰："今叙篆文，合以古籀。博采通人，至于小大，信而有证。"《说文解字》以"篆文"（小篆）为字头进行汉字形义音的全面训释解说，珍存9 353个篆文，1 163个重文中珍存籀文220多个、古文600多个。古文包括有或体、俗体、奇字等上古古文字字体。《说文》对东汉以前10 516个古文字进行了全面的训释解说。秦朝"书同文字"以前，"文字异形"。如果没有《说文》珍存并训释，后人简直难以读懂上古文献，难以读懂甲骨文、金文以及历代出土的竹简帛书等。《说文》珍存的数以万计的籀文、古文和篆文，犹如中国上古汉字的宝库，为后世铺就了文字金桥，使得东汉以降学者能够顺利地识读上古文化典籍，从而传递五千年中华文明薪火。

许冲《上〈说文解字〉表》曰："（许）慎博问通人，考之于逵，作《说文解字》，六艺群书之诂，皆训其意。"也就是说，《说文》对六艺群书中数以万计汉字的训诂释义，都是深得

其意的。许氏的训诂释义，具有语言文字工具书的宝贵价值，是中国语言文字学、文献学的珍贵文化遗产。后人凭借《说文》的训诂释义，可以顺利读懂上古文献典籍。例如：

《左传·定公十五年》："葬定公，雨，不克襄事。"如何准确理解"不克襄事"这句话的意思？晋人杜预曰："襄，成也。"《辞源》（修订本）据杜预注，将"襄事"释为"成事"。杜注和《辞源》（修订本）均不准确。查《说文·衣部》："襄，汉令'解衣耕谓之襄'。"许氏此引汉令之"解衣耕谓之襄"，此"襄"是指扒开干燥地面，然后植种覆土的耕作方式。用《说文》所释之"襄"字本义解读《左传·定公十五年》句子，即为：埋葬定公那天，天下大雨，不能完成挖坑，下棺，然后覆土堆坟之事。此"襄事"所表示的挖坑、下棺，然后覆土堆坟的劳作程序，正与"襄"字本义表示"先扒开干燥地面然后植种覆土"的耕作程序相仿。没有《说文》"襄"字释义，后人难以准确读懂《左传》"不克襄事"之句意。

姚孝遂先生主编的《殷墟甲骨刻辞摹释总集》（中华书局 1988 年版）第一〇四八〇片曰："癸卯允焚，获……兕十一、豕十五、虎……兔二十。"又，该《总集》从一〇六七七片到一〇六九一片甲骨刻辞，共见如此用的"焚"字 16 例。如何理解这些甲骨刻辞中的"焚"字？查《说文·火部》："焚，烧田也。"烧田为焚，是指上古时代用火烧山林草木以驱逐野兽,然后聚而围猎的一种田猎方式。上引甲骨刻辞是说癸卯之日用火烧山林围猎野兽,获得猎物若干。凭借《说文》"焚"为"烧田"之训解,可以顺利解读上古文献。例如《左传·定公元年》:"魏献子……田于大陆,焚焉。"杜预注:"此田在汲郡吴泽荒芜之地,火田并见烧也。"《淮南子·本经训》:"钻燧取火,构木为台,焚林而田,竭泽而渔。"因为"烧田、火田"是一种声势浩大的毁灭性田猎方式,往往需要为数众多的人参加围猎,所以它在上古受到许多限制。《礼记·王制》曰:"昆虫未蛰,不以火田。"《韩非子·难一》:"焚林而田,偷取多兽,后必无兽。"《吕氏春秋·义赏》:"焚薮而田,岂不获得,而明年无兽。"

《论语·子路》:"子曰:'南人有言曰:人而无恒,不可以作巫医。'"怎样理解此"巫医"?查《说文·酉部》:"医(醫),治病工也。……得酒而使,从酉。……酒所以治病也。《周礼》有医酒。古者,巫彭初作医。"《说文·巫部》:"巫,祝也。女能事无形,以舞降神者也。……古者巫咸初作巫。"上古巫彭、巫咸皆为巫,亦为医,巫医一家。《广雅·释诂》:"医,巫也。"可以为证。原来我国上古"巫"之祝舞降神、占卜吉凶与"医"之治病疗人合二为一,所以古籍常常"医巫"或"巫医"并称连用。孔子引南方谚语说:人如果没有恒心,不能够做巫医。

《山海经·西山经》:"天帝之山……有鸟焉,其状如鹑,黑文而赤翁。"此"翁"字何义?查《说文·羽部》:"翁,颈毛也。"翁字本义为鸟颈上的毛。《山海经》所言如鹑之鸟,身上花纹是黑色的,颈毛则为红色。"翁"字在古今都多用其假借义"老翁",经籍用其本义"颈毛"的例子不多,不读《说文》之训解,不易读懂。

《孟子·万章上》:"丹朱之不肖,舜之子亦不肖。"这里两个"不肖"为何义? 查《说文·肉部》讲得清清楚楚:"肖,骨肉相似也。从肉,小声。不似其先,故曰不肖也。"儿女形体容貌长得像父母叫肖,不像则不肖。《孟子》此言丹朱长得不像他的父亲尧,舜的儿子也长得不像舜,意指丹朱和舜之子商均都不贤能。

四、《说文解字》是中国古代百科全书式的知识宝库

《说文解字》是中国的第一本规范字典,是一本全面训释汉字形、义、音的语言文字工具书。但是我们对《说文》一书的认识评价,还不能仅仅停留在这一点上。因为《说文解字》不仅"六艺群书之诂,皆训其意",而且"天地鬼神,山川草木,鸟兽蚰虫,杂物奇怪,王制礼仪,世间人事,莫不毕载"(许冲《上〈说文解字〉表》)。所以《说文》是中国古代百科全书式的一座知识宝库。凭借《说文》,后人可以得知上古的历史人文、山川地理、社会生活、自然科学等丰富的知识。例如《说文·示部》通过汇释 60 个篆文、13 个籀文古文,向后世展示了中国上古时代人们祭祀神鬼、天地、祖先,祈福避灾的全景图。又如《说文·玉部》全面汇释 126

《说文解字》通识讲义

个篆文、17个籀文古文,段玉裁《说文解字注》说:

> 自"璙"已下皆玉名也。瓒者,用玉之等级也。瑛,玉光也。"璑"已下五文记玉之恶与美也。"璧"至"瑞",皆言玉之成瑞器者也。"璬"、"珩"、"玦"、"珥"至"瓃",皆以玉为饰也。"玼"至"瑕",皆言玉色也。琢、琱、理三文,言治玉也。珍、玩二文,言爱玉也。"玲"已下六文,玉声也。"瑂"至"玖",石之次玉者也。"珷"至"瑎",石之似玉者也。琨、珉、瑶,石之美者也。"玓"至"珊",皆珠类也。琀、璯二文,送死玉也。璗,异类而同玉色者。靈(灵),谓能用玉之巫也。

许氏对"玉"字训释说:"玉,石之美,有五德:润泽以温,仁之方也;䚡理自外,可以知中,义之方也;其声舒扬,專以远闻,智之方也;不桡而折,勇之方也;锐廉而不技,絜之方也。"可以说,后人凭借《说文》对上古玉部字的全面汇释,可以得见上古玉文化之大观。

《说文·水部》汇释468个篆文,22个籀文、古文,其中训释说:

> 江,水。出蜀湔氐徼外崏山,入海。
>
> 河,水。出敦煌塞外昆仑山,发原注海。
>
> 渭,水。出陇西首阳,渭首亭南谷,东入河。……

204

杜林说:《夏书》以为出鸟鼠山。雝州浸也。

漾,水。出陇西相道,东至武都为汉。

汉,漾也。东为沧浪水。

《说文·水部》训释中国上古时代136条河流水系名称,解说其发源地以及流经水道、归宿等,比专门研究古代江河水系的《水经》一书,多出80条水系,可视为上古江河水系之地理专书。

人的血缘、血统世系最初是从母还是从父? 人类社会是先经历母系社会还是先经历父系社会? 查阅《说文解字》,这类问题可以找到答案。《说文·女部》:"姓,人所生也。古之神圣母,感天而生子,故称天子。从女从生,生亦声。《春秋传》曰: '天子因生以赐姓。'""姓"字由"女"、"生"构形组成形声兼会意字,既表示人由"女"、"生"——母亲所生,又表示"女"——母亲是子女最初的血缘、血统、姓氏的标记。远古先民所造之"姓"字,是符合远古时代"民人但知其母不知其父"(《白虎通·号篇》)的实际的。女娲是中国上古神话传说中繁衍人类的始祖,是女性。《说文·女部》:"娲,古之神圣女,化万物者也。从女,呙声。"《史记·殷本纪》:"殷契,母曰简狄,有娀氏之女,为帝喾次妃。三人行浴,见玄鸟堕其卵,简狄取吞之,因孕生契。"这是神话传说。中国上古社会最初经历的是母系社会,"民人但知其母",无由知其父,所以远古人附会神说,编撰神话传说故事加以折射反映。母系社会是群婚制。
《吕氏春秋·恃君览》描绘说:"昔太古尝无君矣,其民聚生
群处,知母不知父,无亲戚兄弟夫妻男女之别,无上下长幼
之道,无进退揖让之礼。……"母系社会是群婚生活。恩
格斯指出:"只要存在群婚,那么世系只承认女系。"(《马克
思恩格斯选集》第四卷第 37 页)由于母系社会群婚只承认
女系,所以其子女的血统世系和姓都只能根据母系的血统
来确定。反映在汉字中,远古人的姓字,都从女旁。例如
黄帝姓姬,从女,臣声。炎帝姓姜,从女,羊声。少昊姓嬴,
从女,嬴省声。夏禹姓姒,周文王姓姬,秦始皇姓嬴……这
些姓字,《说文·女部》都有解说。另外,《说文》收释的姞
(jí)、姚、妘(yún)、姺(shēn)、嬿(niàn)、姴(hào)、娸(qí)等
字都从女,都是上古姓字。通过这些从女表义的姓字,通
过《说文·女部》"姓,人所生也。……从女从生,生亦声"
准确释义解说,后人便可以准确得知:人类最初经历的是
母系社会时代,人之子女,其血统世系和姓,只能从女,即
只能根据母系来确定。

唐写本《说文·木部》:"槈,薅器也。从木,辱声。鎒,槈
或从金。"大徐本作"鎒,或从金";小徐本作"鎒,或从金作"。
"槈"字本义是指薅器,是除去田地杂草的农耕器具。《说
文》收释从木辱声的"槈"字,以从木的篆文作为字头立训,
而以"鎒,或从金"作为古文或体字附释于后,给后人提供
了什么信息呢?《说文》此训,珍存了我国上古农耕时代农

耕器具使用材料先后产生的顺序。上古时代农事耕作之农具，最初多以木制作，所以先有"耒"；后来青铜器出现，人们才使用青铜金属来加工制作农具，所以才产生从金、辱声的后起"镈"字。同为"薅器"的"耒"、"镈"二字，不仅仅是制作材质的差异，而更是制作年代先后的差异。《说文·木部》收释的"枽（huá）—釫（后世写作鏵）"、"枱（yí）—鉃"、"槃—鑿、盤"等字，都可作如是观。我们读《说文·木部》这组关于上古农具义的字，切不可把"耒—镈"、"枽—釫"、"枱—鉃"、"槃—鑿、盤"这些字仅仅看作小篆字头与重文或体的关系来理解，而应该从许氏解说中获知社会进步发展而导致工具更迭的相关知识。

《说文解字》是一本包罗万象的上古百科全书。类似以上所举的各方面例子，俯拾即是。后人传承光大中华五千年文明，必须充分利用好《说文》百科全书的珍贵价值。

第二节 《说文解字》的局限与不足

《说文解字》是中国文化史上一座高耸入云的丰碑，是一部伟大著作，无论怎么高度地评价都不过分。但是由于《说文解字》成书于距今近两千年的东汉中叶，历史和时代的局限，埋藏于地下的甲骨文和上古隐没于史的丰富古文字资料，许叔重并未得见，"六书"之说尚在初创阶段，全面、系统、深入、科学地阐说汉字的形、义、音，难免智者千虑,或有一失。后人虽不应苛求许翁尽善尽美,但也应了解《说文解字》初创之局限与不足。

一、《说文》部首略显繁琐

《说文》首创 540 部部首编排汉字是一个伟大的创造,但是 540 部之创设亦存美中不足。例如:第一篇《示部》之下,《王部》之上立"三"为部首,是为阐说所谓天地人三才之道,而《三部》之"三"是孤零零的光杆部首,其部之下并无任何一个统辖的字,实无必要。像"三"这样光杆而无统辖字的部首,尚有"久"、"彔"、"克"、"才"、"凵"、"甲"、"丙"、"庚"、"壬"、"癸"、"寅"、"卯"、"未"、"戌"、"亥"等部。这类光杆部首之下无统辖字,《说文》所用之术语"凡某之属皆从某",也就没有什么价值了。

又如:第一篇既在《屮部》之下立"艸"为部首,下统辖445 字(重文 31 字),又在《艸部》之下另立"从艸辱声"之《蓐部》,此《蓐部》之下仅有一个"从蓐,好省声"的"薅"字。单设《蓐部》并无必要,"蓐"、"薅"二字归入《艸部》即可。

又如第十二篇以笔画为部首。"乂,芟艸也。从丿、从乀相交。刈,乂或从刀。"乂、刈,意指割草。许氏将组成"乂"字的笔画"丿"分列出来,单独设为《丿部》,其下统辖"乂"、"弗"、"乀"三个字。须知许氏《说文》创设之 540 个部首,原意是指造字部首,造字部首都是表意的,此以笔画为部首,既有悖于造字部首之原意,也无必要。再者,汉字中以"丿"为起笔笔画的字太多了,也无法统辖在《丿部》之下。

又如第八篇上收有《人部》,第八篇下又收《儿(rén)部》。许氏训释"儿,仁人也。古文奇字人也,象形。"也就是说"儿"字是"人"字的奇字、异体字,将《儿部》及其所统辖的兀、兒、允、兑、充诸字归入《人部》即可,不必单设。

明代梅膺祚《字汇》根据汉字楷书字体,通过删并增改,把《说文》造字部首540部归并为检字部首214部,其中一个重要原因就是为了规避《说文解字》540部之繁重设部,以便于汉字字典编排和读者查检,所以明代以后至现当代字典辞书之部首编排、检字,大多采用《字汇》改编的检字部首,只不过略有一些小改动罢了。

二、《说文》收字缺漏

汉字发展到东汉中叶,字数已经众多。《说文》只收释9353个篆字、重文1163字,明显存有缺漏。例如:战国赵人荀况是一位著名学者,时人尊称为荀卿,荀况著有《荀子》一书。《说文》失收"荀"字。《左传·文公十七年》:"十四年七月,寡君又朝,以藏陈事。"《说文》失收"藏"字。大徐本新附字补收。《诗·郑风·清人》:"二矛重乔,河上乎逍遥。"《庄子》有篇名曰《逍遥游》,屈原《离骚》曰:"聊浮游以逍遥。"《说文》失收"逍遥"二字。大徐本新附补收。孔子《论语·八佾》:"八佾舞于庭。"《说文》失收"佾"字。大徐本新附补。《庄子·德充符》:"平者,水停之盛也。"《说文》失收"停"字。《吕氏春秋·制乐》:"臣请伏于陛下,以伺候之。"《史记·伍子胥传》:"且嚭使人微伺之。"《说文》失收"伺"字。大徐本新附补收。大徐本于《说文解字》540部每部之末共附益新附字 402 个。许氏《说文》之后,后世字典辞书如《玉篇》等都补收《说文》未收释之字。清代段玉裁《说文解字注》随文注释补收《说文》逸收字 36 个。清代郑珍专门撰作《说文逸字》,考释补收《说文》逸收字 165个。莫友芝又在《说文逸字后序》中考释增补郑书未收之30 多个《说文》逸收字。

《说文》收字缺漏的另一种情况是,许书说解或构字中有某字,但是 9 353 个正篆字头中却失收此字。例如:唐写本《说文·木部》:"楬,楬橥也。"(二徐本均误为"楬桀也")《周礼·职金》:"楬而玺之。"郑众注曰:"今时之书有所表识谓之楬橥。"《说文》训释说解中有"橥"字而正篆字头失收。段玉裁没有见过唐写本《说文·木部》残卷,但段氏改二徐本"楬桀也"为"楬橥也",与唐写本相合。段氏有注曰:"楬橥,汉人语,许以汉人常语为训,故出'橥'字于说解,仍不列'橥'篆。"《说文·巾部》:"幡,书儿拭觚布也。"此说解中有"拭"字,但是《手部》失收。《说文·阜部》有从阜由声之"邮"篆,《水部》有从水由声之"油"篆,《马部》有从马由声之"甹"篆,但是《说文》正篆字头却失收"由"篆。

后人读《说文》，批评《说文》收字缺失或曰收字不全，乃是依据南唐、宋初的小、大徐本。其时距许氏成书流传已900来年。在这900来年的传抄流布中，《说文》已有脱误。《说文叙》自云："此十四篇，五百四十部，九千三百五十三文，重一千一百六十三，解说凡十三万三千四百四十一字。"我们今天看到的小、大徐本，已经比许叔重《说文》原书少了17 000多字。从南唐、宋初以来之人所云许书收字所缺失之字，或许正好在这缺少的文字之中。例如《水部》现无"池"篆，但说解中有"池"字："洼，深池也。""潢，积水池也。""沼，池水。"段玉裁《说文解字注》在"沼"篆下补："池，陂也。从水，也声。"并注曰："此篆及解各本无，今补。……考《初学记》引《说文》：'池者，陂也。从水，也声。'依《阜部》：'陂'下'一曰池也'。《衣部》：'褫，读若池。'覈之，则'池'与'陂'为转注。徐坚所据不误。又考《左传·隐三年》正义引应劭《风俗通》云：'池者，陂也。从水，也声。'《风俗通》一书训诂多袭《说文》，然则应所见固有'池'篆。"段氏补收'池'篆及说解是有充足依据的，也可藉此说明《说文》收字缺失，或为许氏目力所见之囿，或为后世传抄所误脱。

三、《说文》析形释义征引或不准确，或有疏误

汉字字形结构复杂多变，字义孳乳引申假借汇释成一个个复杂庞大的系统，加之汉字初造到东汉已逾两三千年

时间,前代资料比如商代甲骨文埋藏于地下,许氏无由得见,所以难免有所疏误。例如:

> 《说文·爪部》:"爲(为),母猴也。其爲禽好爪;爪,母猴象也。下腹为母猴形。王育曰:爪,象形也。 𢿨,古文爲,象两母猴相对形。"

《说文》此析形释义均有疏误。甲骨文作 𤓸、𤓸。罗振玉《增订殷虚书契考释》曰:"卜辞作手牵象形。……意古者役象以助劳,其事或尚在服牛乘马以前。"《吕氏春秋·古乐》有书证证明"爲"字本义是役象助劳:"商人服象,爲虐于东夷。"

> 《说文·一部》:"元,始也。从一、从兀。"

甲骨文"元"字写作 𠀎,金文写作 𠀎,是在"人"字上用指事符号指明"元"为人头,当为指事字。《说文》此"从兀"之"兀"当为"人"方是。"元,始也",这不是"元"字的本义,而是其引申义。"元"字用为本义例:《左传·僖公三十三年》曰:"狄人归其元。"(狄人归还先轸的头颅)《孟子·滕文公下》:"勇士不忘丧其元。"

> 《说文·王部》:"王,天下所归往也。董仲舒曰:

'古之造文者，三画而连其中谓之王。三者，天、地、人也，而参通之者王也。'孔子曰：'一贯三为王。'……
　，古文王。"

甲骨文"王"字写作，金文写作，是"斧"形之象形字；《说文》此引文"，古文王"，仍有斧形之象。远古以斧形"王"象征王权。许氏此引董仲舒和孔子之说以释"王"字，析形和释义均不准确。

《说文》析形释义征引或不准确，或有疏误，这是历史的局限。许氏未能见到甲骨文，钟鼎铭文，汉代也很稀见；加之汉代"王权神授"、五行学说盛行，这些对许氏撰著《说文解字》不无影响。当然，我们今天看到的《说文解字》中的错误，有些实际上是流传中出现的，而非许氏所犯。例如：

　　《说文·木部》："楬，楬桀也。从木，曷声。《春秋传》曰：'楬而书之'。"

大、小徐本均同此，有误。清人莫友芝考鉴的唐写本《说文·木部》："楬，楬橥也。从木，曷声。《周礼》曰：'楬而书之'。"

许叔重《说文》原文说解之"楬橥"，二徐本均误解作"楬桀"；许氏所引之《周礼》，二徐本均误引作"《春秋传》"。

又例如：

> 大小徐本《说文·木部》："枪，距也。从木，仓声。一曰枪，欀也。"

这里有两个错误。第一，大、小徐本"枪"字在《说文·木部》中处于"柤"字和"楗"字之间有误。许氏《说文·木部》本来安排的字次是梱、椢、柤、楗，"梱"为门橛；"椢"为门限；"柤"为木闲，或曰门之阑木；"楗"为限门，或曰门闩。这是一组关于门闩、门之阑木的字。"枪，距也"，即"枪"字本义是指"距人之器械"，不当次于柤、楗二字之间。大、小徐本把流传中的错误字次"柤、枪、楗"承袭下来。唐写本《说文·木部》把许书原本"枪"字安排在表示刑具义的械、杽、桎、梏、杨、橌诸字之下，释为"距也"，才是正确的，而且顾野王《玉篇·木部》"枪"字字次也是如此。这才是许叔重《说文·木部》"枪"字字次的原貌。第二，大、小徐本《说文·木部》："枪……一曰枪，欀也。"这也有错误。唐写本《说文·木部》作："枪，……一曰枪，推欀。"清人莫友芝考证说："二徐作'枪，欀也。'按：本部无'欀'字，作'欀'是。……二徐'枪'次前'柤、楗'间。《玉篇》'枪'亦次'杨、橌'下，与唐本合，当是许旧。"

以上所举二徐本有误之例，有唐写本《说文·木部》和《玉篇》为证，二徐本承袭流传中的错误就涣然冰释了。

第四章

《说文解字》在后世的流传与影响

　　许叔重《说文解字》于汉安帝建光元年(公元 121 年)九月二十日呈报朝廷。十月十九日,汉安帝即颁诏奖励许氏。由于《说文解字》是中国第一本字典,是中国第一本根据"六书"理论全面分析汉字字形、解说字义、注明字音的完整体系巨著,所以很快流传于世,广为社会各界人士传抄使用,在后世逐渐形成了中国文化史上著名的《说文》学。以传承研究《说文解字》为主要内容的《说文》学,大致可以分为四个时期:

　　一、东汉末至北宋初年为《说文》学序幕初启期;

　　二、北宋真宗以后至明代为《说文》学成长发展期;

　　三、清代为《说文》学鼎盛期;

　　四、民国至现当代为《说文》学推陈出新期。

　　下面就此四个时期略作简介。

第一节　《说文》学研究序幕初启期

《说文》学研究序幕初启期主要有四个标志。

一、援引《说文》注释古籍文献

据史料记载,最早援引《说文》注释古籍文献的学者,是比许叔重略晚 100 年左右的通儒郑玄(字康成,公元 127—200 年)。郑玄注释《周礼》《仪礼》《礼记》,即援引《说文》。例如《周礼·考工记·冶氏》曰:"冶氏为杀矢。……戈广二寸,内倍之……重三锊。"郑玄注曰:"玄谓许叔重《说文解字》云'锾,锊也'。今东莱称或以大半两为钧,十钧为环,环重六两大半两。锾锊似同矣,则三锊为一斤四两。"又如《礼记·杂记上》曰:"大夫以布为辁而行。至于家而说辁,载以輲车。"郑玄注曰:"輲读为辁,或作槫。许氏《说文解字》曰:'有辐曰轮,无辐曰辁。'"

东汉末应劭著《风俗通义》援引《说文》;晋人郭璞注《尔雅》《方言》,广引《说文》;唐代陆德明著《经典释文》广引《说文》;唐代孔颖达注疏《毛诗》《尚书》《易》《左传》《礼记》等经典广引《说文》;唐代颜师古注《汉书》《后汉书》,广引《说文》。唐代李善注《文选》、玄应《一切经音义》、慧琳《一切经音义》等都广引《说文》。东汉末年至唐代著名注疏家著书立说,注释古籍文献,广泛援引《说文》,扩大《说文》的影响,提高《说文》的知名度,为《说文》的传承与广泛普及应用,为《说文》学的研究初步开启了序幕。

二、推介、评介《说文》

在中国文化史上,早期正面推介、评价许叔重《说文》,主要有以下几位学者:

北魏江式在其《上〈古今文字〉表》中说:

> 窃慕古人之轨,企践儒门之辙,求撰集古来文字,以许慎《说文》为主,及孔氏《尚书》《五经音注》《籀篇》《尔雅》《三仓》《凡将》《方言》《通俗文》《祖文宗》《埤仓》《广雅》《古今字诂》《三字石经》《字林》《韵集》、诸赋文字有"六书"之谊者,以类编联,文无复重,统为一部。

北齐颜之推《颜氏家训·书证篇》曰:

> 客有难主人曰:"今之经典,子皆谓非,《说文》所明,子皆云是,然则许慎胜孔子乎?"主人抚掌大笑应之曰:"今之经典,皆孔子手迹乎?"客曰:"今之《说文》,皆许慎手迹乎?"答曰:"许慎检以六文,贯以部分,使不得误,误则觉之。孔子存其义而不论其文也。……大抵服其为书,隐括有条例,剖析穷根源。郑玄注书,往往引其为证。若不信其说,则冥冥不知

一点一画有何意焉。"

颜之推这一段话很有水平,很有价值,反映了北齐时期社会各界人士、通儒学者对许叔重及其所著《说文解字》的高度评价与推崇。

南朝范晔《后汉书·儒林传·许慎传》曰:

> 许慎,字叔重,汝南召陵人。性淳笃,少博学经籍。马融常推敬之。时人为之语曰:"五经无双许叔重。"为郡功曹,举孝廉;再迁,除洨长。卒于家。初,慎以五经传说臧否不同,于是撰为《五经异义》,又作《说文解字》十四篇,皆传于世。

史学家范晔将许叔重及其所撰《五经异义》和《说文解字》两书载入正史《后汉书》之中,更提高了许氏的社会知名度和影响力。

唐代封演《封氏闻见记·文字》评价说:

> (汉)安帝时许慎特加搜采,九千之文始备,著为《说文》,凡五百四十部。⋯⋯故《说文》至今为字学之宗。⋯⋯后魏杨承庆者,复撰《字统》二十卷,凡一万三千七百三十四字,亦凭《说文》为本。

唐代张参《五经文字·序例》曰：

> 今制，国子监置书学博士，立《说文》《石经》《字林》之学。

《说文解字》流传到唐代，备受重视，被评价、尊崇为"字学之宗"，被立为专门之学，并设立"书学博士"，而且《新唐书·选举志上》还记载说："凡书学，先口试，通，乃墨试《说文》《字林》二十条，通十八为第。"《说文》被立为专门之学，并作为唐朝科举考试规定的书学教材用书，这就从国家律令层面奠定了《说文》学的坚实基础。

三、参照《说文》编著字典

《说文》是中国第一本开山首创的字典，第一次创立540部统摄、编排汉字的体例，为后世字典辞书的编著指明了方向。从东汉末年到北宋初年，参照《说文》体例而编著的字典，主要有以下三书。

（一）晋人吕忱参照《说文》编著《字林》。《魏书·江式传》曰："晋世义阳王典祠令任城吕忱表上《字林》六卷。寻其况趣，附托许慎《说文》，而案偶章句，隐别古籀奇惑之字，文得正隶，不差篆意也。"唐人封演《封氏闻见记》曰："晋有吕忱，更按群典，搜求异字，复撰《字林》七卷，亦五百四十部，凡一万二千八百二十四字。诸部皆依《说文》；《说文》所无者,是忱所益。"秉承《说文》体例、收字并补益编著而成的《字林》,在晋至南北朝、隋唐时期,几与《说文》齐名。可惜《字林》约在宋、元之际亡佚失传了。清人任大椿搜考纂辑《字林考逸》八卷。任氏在《字林考逸·序》中说:"昔人谓《字林》补《说文》之阙,而实多袭《说文》。……《字林》本集《说文》之成,非仅补阙而已。"吕忱《字林》比《说文》多收释 3 471 字,全书 12 824 字,全部按《说文》540 部统摄编排,但是《字林》不承袭《说文》关于"六书"的字形分析,新增直音或反切注音。

(二) 北魏宣武帝延昌三年,陈留济阳人江式(字法安),向朝廷表上所编撰的《古今文字》:"窃慕古人之轨,企践儒门之辙,求撰集古来文字,以许慎《说文》为主,及孔氏《尚书》《五经音注》《籀篇》《尔雅》《三仓》《凡将》《方言》《通俗文》《祖文宗》《埤仓》《广雅》《古今字诂》《三字石经》《字林》《韵集》、诸赋文字有'六书'之谊者,以类编联,文无复重,统为一部。"江式"以许慎《说文》为主",编撰《古今文字》,全书四十卷,可惜此书亦亡佚不传。

(三) 南朝梁、陈之间吴郡人顾野王(字希冯),参照《说文》,增益、编著了以楷书为字头的字典《玉篇》,全书三十卷,收释 16 917 字,亦按《说文》540 部体例编排,但《玉篇》有些部目作了增删调整,共有 542 部,其中有 13 部与《说文》不同。《玉篇》所训释之字,先以反切注音,再引《说文》等经籍群书训释字义;或以"野王案"语详细解说字义。

《玉篇》是承袭《说文》而增订编著的第一本流传于世的楷书字典。

《玉篇》流传到唐代上元末年,处士孙强作了增订。宋真宗时陈彭年等人奉旨重修,书名易为《大广益会玉篇》,收释 22 726 字。清人朱彝尊作《重刊玉篇序》曰:"顾氏《玉篇》本诸许氏,稍有升降损益。迨唐上元之末,处士孙强稍增多其字,既而释慧力撰《象文(玉篇)》,道士赵利正撰《(玉篇)解疑》,至宋陈彭年、吴锐、丘雍辈又重修之,于是广益者众而《玉篇》非顾氏之旧矣。"顾野王《玉篇》原书现在仅存残卷,通行今世的是宋真宗时陈彭年等人奉旨重修的《大广益会玉篇》。

晚清贵州人黎庶昌担任驻日公使,在日本广收中国古籍,收得南朝顾野王《玉篇》唐写本残卷四卷,刊入著名的《古逸丛书》之中流传于世。其后罗振玉也在日本收得《玉篇》原本残卷。1985 年 9 月,中华书局将罗振玉、黎庶昌所收残卷,以及日本东方文化丛书影印之《玉篇·心部》五字残卷合为一书影印出版发行,书名为《原本玉篇残卷》。惜乎仅为残卷,而非全书原貌。

四、研究、整理、校订《说文》

许叔重《说文》问世以后至隋代,传承、整理、研究的学者及其著作,《隋书·经籍志》记载曰:

《说文》十五卷，许慎撰。梁有《演〈说文〉》一卷，庾俨默注，亡。《说文音隐》四卷（未载作者名姓时代）。《字林》七卷，晋弦令吕忱撰。《字林音义》五卷，宋扬州督护吴恭撰。《古今字书》十卷。《字书》三卷。《字书》十卷。《字统》二十一卷，阳承庆撰。《玉篇》三十一卷，陈左将军顾野王撰。《字类叙评》三卷，侯洪伯撰。《要字苑》一卷，宋豫章太守谢康乐撰。梁有《常用字训》一卷，殷仲堪撰；《要用字对误》四卷，梁轻车参军邹诞生撰，亡。《要用杂字》三卷，邹里撰。梁有《文字要记》三卷，王义撰，亡。……《文字集略》六卷，梁文贞处士阮孝绪撰。《今字辩疑》三卷，李少通撰。《字宗》三卷，薛立撰。《文字谱》一卷。……

可见在南北朝时期，学人关注、研究、整理《说文》以及汉字字学的风气、序幕渐开。《说文》传到唐代大历年间，更有著名的李阳冰（字少温）。刊定《说文》二十卷问世。李阳冰所刊定本《说文》，在中晚唐至宋初盛为流行。徐铉《上校定说文表》说："今之为字学者，亦多从阳冰之新义。"徐铉还称赞说："唐大历中，李阳冰篆迹殊绝，独冠古今，自云'斯翁之后，直至小生'，此言为不妄矣。于是刊定《说文》，修正笔法。学者师慕，篆籀中兴。""往者李阳冰纵其能，中兴斯学，赞明许氏，奂焉英发。"徐铉虽然称赞李阳冰刊定《说文》，但也批评李阳冰刊定中颇多抵触许叔重之

说。徐铉《上校定说文表》指出:"然(阳冰)颇排斥许氏,自
为臆说,夫以师心之见破先儒之祖述,岂圣人之意乎?"徐
锴在其《说文系传》中专门写有《祛妄篇》,批评李阳冰:
"《说文》之学久矣,其说有不可得而详者,通识君子所宜详
而论之。楚夏殊音,方俗异语,六音(书)之内,形声居多。
其会意之字,学者不了,鄙近传写,多妄加声字。笃论之
士,所宜隐括。而李阳冰随而讥之,以为己力,不亦诬乎!"
锴书对李阳冰误说之具体批评,随处可见。

　　客观评价,李阳冰于战乱频仍的唐代大历年间刊定
《说文》,功过并存;当初若无李氏之刊定,许叔重《说文》有
可能亡佚于战乱之中,所以李氏之刊定,对《说文》的传承,
对《说文》学研究序幕的初启,还是作出了应有的历史
贡献。

　　唐代人抄写许氏《说文》传于今的本子是《唐写本说文
解字木部残卷》。这个残写本是清代莫友芝于同治元年在
安徽安庆发现考鉴的。莫氏为此撰著《唐写本说文解字木
部笺异》,指出:

　　　　唐写许君书百八十有八文,与两徐本篆体不同者
五,说解增损殊别百三十有奇,衍误漏落所不能无,而
取资存逸订讹十常六七。……当时官私善本宜众,故
此偶存断篇,于全书仅五十有五分之一,尤希世之金,
千金一字者也,犹奇胜稠叠乃尔!

莫友芝发现的这个残本,成为东汉许叔重《说文》流传至今的最早写本。北京大学周祖谟教授 1948 年在其《唐本说文与说文旧音》中评价指出:

> 今日所见之唐写本《说文》有二:一为木部残本,一为口部残简(十二字,今存日本)。木部残本为清同治元年莫友芝得自安徽黟县令张仁法者,共六纸,存一百八十八字,将近全书五十分之一。两纸合缝处有绍兴小印,卷末有米友仁鉴定跋语。以篆法及内容观之,确为唐本无疑。其中栝、柜、恒三字皆缺末笔,栝避德宗嫌名,恒避穆宗讳,是以莫氏定为中唐人所书。……唐本诚大胜于二徐本。不有唐本,终难定二徐之精粗美恶也。

笔者为这本《唐写本说文解字木部残卷》和莫友芝《笺异》专门撰著了《唐写本说文解字木部笺异注评》(30 万字),贵州人民出版社(1998)、作家出版社(2006)和上海古籍出版社(2016)先后三次出版此书;《中国语文》2017 年第 6 期发表笔者《也论唐写本〈说文・木部〉残帙的真伪问题》一文,可参看。

我们说从东汉末年到北宋初年为《说文》学研究序幕初启期,除了以上几个历史依据之外,还有一个特别重要的标志是:晚唐、北宋初年,许叔重《说文解字》有了两个完整的传本。也只有出现《说文解字》的完整传本,人们才能得以系统地研究传承光大《说文》学。这两个《说文解字》的完整传本,就是南唐徐锴系传的《说文解字》和北宋初年徐铉等人校订的《说文解字》。下面分别予以简介。

(一) 徐锴(920—974),字楚金,扬州广陵(今之江苏省扬州市)人。任南唐秘书省正字,累官内史舍人。穷尽毕生精力,校订许叔重《说文解字》而编纂成著名的《说文解字系传》凡四十卷。首为"通释"三十卷,完全凭依许叔重《说文》原书而通释,在许氏原书说解之后,徐锴有所发明或另有征引,均冠以"臣锴曰"或"臣锴案"。徐锴主要从"证明"、"阐释"、"补充"、"订正"四个方面,对许氏原书进行校订研究。徐锴案语既忠实于许氏原书,又多所补证阐发。徐锴案语之下,采用南唐朱翱的反切为《说文》收释的每一个字注音。"通释"三十卷之后是"部叙"二卷,论证说明许氏《说文》首创之五百四十部部次先后缘由。"部叙"二卷之后是"通论"三卷,研究天、地、人、文等 115 字,颇多发明。"通论"之后是"祛妄"、"类聚"、"错综"、"疑义"、"系述"各一卷。"祛妄"一卷专祛李阳冰刊定《说文》之妄。"类聚"一卷论述数目、日明、云雨之类相比为义之字。"错综"一卷推究六书之旨。"疑义"一卷研究许氏《说文》偏旁及其缺字和篆文笔画稍异之字。最后一卷"系述"是叙述《说文解字系传》一书分目之大纲原则。从历时的角度上看,南唐徐锴《说文解字系传》是历史上第一本全面校订、全面研究《说文》的专著,亦是《说文》学研究序幕初启的奠基之作。虽小有错漏,但创获实在颇多,堪称《说文》学的功臣。《说文解字系传》成书于南唐,由于徐锴是弟,徐铉是兄,所以徐锴之《说文解字系传》被称为小徐本。其兄徐铉在其后校订《说文》,称誉锴书:"考先贤之微言,畅许氏之玄旨,正阳冰之新义,析流俗之异端,文字之学善矣尽矣。"故而徐铉校订《说文》,每每援引其弟"徐锴曰"等补证许说。

徐锴校订的《说文解字系传》(小徐本),流传至今的善本是清人祁寯藻根据宋钞本重刻,经由承培元、苗夔等人校订的本子。

(二)徐铉(916—991),字鼎臣,原仕南唐,入宋后担任太子率更令,加给事中,出为右散骑常侍等职。徐铉又是一位著名学者,与句中正、葛湍、王惟恭等学者,共同"奉诏校定许慎《说文》十四篇,并《序目》一篇,凡万六百余字。圣人之旨,盖云备矣。……乃诏取许慎《说文解字》,精加详校,垂宪百代。"徐铉等多位学者"以集书正副本及群臣家藏者备加详考",全面校订许慎《说文解字》,主要表现在以下几个方面:

其一,将许氏《说文解字》原正文十四篇、叙目一篇析分为三十卷。许叔重之子许冲《上〈说文〉表》称其父原书"凡十五卷"。徐铉等人校订时认为:《说文解字》"其书十五卷,以编袟繁重,每卷各分上、下,共三十卷"。

其二,将《说文解字》原置于书末的《叙目》一篇之五百四十部首以"说文解字标目"之名提前到全书开头,所以"说文解字标目"与全书之末的原《叙目》所列五百四十部首重出。

其三,采用唐人孙愐《唐韵》的反切,为许书收释的每一个篆字注音。

其四,校订考释。在许书每一个篆文训释解说之下,冠以"臣铉等曰"、"徐锴曰"、"阳冰曰"等字样,记录诸臣校订成果。

其五,增补新附字。《上〈说文〉表》曰:"复有经典相承传写,及时俗要用而《说文》不载者,承诏皆附益之,以广篆籀之路。"在许书五百四十部每部之末,以"新附"二字标明徐铉等人所附益的"新附"字,凡四百零二字;又于《上〈说文〉表》中补录新附字十九个,并附出"俗书讹谬,不合六书之体"的二十八字。

由于徐铉等人根据许叔重《说文解字》原书体例进行全面校订,未作大的调整删改,最便于读者查阅研读,故而徐铉等人校订本成为后世最常用的《说文解字》完整传本。徐铉是徐锴的兄长,所以世称徐铉校订本为大徐本。中华书局 1963 年据清人孙星衍所得宋本重刻本而重印于世。

徐铉、徐锴两兄弟同治《说文解字》,同为许氏功臣,同启《说文》学研究序幕,各有校订研究创获,也都各有不足。深入研究《说文》者,一般认为小徐略优于大徐;而从流传普及的角度看,大徐本的使用率又略高于小徐本。世人援引《说文》,一般多用大徐本而少用小徐本。南宋学问家陈振孙《直斋书录解题》曾有评价说:"锴至集贤学士、右内史舍人,不及归朝而卒。锴与兄铉齐名,或且过之;而铉归朝通显,故名出锴上。"陈氏此评,聊备一说。

第二节　《说文》学研究成长发展期

从北宋真宗以后至明代,《说文》学研究进入成长发展期,主要有两个标志。

一、《说文》学研究产生了一大批成果

这一时期的研究成果主要有:宋题名司马光等编著的《类篇》,宋张有的《复古编》,宋李焘的《说文解字五音韵谱》,宋郑樵的《六书略》,宋王安石的《字说》,宋王圣美的"右文说",辽释行均的《龙龛手镜(鉴)》,元戴侗的《六书故》,元杨桓的《六书统》《六书溯源》,元周伯琦的《说文字原》《六书正讹》,元刘爆的《篆韵集钞》,明包希鲁的《说文解字补义》,明梅膺祚的《字汇》,明张自烈的《正字通》,明毛晋父子的仿北宋本刊刻大字本《说文解字》,明赵㧑谦的《六书本义》,明赵宦光的《说文长笺》,明杨慎的《六书索隐》,等等。这些丰硕的研究成果问世,标志着从北宋真宗时期至明代,《说文》学研究进入了成长发展期。下面,简要介绍其中几家有代表性的研究成果。

（一）《类篇》

《类篇》完成并上奏朝廷在北宋治平四年(1067)末,虽旧题司马光等编纂,但实际主要由王洙、胡宿、范镇、张次立、司马光等众人之手共同编纂,经历二十七年才得以完成。其中王洙最早奉诏编纂,前后十八年,病死在编纂任上,是主要编纂人。司马光最后到任,司马氏确实也作了一些编纂后期的工作,经由司马光上报朝廷,所以题名司马光编纂。《类篇》与《集韵》基本同时编纂,《集韵》是为写诗汇释韵字而编纂的韵书,《类篇》是为汇释汉字形义而编纂的字书,两书编纂体例不同。《类篇》一共十五卷,每卷又分为上、中、下,所以又称为四十五卷。苏辙在《类篇序》中说:"凡为《类篇》,以《说文》为本。"但是由于《艸部》《木部》《水部》字数多而分为上、下部,所以或认为《类篇》分为543部。《类篇》一共收释 31 319 字,重音 21 846,大略是《说文》的三倍。《类篇》用反切注音,训释字义着力探讨字源、古训,注重阐明古今字形演变。《说文》已收释的字,《类篇》一般直录《说文》,或再作补释;《说文》未收释的字,《类篇》自行解说释义,或援引群经、通人之说以为证据。例如:

随遺追　旬为切,《说文》:从也。又国名,亦姓。古作随遺。追,又中葵切,《说文》:逐也。又都回切,

治玉也。又追萃切,逐也。《周礼》:比其追胥。刘昌宗读又吐内切,和柔貌。文三重音四。(二中)

今按:"文三重音四",是指《类篇》所列释的正文三个:随、遒、追;重音为四个反切:"旬为切"、"中葵切"、"追萃切"、"吐内切"。他皆类此。

誌识 职吏切,《说文》:记誌也。或作识。识,又昌志切,记也。又式吏切。又设职切,《说文》:常也。一曰知也,亦姓。文二重音三。(三中)

从东汉《说文》到宋代,《类篇》收释的字是最多的,标志着《说文》从推广应用到字典编写、到《说文》学理论研究,都有长足的发展。苏辙《类篇序》评价说:"今夫字书之于天下可以为多矣。然而从其有声也而待之以《集韵》,天下之字以声相从者无不得也;从其有形也而待之以《类篇》,天下之字以形相从者无不得也。"清人朱彝尊《类篇跋》评价说:"治平中《类篇》书出,推源析流,而轻重、浅深、清浊之变,选用旁求,犹不改《仓颉篇》部居之旧,先民之规矩略存焉。后此而始一终亥之序莫有讲习者矣。"

(二) 北宋王圣美之"右文说"

《说文》一书收释9 353字(另重文1 163),超过80%的字是形声字。形声字由形符和声符组成。形符又称义符。义符多居左,称为左文;声符多居右,称为右文。例如《说文·女部》:"婚,妇家也。礼:娶妇以昏时……故曰婚。从女从昏,昏亦声。"其左文义符"女"表妇女义类,其右文亦声符"昏"表昏时迎娶新妇字义,可凭右文亦声符"昏"求知字义。《说文》的右文亦声符表义,可能启发了北宋人王子韶(字圣美)。王氏由此研究发现了因声求取字义的文字孳乳发展现象,于是在《说文》右文亦声符的基础上总结出"右文说"。《宋史·王子韶传》记载子韶"入对,神宗与论字学,留为资善堂修定《说文》官"。王圣美"右文说"的著作名为《字解》,可惜失传了,其观点依赖宋人沈括的《梦溪笔谈》卷十四得以窥见:

> 王圣美治字学,演其义以为右文。古之字书,皆从左文。凡字,其类在左,其义在右。如木类,其左皆从木。所谓右文者,如:戋,小也。水之小者曰浅,金之小者曰钱,歹而小者曰残,贝之小者曰贱。如此之类,皆以"戋"为义也。

王圣美发现了形声字左文表示字之义类,右文表示字义所在的一条规律,是对《说文》的一个新发展,对后世学人总结因声求义有启迪作用。只是王圣美的"右文说"把话说绝对了,说至"凡"、"皆"则过头了。例如以"戋"为右文声符的"践"字为"履"义,没有小的意义;"饯"为"送去食也",亦没有小的意义。但是王圣美的"右文说"毕竟启发了后世学人如元人戴侗、清人段玉裁等深入研究因声求义的规律,是值得肯定的。

(三) 宋代郑樵之《六书略》

郑樵(1104—1162),字渔仲,勤于治学著书。关于字学,郑樵所著《六书证篇》和《象类书》今已不传;其研究《说文》之字学观保留在他传世的《通志·六书略》之中。郑樵曰:"臣《六书证篇》实本《说文》而作。凡许氏是者从之,非者违之。"郑氏研究《说文》六书,既承继推阐许说,又不迷信囿于许说,整个研究充满批判精神,敢于表达不同观点。郑樵的《说文》学研究,精当与芜杂并存,对《说文》学的成长与发展,对后世《说文》学的影响,可以说是毁誉参半。

郑樵精当之见如:

> 六书也者,象形为本。形不可象则属诸事,事不可指则属诸意,意不可会则属诸声,声则无不谐矣。五不足则假借生焉。

郑氏此说是对许氏《说文》关于"六书"说的进一步贯通阐释。

> 谐声与五书同出。五书有穷,谐声无穷。五书尚义,谐声尚声。……谐声者触声成字,不可胜举。

郑氏关于"谐声无穷"之说十分精当。

郑氏批评:"许氏作《说文》,定五百四十类为字之母。然母能生而子不能生。今《说文》误以子为母者二百十类。"郑氏自称:"旧作《象类书》,总三百三十母为形之主,八百七十子为声之主,合千二百文而成无穷之字。"在《六书证篇》中,郑氏又再减并为二百七十六母。郑氏在《说文》五百四十部首基础上的"子母说"研究,已经初具字原研究的性质。

郑樵芜杂之说如:

> 谐声、转注一也。役他为谐声,役己为转注。

郑氏此说不得要领。

> 就假借而言之,有有义之假借,有无义之假借。

郑氏此说与许氏《说文》"本无其字,依声托事"之假借不合,而且郑氏把"有义假借"分为"同音借义"、"协音借义"、"因义借音"、"因借而借",把"无义假借"分为"借同音不借义"、"借协音不借义"、"语辞之借"、"五音之借"、"三诗之借"、"十日之借"、"十二辰之借"、"方言之借",等等,芜杂而多误,难为典要。

(四) 宋末元初戴侗之《六书故》

宋末元初人戴侗,字仲达,宋淳祐进士,所著《六书故》凡三十三卷,刊刻于元延祐七年。戴氏尊崇许叔重《说文》,但是也局限于《说文》;他多据二徐本,同时兼采南朝梁释昙域的《补说文》蜀本和唐人李阳冰刊定的《说文》唐本。戴氏《六书故》更别以钟鼎文为收释正字,分为九部:一曰数,二曰天文,三曰地理,四曰人,五曰动物,六曰植物,七曰工事,八曰杂,九曰疑。戴书每部文字均按许氏六书结构编排,训释字义简洁晓畅,援引有据,考证清楚,多有发明阐释,值得借鉴。但是也存有一些主观臆断的误说。戴氏九部编排汉字的方法,其实还不如《说文》部首编排法科学。戴氏《六书故》最值得称道的是:

1. 发明先有语言后有文字,文字是记录语言的书写符号。戴氏说:"夫文,生于声音者也。有声而后形之以文。义与声俱立,非生于文也。"(《六书故·通释》)

2. 首论汉字可以因声求义说。戴氏此说开启后世,特别是清儒因声求义的研究。戴氏说:"训诂之士知因文以求义矣,未知因声以求义也。夫文字之用,莫博于谐声,莫变于假借。因文以求义,吾未见其能尽文字之情也。"(《六书故·通释》)

3. 正确阐释《说文》假借说。戴氏说:"所谓假借者,义无所因,特借其声。"(《通释》)例如"韦"本是违背之义,假借为皮革之"韦"。"豆"本是俎豆(祭祀高脚盘),假借为豆麦之豆。许氏《说文》以"令"、"长"为假借例字,误也,而不知两字皆由本义而生(引申),并非假借。戴氏虽否定许书"令"、"长"二例字,但是赞同并发扬阐释许氏《说文》"本无其字,依声托事"的假借之说,堪称《说文》学的功臣。

(五)明代梅膺祚之《字汇》

明人梅膺祚,字诞生,编著《字汇》一共十四卷。他的族兄梅鼎祚《字汇序》介绍曰:"吾从弟诞生之《字汇》,其端其终,悉以数多寡。其法自一画至十七画列二百有一十四部,统三万三千一百七十九字。每卷首为一图,俾检者便若指掌,阅者旷若发矇。其义则本诸《说文》《尔雅》。"梅氏编著的《字汇》,在中国字书史上最有名最值得称道的是简化《说文》540 部造字部首为检字部首,以汉字楷体笔画之多少及偏旁分部,简化归并为 214 部,又按照地支分正文为十二卷,以楷体笔画多少为列字次序,一共收释、编排 33 179 字。梅氏这一简化、改革汉字字典的编排法,无论是编排字典,还是使用查检字典,都比《说文》《玉篇》《类篇》等前代字典省力省功省时,便于阅读使用,因此梅氏《字汇》在中国文字学史、字书字典编纂史上都是一次革命、一大创造,堪称《说文》学的一大功臣。自此以后产生的字典辞书,例如明代张自烈的《正字通》,清代著名的《康熙字典》,现当代的《中华大字典》、《辞源》及其修订本、《辞海》及其修订本、《新华字典》《汉语大字典》《汉语大词典》等字典辞书,无不参照《字汇》创造的以笔画多少为分部、列字依据的编纂体例来编纂。

二、《说文》学形成了一支研究专家队伍

随着南唐徐锴《说文解字系传》、北宋初徐铉等人奉诏校订的《说文解字》二徐本刊刻问世,宋太宗雍熙三年又诏告天下:"宜遣雕镌,用广流布。自我朝之垂范,俾永世以作程。"所以自此以后许叔重《说文》在社会上的流布传播越来越广泛,越来越普及,宋元明学者越来越关注、参与《说文》学的研究。由于朝廷提倡,北宋中期形成了参仿《说文》编排体例、沿袭《说文》训解汉字形义音方法,并作创新阐释而编纂字书的一群学者队伍,如王洙、胡宿、范镇、张次立、司马光等人。宋代学者张有学习、仿效许氏《说文》精髓而编纂《复古编》。《四库全书总目提要》评论:"张有作《复古编》,辨别篆隶之讹异,持论甚平。又惟主辨正字画而不复泛引训诂,其说亦颇简要。"宋人王安石撰作《字说》,其初衷是推阐发明许氏《说文》。宋人李焘《说文解字五音韵谱》评论王氏《字说》:"安石初是《说文》,覃思颇有所悟,故其解经合处亦不为少。独恨求之太凿,所失

更多。"宋人王圣美发明《说文》"亦声符",作"右文说",启迪后世学人研究因声求义。宋人郑樵撰著《六书略》,有精当创新之说,也有芜杂疏误之见,瑕瑜参半。宋人李焘撰著《说文解字五音韵谱》,虽变易《说文》次第,但焘书主要内容是传承推阐《说文》学说,亦为许氏《说文》学功臣,故而焘书在后世流传颇广。宋人林罕撰作《字原偏旁小说》。宋人释梦英作《篆书偏旁字源》。宋人吴淑著《说文五义》。宋人钱承志著《说文正隶》。宋人许谦著《假借论》。宋末元初戴侗著《六书故》,宗许而不囿于许,发明甚多。辽释行均撰写《龙龛手镜》。《四库全书总目提要》评价说:"《龙龛手镜》所录于《说文》《玉篇》之外,多所搜辑。虽行均尊其本教,每引《中阿含经》《贤愚经》中诸字以补六书所未备,然不专以释典为主。"元人杨桓撰著《六书统》和《六书溯源》。元人周伯琦撰著《说文字原》和《六书正讹》。元人吾丘衍作《说文续解》。元人吴正道作《六书渊源字旁辨误》。元人杜本作《六书通编》。明初包希鲁作《说文解字补义》。明初吴叡作《说文续释》。明初包宏作《六书补义》。明初汪克宽作《六书本义》。明人赵撝谦作《六书本义》。明人赵宦光作《说文长笺》。明人毛晋父子仿北宋本刊刻大字本《说文解字》。明人梅膺祚编著《字汇》。明人张自烈编著《正字通》。明人杨慎作《六书索隐》和《六书练证》。明人吴元满作《六书正义》和《六书总要》……

宋元明三代研究《说文》学的成果越来越多,在传承发展中所形成的研究队伍越来越壮大,向上承继东汉至隋唐诸代之优良传统,向下助推后世光大之波潮,标志着《说文》学在宋元明时期进入了成长发展期。

第三节 《说文》学研究鼎盛期

清代是《说文》学研究的黄金时期,更是其研究成果高峰期。王力先生 1981 年在其《中国语言学史·文字声韵训诂全面发展的时期》中研究指出:

> 清代《说文》之学,大致可以分为四类:第一类是校勘和考证的工作,如严可均的《说文校议》、钱坫的《说文解字斠诠》、田吴炤的《说文二徐笺异》、承培元的《说文引经证例》等;第二类是对《说文》有所匡正的,如孔广居的《说文疑疑》、俞樾的《儿笘录》;第三类是对《说文》作全面研究,多所阐发的,如段玉裁的《说文解字注》、桂馥的《说文解字义证》、朱骏声的《说文通训定声》、王筠的《说文句读》;第四类是补充订正先辈或同时代的著作的,如严章福的《说文校议议》、王绍兰的《说文段注订补》、钮树玉的《段氏说文注订》、徐承庆的《说文解字注匡谬》、徐灏的《说文解字注笺》等。其中以第三类最为重要。①

---

① 山西人民出版社 1981 年 8 月版,第 110 页。

《说文》学在清代的研究蔚为大观,真可谓群星璀璨,难以一一引述。代表清代《说文》学鼎盛期最高研究成就的,学术界一般认为是段玉裁的《说文解字注》、桂馥的《说文解字义证》、朱骏声的《说文通训定声》、王筠的《说文例释》和《说文句读》四大家。段、桂、朱、王四大家著作体大思精,卓见俯拾即是。下面分别作一简介。

一、段玉裁的《说文解字注》

段玉裁(1735—1815),字若膺,一字懋堂,江苏金坛人,清代著名学者,一生著述丰富。这里简介段氏最有影响力最负盛名的不朽巨著《说文解字注》(三十卷)。

(一) 阐说《说文》编写体例

《说文》一书之编写体例,许氏之说散见于正文及《叙》中,没有后世著作条分缕析的所谓"凡例"总介。段氏阐说《说文》编写体例,有助于读者读懂《说文》这部宏篇巨著。例如:

1. 关于《说文》部首分部术语的注释。

许氏《说文·一部》:"一……凡一之属皆从一。""一"是《说文》全书第一部第一字,段注曰:"凡云'凡某之属皆从某'者,自序所谓'分别部居,不相杂厕'也。"

2. 关于《说文》收释字数统计的注释。

《说文》每部之末,都有该部收释字数的统计。例如第一部《一部》之末曰:"文五重一。"段注曰:"此盖许所记也。

每部记之,以得其凡若干字也。"即《一部》收释一、元、天、丕、吏五个篆文,"一"字下收释一个重文("弌,古文一")。

3. 关于《说文》重文(古文、籀文、奇字)的注释。

《说文·一部》:"一……弌,古文一。"段注曰:"凡言古文者,谓仓颉所作古文也。此书法后王,尊汉制,以小篆为质,而兼录古文、籀文。所谓'今叙篆文,合以古籀'也。小篆之于古籀,或仍之,或省改之,仍者十之八九,省改者十之一二而已。仍,则小篆皆古籀也,故不更出。古籀省改,则古籀非小篆也,故更出之。一、二、三之本古文明矣,何以更出弌、弍、弎也? 盖所谓'即古文而异者',当谓之'古文奇字'。"又,段氏又于《丄部》"二,高也。此古文上"之下注曰:"凡《说文》一书,以小篆为质,必先举小篆,后言古文作某。此独先举古文,后言小篆作某,变例也。以其属皆从古文上,不从小篆上,故出变例而别白言之。"

(二)校订刊误

《说文·艸部》:"蔦,寄生也。"段注本校补为"寄生艸也",且注曰:"'艸'字各本脱。依《毛诗音义》及《韵会》补。"

《说文·音部》:"韶,虞舜乐也。《书》曰:'箫韶九成,凤皇来仪。'"段氏于"《书》"下注曰:"'书'上当有'虞'字,误衍于上句。"

《说文·木部》:"楗,限门也。"段注本校正为"距门也",且注曰:"'距',各本作'限',非。"唐写本《说文·木部》残卷正作"楗,距门也"。

《说文·木部》:"栅,编树木也。"段注本校正为"栅,编竖木也",且注曰:"'竖',各本作'树',今依《篇》《韵》正。"唐写本《说文·木部》残卷正作"栅,编竖木也"。

《说文·木部》:"楬,楬桀也。"段注本校正为"楬,楬櫫也",且注曰:"赵钞本及近刻《五音韵谱》并作'楬櫫'。"唐写本《说文·木部》残卷正作"楬,楬櫫也"。

（三）注明《说文》收释字"六书"之归属

《说文》开篇首训"一"字,未言明"一"字之"六书"归属。段氏注曰:"'一'之形,于六书为指事。"在《说文·上部》"上……指事也"之下,段氏注曰:"凡指事之文绝少,故显白言之。不于'一'下言之者,'一'之为指事不待言也。"

《说文·西部》:"西……日在西方而鸟栖,故因以为东西之西。"段注本注曰:"此说六书假借之例。假借者,本无其字,依声托事。古本无东西之西,寄托于鸟在巢上之西字为之。凡许言'以为'者类此。'韦'本训相背,而以为皮韦。'乌'本训孝鸟,而以为乌呼。'来'本训瑞麦,而以为行来。……"

《说文·宀部》:"完,全也。从宀,元声。古文以为宽字。"段注本注曰:"此言古文假借字。"

（四）发明汉字音、形、义三者互求的科学研究方法

段氏注解《说文》，不局限于传统文字学的形训法，而是超越同时代的学者，运用科学的语言学观去注释、考求汉字的字义、词义。

段氏首创《六书音均表》，创立古韵六类十七部，以因声求义为钤键，字之音、形、义三者互求。这是段氏关于《说文》学的一大贡献。例如：

《说文·示部》："禛，以真受福也。从示，真声。"段氏注曰："此亦当云'从示，从真，真亦声。'不言者省也。声与义同原，故谐声之偏旁多与字义相近。"

《说文·一部》："天，颠也。"段氏注曰："此以同部叠韵为训也。凡'门，闻也'，'户，护也'，'尾，微也'，'髮，拔也'，皆此例。"

《说文·衣部》："襛，衣厚皃。"段氏注曰："此'农声'之字皆训厚。醲，酒厚也。浓，露多也。襛，衣厚皃也。引伸为凡多厚之称。《召南》曰：'何彼襛矣。'《唐棣之华》传曰：'襛犹戎戎也。'按：《韩诗》作茙茙，即戎戎之俗字耳。'戎'取同声得其义。"襛、醲、浓，皆以"农"为声符；"农"与"茙"、"戎"皆同音声，同有"多厚"之义，段氏谓"同声得其义"，即因声同而求其相同之义，是也。

段氏注《说文》，主张形、音、义三者并重，主张"一字必兼三者，三者必互相求。万字皆兼三者，万字必以三者彼

此交错互求"；又指出："圣人之制字，有义而后有音，有音而后有形。学者之考字，因形以得其音，因音以得其义。治经莫重于得义，得义莫切于得音。"段氏关于形、音、义三者互求的科学研究方法，对上推阐前修"亦声说"、"右文说"、因声求义等学说，对下启迪后贤科学研治文字之道，有了新的进步。这是段氏的杰出贡献，也是段氏《说文》学研究高出同时代学者之处。段氏在清代《说文》学研究鼎盛期坐上第一把交椅，确实是当之无愧的。所以清代著名学者王念孙为段玉裁《说文解字注》作序评价说："吾友段若膺于古音之条理察之精，剖之密。尝为《六书音均表》，立十七部以综核之，因是为《说文注》，形声读若，一以十七部之远近分合求之，而声音之道大明。于许氏之说，正义、借义，知其典要，观其会通。而引经与今本异者，不以本字废借字，不以借字易本字，揆诸经义，例以本书，若合符节，而训诂之道大明。训诂、声音明而小学明，小学明而经学明，盖千七百年来无此作矣。"

二、桂馥的《说文解字义证》

桂馥(1736—1806)，字未谷，一字冬卉，山东曲阜人，清代著名学者。这里简介桂氏代表著作《说文解字义证》五十卷。

（一）举证释义，征引广博

《说文·木部》："楃，木帐也。从木，屋声。"桂氏《说文义证》曰:"'木帐也'者,或作幄。《小尔雅》:'覆帐谓之幄。'《释名》:'幄,屋也,以帛衣板施之,形如屋也。'《三礼图》:'在上曰帟,四旁及上曰帷,上下四旁悉周曰幄。幄,大帷也。'《周礼·幕人》'掌帷幕幄帟绶之事'注云:'四合象宫室曰幄,王所居之帐也。'《昭十三年左传》:'子产以幄幕九张行。'杜云:'幄幕,军旅之帐。'《汉书·张良传》:'运筹策帷幄中。'《礼乐志》:'照紫幄。'颜注:'紫幄,享神之幄也,帐上四下而覆曰幄。'《汉书仪》祭天有绀幄帐。《文选·七命》:'体倦帷幄。'"

《说文·邑部》:"鄠,右扶风县。"桂氏《说文义证》注曰:"'右扶风县'者,《汉志》右扶风有鄠县。《玉篇》:'鄠,右扶风县名,郃阳有鄠乡。'《诗·崧高》:'王饯于鄠。'《传》云:'鄠,地名。'《正义》云:'于汉属右扶风,在镐京之西也。'《汉书·王尊传》:'上以尊为鄠令。'颜注:'鄠,右扶风之县。'《史记·白起传》:'白起者,鄠人也。'《正义》云:'鄠,岐州县。'《史记·封禅书》:'秦文公东猎汧渭之间,卜居之而吉。'《正义》云:'《括地志》云:鄠县故城在岐州鄠县东北十五里,即此城也。'《帝王世纪》:'秦文公徙汧,今扶风鄠县是也。'……"

桂馥《说文义证》最为突出的特点是例证丰富,使读者信而不疑。汇诸经例证于《说文义证》一书之中,这是桂氏此书最为人称道之处,也是桂书最有价值之处。

（二）桂氏《说文义证》与段氏《说文注》相伯仲

桂氏与段氏是同时代之人，桂居山东曲阜，段居江苏金坛，二人同时研治《说文》，互不相识，各有研究侧重点，各有创获与特色。总的来说，段书早刻流传，名声早播；桂书晚刻流传，出名亦晚。《清史稿·桂馥传》评价："馥博涉群书，尤潜心小学，精通声义。……自诸生以至通籍，四十年间，日取许氏《说文》与诸经之义相疏证，为《说文义证》五十卷。力穷根柢，为一生精力所在。"晚清重臣、著名学者张之洞在其《说文解字义证序》中评价段书与桂书云："窃谓段氏之书，声义兼明，而尤邃于声；桂氏之书，声义并及，而尤博于义。段氏钩索比傅，自以为能冥合许君之旨，勇于自信，欲以自成一家之言，故破字创义为多；桂氏敷佐许说，发挥旁通，令学者引申贯注，自得其义之所归。故段书约，而猝难通辟；桂书繁，而寻省易了。夫语其得于心，则段胜矣；语其便于人，则段或未之先也。"张之洞此评价，学人多予认同。总的来说，段书发明创见，发扬光大许书者尤多，桂书从形、声、义三方面宏观发明弱于段书，但是在字义佐证、阐释许书，便于读者读懂《说文》，又强于段书，所以桂氏成为清代《说文》学四大家之一。

三、朱骏声的《说文通训定声》

朱骏声（1788—1858），字丰芑，江苏吴县人，清代著名学者。这里介绍朱氏代表著作《说文通训定声》十八卷。

朱氏在《进说文通训定声呈》中自述:"读书贵先识字,识字然后能通经,通经然后能致用。若不明六书,则字无由识;不知古韵,则六书亦无由通。专辑此书,以苴《说文》转注、假借之隐略,以稽群经、子、史用字之通融。题曰'说文',表所宗也;曰'通训',发明转注、假借之例也;曰'定声',证《广韵》、今韵之非古而导其源也。"朱氏所说的"题曰'说文',表所宗也",即朱书第一部分著述解说先宗引许氏《说文》原训,然后广征经史群书论证之。朱氏所说的"曰'通训',发明转注、假借之例也",即朱书第二部分专门研究字义、词义的引申与假借。其实朱书这一部分已经完全突破《说文》主要训释字之本义的体例,进入本义、别义(引申义)、假借义等全面解说汉字字义、词义的新天地,很有成就。这是朱书的创新与突破。朱氏所说的"曰'定声',证《广韵》、今韵之非古而导其源也",这第三部分,朱书完全打乱《说文》五百四十部据形系联的部首编排法,舍形取声,把所解说的一万七千二百四十字分为十八部编排,根据"不知古韵,则六书亦无由通"的原则,用因声求义的科学方法考求文字声音之源,从而证明《广韵》、今韵之非古。所以有学者说朱书是从因声求义的角度研究《说文》、研究同源词的一部极有特色的专著。例如:

杠。杠,床前横木也。从木,工声。《方言》:"床,其杠谓之树,或谓之赵,或谓之样。"[转注]《孟子》:

"十一月徒杠成。"张音方,桥也。按:横木以渡,后世或以石为之。字又作矼。[别义]《仪礼·乡射礼记》"杠长三仞",注:"橦也。"《士丧礼》"竹杠长三尺",注:"铭橦也。"《礼记·檀弓》注:"以练绸旌之杠。"《释文》:"竿也。"[假借]为恭。《庄子·人间世》"且德厚信矼",简文注:"悫实貌。"[声训]《释名·释车》:"杠,公也,众又所公共也。"[古韵]《急就章·十二》叶偅、杠、幢、纵、工、筒、同、双、龙、瓮、容。

清代段玉裁、桂馥、朱骏声、王筠《说文》四大家,现代著名学者丁福保在其《说文解字诂林·自叙》中评价说:"其中以段、朱最为杰出。"当代著名学者王力在其《中国语言学史》中评价指出:"《说文通训定声》实在够得上'博大精深'四个字。上节称赞段玉裁在《说文》研究上应该坐第一把交椅;而朱骏声则在同义的综合研究上应该坐第一把交椅,他的贡献不在《说文》的研究上,而在全面地研究了词义。"①

四、王筠的《说文释例》和《说文句读》

王筠(1784—1858),字贯山,山东安丘人,清代著名学者。

---

① 王力:《中国语言学史》,山西人民出版社 1981 年 8 月版,第 128 页。

　　王筠生活的时代，《说文》学已经全面盛行，特别是段玉裁的《说文解字注》盛行于世已达三十年，桂馥的《说文解字义证》一书也已流传于世，可谓《说文》学大师灿若星辰，名著林立。要在《说文》学全面盛行的时代再超越前人，做出新贡献，殊非易事。王筠自幼饱读诗书，满腹经纶，独辟蹊径，于道光丁酉年(1837)撰著出《说文释例》(二十卷)一书刊行于世。这是一本全面阐释、总结许氏《说文》编写体例及其"六书"精华的专著。王氏研究《说文》编写体例，深入浅出，独出胸臆，科学细密而赅括有条理，道人所未道，后出转精，深得许书之旨，堪称《说文》学之功臣。王筠在其《说文释例序》中说："今天下之治《说文》者多矣，莫不穷思毕精以求为不可加矣。就吾所见论之，桂氏未谷《说文义证》、段氏茂堂《说文解字注》，其最盛也。……筠少喜篆籀，不辨正俗。年近三十，读《说文》而乐之。……许君著书之体，千余年传写变乱之故，鼎臣以私意窜改之谬，犁然辨晰，具于匈中。爰始条分缕析，为之疏通其意。体例所拘，无由沿袭前人，为吾一家之言而已。"在王筠之前，确实还没有研究《说文》体例的专书问世。所以王氏《说文释例》一书很快为学人所捧读。

　　王筠的《说文》学研究，很注重推广普及工作。他所著《说文句读》(三十卷)、《文字蒙求》(四卷)深入浅出，通俗易懂，因而走进千家万户，读书人家几乎家置一本。所以在清代《说文》学研究鼎盛期，王筠是唯一一位将精深专门的《说文》学研究与通俗普及《说文》学推广研究有机结合起来，而且做出巨大贡献的《说文》学大师。《清史稿·王筠传》评价说："王筠其书独辟门径，折衷一是，不依傍人。论者以为许氏之功臣，桂、段之劲敌。"

《说文》学研究发展到清代，于乾隆、嘉庆、道光、咸丰、同治、光绪六朝达到了鼎盛期，研治《说文》的专家队伍超过二百人，既有全方位深入研治《说文》的，又有专题研治《说文》的；既有关于传世《说文》版本校勘考释的，也有新发现的中唐写本《说文·木部》残卷等的校勘考释；既有关于许氏《说文》"六书"通释、补正或质疑研究的，也有对明清以来研究《说文》专著、时人论著的笺注论说。这一时期《说文》学研究论著林林总总，比魏晋南北朝、隋唐宋元明时期更为全面，更为深入，更为科学，更有成就。现代著名学者丁福保所著之《说文解字诂林》对清代鼎盛期的《说文》学研究有全面的述评，十分精准。丁氏在这部书的《自叙》中述评说：

> 若段玉裁之《说文注》、桂馥之《说文义证》、王筠之《说文句读》及《释例》、朱骏声之《说文通训定声》，其最杰著也。四家之书，体大思精，迭相映蔚，足以雄视千古矣！其次若钮树玉之《说文校录》，姚文田、严可均之《说文校议》，顾广圻之《说文辨疑》，严章福之《说文校议议》，惠栋、王念孙、席世昌、许槤之《读说文

记》，沈涛之《说文古本考》，朱士端之《说文校定本》，莫友芝之《唐说文木部笺异》，许溎祥之《说文徐氏未详说》，汪宪之《系传考异》，王筠之《系传校录》，苗夔等之《系传校勘记》，戚学标之《说文补考》，田吴炤之《说文二徐笺异》等，稽核异同，启发隐滞，咸足以拾遗补阙，嘉惠来学。又有订补《段注》而专著一书者，如钮树玉之《段氏说文注订》，王绍兰之《说文段注订补》，桂馥、钱桂森之《段注钞案》，龚自珍、徐松之《说文段注札记》，徐承庆《说文段注匡谬》，徐灏之《说文段注笺》等，皆各有独到之处，洵段氏之诤友也。此外，又有钱坫之《说文斠诠》、潘奕隽之《说文通正》、毛际盛之《说文述谊》、高翔麟之《说文字通》、王玉树之《说文拈字》、王煦之《说文五翼》、江沅之《说文释例》、陈诗庭之《说文证疑》、陈瑑之《说文举例》、李富孙之《说文辨字正俗》、胡秉虔之《说文管见》、许槤之《读说文杂识》、俞樾之《儿笘录》、张行孚之《说文发疑》、于鬯之《说文职墨》，郑知同之《说文商义》，萧道管之《说文重文管见》，潘任之《说文粹言疏证》、宋保之《谐声补逸》、毕沅之《说文旧音》、胡玉缙之《说文旧音补注》等，不下数十家，靡不殚心竭虑，索隐钩深，各有所长，未可偏废。

丁氏对清代《说文》学名家辈出，著述丰硕，成就雄视千古的评价,后世学人多予赞同。

纵观许叔重《说文解字》一书从东汉问世流传以后至清代的传承研究,形成了中国古代的一门显学——《说文》学。可以清晰而肯定地作出判断:历代关于《说文》学的研究,客观上就是中国古代"六书学"、文字学的研究。这一研究尤在清代乾隆、嘉庆、道光、咸丰、同治、光绪六朝成就骄人,是中国古代《说文》学研究名副其实的鼎盛期,为民国、现当代《说文》学研究树立了一座高耸入云的丰碑。

第四节 《说文》学研究推陈出新期

中国古代把文字学、音韵学、训诂学称为小学。小学在中国漫长的封建时代属于经学的附庸,还没有完全形成一个独立的学科。进入民国以后,中国学术界把小学独立称为语言文字学,这就使得中国传统的文字学、音韵学和训诂学摆脱了经学附庸的束缚,升格为独立的语言文字学学科,因而更加受到重视,加之现代语言学的理论和研究方法引入其中,更使得中国关于汉语汉字研究的语言文字学走上了科学化的发展道路,有了更好更快的发展。《说文》学作为语言文字学的一个重要学科分支,甲骨文、青铜铭文的出土问世,竹简、帛书等文献资料的不断发掘问世整理,研究方法、研究成果不断推陈出新,使得民国至现当代的《说文》学研究成就更加丰硕。其主要标志是:

一、研究成果推陈出新,研究论著转深转精

例如:章太炎的《小学答问》《转注假借论》与《文始》,黄侃的《说文略说》,马叙伦的《说文解字六书疏证》与《说文解字研究法》,刘大白的《转注正解》,丁福保的《说文解字诂林》,周祖谟的《唐本说文与说文旧音》与《徐锴的说文学》,张舜徽的《说文解字约注》,蒋善国的《说文解字讲稿》与《说文解字释要》,陆宗达的《说文解字通论》,姚孝遂的《许慎与说文解字》,臧克和的《说文解字的文化说解》,焦传生的《说文释例举要》,宋永培的《"说文"汉字体系与中国上古史》,王宁的《〈说文解字〉与中国古代文化》,汤可敬的《说文解字今释》,苏宝荣的《〈说文解字〉今注》,梁光华的《唐写本说文解字木部笺异注评》,赵平安的《〈说文〉小篆研究》,向光忠主编的《说文学研究》(一至六辑),等等。在河南漯河市许慎故里建立许慎文化园,成功召开四届许慎文化国际学术研讨会,聚集世界各国许慎《说文》研究专家到会宣读、研讨有关《说文》研究的最新论文,出版论文集四部,近七百篇论文。据统计,这一时期《说文》学的各类著作接近1 000部,论文接近3 000篇。这些论文著作在清代《说文》学鼎盛期的基础之上,向纵向深,向广博向精细化科学化方面不断推陈出新,进一步彰显《说文》学这一显学在新时期的旺盛生命力,探寻解说汉字"六书",汉字形、义、音的结构规律与发展,其研究水平达到了更新更高

的水平。

二、《说文》"六书"造字法向"三书"的科学归并

在传统《说文》学关于"六书"研究的基础之上,对汉字造字法的研究,这一时期的学者既传承遵从许叔重经典的"六书说",又批判地革新许氏"六书说";既有承继清儒戴震、段玉裁的"四体二用说"之余绪者,又有二十世纪二三十年代唐兰《中国文字学》提出的"象形、象意、形声"三书说,沈兼士提出的"文字画、象形文字、义字、表音字"的四级文字说(《沈兼士学术论文集》),更有二十世纪五十年代以后的四家新三书说:1956 年陈梦家《殷虚卜辞综述·文字章》提出的"象形、假借、形声"三书说;1988 年裘锡圭《文字学概要》提出的"表意、假借、形声"三书说;2000 年刘又辛、方有国《汉字发展史纲要》提出的"表形、假借、形声"三书说;2000 年梁光华《汉字造字理论新说》提出的"形意、假借、形声"三书说。后四家把许慎"六书说"概括为新三书说,否定"四体二用说",都特别论证"假借"是汉字的一种造字方法,而且早于并催生"形声"造字法,从汉字造字理论到汉字造字实践都作了令人信服的论证研究,更加符合汉字造字规律,使得汉字造字法的理论阐释更加科学化。

三、《说文》学研究与教学传承有机结合

《说文》学在推陈出新时期的研究,有一个特别突出的标志是:在传统《说文》学研究的基础之上,学者们科学地

学习、借鉴西方语言学理论,利用出土文献如甲骨文、青铜器铭文、简帛文字、陶文等上古文献资料,用于《说文》学的研究与教学。新的上古文献资料的出土整理与论证应用,现代语言学科学研究方法的加盟与更新,打破了传统《说文》学作为经学附庸、传统语文学研究藩篱的束缚,使得现代《说文》学走向了语言文字学独立学科研究的新天地。例如章太炎的《文始》对《说文》同源词创新研究,周祖谟《问学论集》对《说文》字形构形、字音音系、字义系统等的深入研究,陆宗达《说文解字通论》对《说文》字义考释、文化涵义等的综合研究,王力《中国语言学史》从方法论、汉语史发展角度对《说文》的研究,向光忠主编的《说文学研究》(一至六辑)汇集中国文字学会一百多位当代学者关于《说文》学全方位的考释研究等。又例如在教学方面,全国各大学普遍开设文字学、训诂学、古代汉语等课程,甚至有的大学还专门开设"说文学研究"等专题选修课,专门传授《说文》学知识与研究方法,讲解《说文》学在中国文字学中的核心地位与作用,如王力主编的《古代汉语》、郭锡良等主编的《古代汉语》、许嘉璐主编的《古代汉语》、周秉均主编的《古代汉语》、周大璞主编的《训诂学初稿》、朱星主编的《古代汉语》、郭在贻所著《训诂学》、裘锡圭所著《文字学概要》、杨五铭所著《文字学》等,都以现代语言学的科学研究方法,专章研究《说文》,培养了一代又一代《说文》学的传人,推动着《说文》学研究向更高水平迈进。

四、《说文》学史论著不断出版问世

东汉至隋、唐、宋、元、明、清,历代都有学者撰论《说文》,特别是清代《说文》学研究达到鼎盛期以降,《说文》学史的研究就备受关注。例如现代学者丁福保撰《说文解字诂林》,把宋代至近代二百多种《说文》学研究论著荟萃为一编,成为《说文》学研究第一座文献资料库与信息库,方便学人查找资料,助推《说文》学向纵深精细发展。其后有更多的《说文》学史论著先后问世。例如黄侃的《说文略说·论自汉迄宋为说文之学者》,钱基博的《近五十年许慎说文学流别考论》,胡朴安的《中国文字学史》,张其昀的《"说文学"源流考略》,董莲池主编的《说文解字研究文献集成》(十巨册近千万字,荟萃清末以来百年《说文》研究的主要论著),班吉庆的《建国50年来的〈说文解字〉研究》,张标、陈春风的《〈说文〉学的回顾与前瞻》,向光忠的《关于说文学的现代化研究》,黎千驹的《20世纪的〈说文〉字体、汉字形体结构与六书说研究》与《说文学源流及其发展趋势》,等等,这些《说文》学史论著全面深入地爬梳《说文》学的历史,总结《说文》学的研究内容与方法,并揭示其成就与不足,鉴古论今并展望未来,拓展学人视野,助推《说文》学的健康发展。

五、现代科学技术手段用于《说文》学研究

传统的《说文》学研究,学者主要是靠多读、熟读群书,

烂熟于心;再就是查阅书刊文献,作笔记,作卡片;笔记、卡片、书籍文献堆满书屋,可谓穷经皓首。一代代学人、一篇篇论文、一本本著作,就是在黄卷青灯相伴朝朝暮暮经年不辍中写出来的,可谓艰辛之至! 历史发展到现当代,做学问研究,搞科研创新,现代科学技术手段、电子文献信息储存查询系统开发应用于社会科学研究、《说文》学研究,可以助推学者高效率地开展学术研究。例如二徐本《说文解字》电子信息储存查询系统已经建成,段玉裁《说文解字注》电子信息储存查询系统也已建成,许慎《说文解字》小篆字库已经建成,中国甲骨文、金文、小篆字库,七万汉字字库,《说文》学电子信息库也都建立完成,可供学人查询使用。这些信息化、科学化的现代科技手段、成果应用到《说文》学研究之中,可以使传统显学《说文》学的研究更加便捷,更加省时省力,这样既可以避免皓首穷经劳而无功,又可以避免大量无价值的重复研究。可以预见,以现代科学技术手段建立起来的电子文献信息库得到广泛应用后,学术界将会迎来学术研究的春天,将会有更多的推陈出新的研究成果问世。

第五章

《说文解字叙》注译

本章注译许叔重自撰的极其重要的《说文解字叙》和许冲《上〈说文解字〉表》，以使初学者更好地了解许氏撰著《说文》的真实意图，知晓许氏巨著的编纂体例，懂得许氏的汉字起源流变观点，掌握许氏首创的关于"六书"定义界说，熟记许氏首创的五百四十个部首，认识许氏关于文字是"经艺之本，王政之始"的政治文化历史地位和作用的高度评价等等知识。

第一节　许叔重《说文解字叙》注译

叙曰①：古者，庖牺氏②之王③天下也，仰则观象于天④，俯则观法于地⑤，视鸟兽之文与地之宜⑥，近取诸身，远取诸物，于是始作《易》八卦⑦，以垂宪象⑧。及神农氏结绳为治而统其事⑨，庶业其繁⑩，饰伪萌生⑪。

注释：

① "叙曰"二字，原在第十五篇下"此十四篇"之前。今依段玉裁《说文解字注》前移至此。段注曰："《史记》《汉书》《法言》《太玄》叙皆殿于末，古著书之例如此。许书十四篇既成，乃述其著书之意。"又，小徐本《说文解字系传》称"后叙曰"，今不从。

② 庖牺氏，号太昊。古无轻唇音，所以庖牺又写作伏羲、宓羲、伏牺、包牺等。庖牺氏是中国古代神话中渔猎部族的首领，相传他发明渔猎畜牧。

③ 王：统治。

④ 观象：观察天象。

⑤ 观法：观察法象。此与上句"观象"相对，主要指观察地理山川之现象。

⑥ 文：即指鸟兽的纹理纹饰。宜：即仪，即地上的形状。

⑦ 八卦：相传庖牺氏选取天地风雷水火山泽八种自然物来创制八卦，用来占卜、预测吉凶。在《周易》中，用"▬"代表阳爻，用"▬ ▬"代表阴爻，阳爻"▬"与阴爻"▬ ▬"两种基本符号交互组成八种图形：乾☰、坤☷、巽☴、震☳、坎☵、离☲、艮☶、兑☱。许氏以为八卦是汉字的原始文字现象。

⑧ 以垂宪象：垂即垂示；宪象即法象，法定的图象，有准则之意。

⑨ 神农氏：《易·系辞下》曰："包牺氏没，神农氏作斫木为耜，揉木为耒；耒耨之利，以教天下。"神农氏是中国神话中农业部族的首领，相传他创制耒耜，教天下之民耕种。结绳为治：用结绳记事的方法治理天下。

⑩ 庶：众，多。庶业指百业、各行各业。繁：繁茂。

⑪ 萌：本指草木发芽，这里喻指文饰与诈伪之事如草木发芽似的纷纷发生。

译文:

自序说:上古时代,庖牺氏统治天下的时候,抬头向上观察天象,低头向下观察地理山川,看到了飞鸟走兽在地上行走的足迹花纹和地理山川的形貌,近处从自身取象,于是才创作了《易》的八卦,用它来垂示表现天地人世间法定的图象。发展到神农氏时代,用结绳记事,治理天下而统领各类大小之事,各行各业繁茂兴盛起来,文饰与诈伪之事也如同草木发芽似地不断发生。

黄帝之史仓颉①,见鸟兽蹏远之迹②,知分理③之可相别异也,初造书契④。"百工以乂,万品以察,盖取诸夬。"⑤"夬,扬于王庭。"⑥言文者,宣教明化于王者朝廷,君子所以施禄及下,居德则忌也。⑦

注释:

① 黄帝:中国古代传说中的五帝之一。司马迁《史记·五帝本纪》指:黄帝、颛顼、帝喾、唐尧、虞舜。黄帝是中华民族的始祖。仓颉:相传是汉字的创造者。段玉裁《说文解字注》曰:"卫恒《四体书势》云:'昔在黄帝,创制造物,有沮诵、仓颉者始作书契,以代结绳。'盖二人皆黄帝史也。诸书多言仓颉,少言沮诵者,文略也。按:史者,记事者也。仓颉为记事之官。"

②《说文·足部》:"蹏,足也。"《辵部》:"远,兽迹也。"蹏(tí),就是蹄。蹏远(háng):同义连用,这里是指鸟兽的足迹。

③ 分理:纹理。

④ 书契:文字。段玉裁《说文解字注》曰:"高诱注《吕览》曰:'苍颉生而知书,写仿鸟迹以造文章。'"此"文章"与"书契"同指文字。

⑤ 百工:百官。乂:治、治理。万品:万物、万民。察:明辨。夬(guài):《说文》释为"分决也",即决断之意。这几句,《易·系辞下》作"上古结绳而治,后世圣人易之以书契。百官以治,万民以察,盖取诸夬"。王弼、韩康伯注曰:"夬,决也。书契所以决断万事也。"许氏此引于《易·系辞下》。

⑥ 许氏此句亦引于《周易·夬卦》,意即决断之后在朝廷宣传张扬。

⑦ 文:书契、文字。此数句仍是援引于《周易·夬卦》:"泽上于天,夬;君子以施禄及下,居德则忌。"此卦象上为兑,象征泽;下为乾,象征天。泽水之变为气,上升至天,象征决断。即君王要决断施恩禄给臣民,如果仅仅是保持德行、明白禁忌,就会被臣民憎恶。

译文:

黄帝的史官仓颉,看见飞鸟走兽的足迹,就知道其纹理可以互相区别开来,这才开始创造文字。百官凭借文字以治理政事,万民万物凭借文字而得到明察,大概取决于文字得以决断万事。决断了,才能在朝廷上宣扬。这即是说,文字是君王在朝廷上用来宣扬说明教化政令的工具,又是君王用来给臣民施加恩禄,保持德行,明白禁忌的工具。

仓颉之初作书①,盖依类象形,故谓之文②;其后形声相益,即谓之字③。文者,物象之本④;字者,言孳乳而浸多也⑤。著于竹帛谓之书⑥。书者,如也⑦。

以迄五帝三王之世⑧，改易殊体；封于泰山者⑨，七十
有二代⑩，靡有同焉。

注释：

① 初作书：最初创造文字。

② 段玉裁《说文解字注》注曰："依类象形，谓指事、象形二者也。
指事亦所以象形也。文者错画也，交错其画而物像在是。"文，这里也指
独体的文字。

③ 相益：相加、相附。段玉裁《说文解字注》曰："形声相益，谓形
声、会意二者也。有形则必有声，声与形相附为形声，形与形相附为会
意。'其后'，为仓颉以后也。仓颉有指事、象形二者而已，其后文与文
相合而为形声，为会意，谓之字。"孙星衍《重刊宋本说文序》亦说："仓颉
之始作，先有文而后有字。六书：象形、指事多为文；会意、谐声多为字，
转注、假借兼之。"字，这里指形旁与声旁、或两个以上形旁会合而成的
合体字，与上面的独体的"文"相对。

④ 二徐本均没有"文者，物象之本"一句，此依段注本加。段氏注
曰："各本无此六字，依《左传·宣公十五年》正义补。"《左传·宣公十五
年》："故文，反正为乏。"唐孔颖达《正义》疏云："许慎《说文序》云：仓颉
之初作书，盖依类象形谓之文，其后形声相益谓之字。文者，物象之本；
字者，孳乳而生，是文谓之字也。"

⑤ 字：乳也，原指母亲生育孩子；此之"字"，谓由两个或两个以上
独体的文孳乳增益而成的合体字。王筠《说文句读》对此注曰："字皆合
体。"浸：渐渐。

⑥ 著：刻写、书写。

⑦ "书者，如也。"许氏用声训法训释"书"（文字）如同物之形状。

段氏注曰:"此云'如也',谓每一字皆如其物状。"

⑧ 迄:到。五帝,见前注。三王:谓夏、商、周三代之王,即夏禹、商汤和周文王、周武王。

⑨ 封于泰山者:古时帝王在泰山上筑土为坛,报天之功,称为封。

⑩ 七十有二代:泛指上古多数而非实指的朝代数。

译文:

仓颉最初创造文字,大抵是依照事物类别的特征,描绘出它们的形状,所以叫做文;后来用形旁和声旁、(形旁和形旁)相加结合而成的,就叫做字。文是事物本来的形象,字是由两个或两个以上独体的文增益结合构成的。刻写在竹简或丝帛绢上就叫做书。书(文字)就是如,如同所刻写的事物形状。到了五帝三王的时代,文字改写成不同的书体;在泰山上筑坛祭祀的七十二代帝王,每一代帝王所刻写的文字书体没有相同的。

周礼①:八岁入小学,保氏教国子,先以六书②。一曰指事。指事者,视而可识,察而可见,上下是也。二曰象形。象形者,画成其物,随体诘诎③,日月是也。三曰形声。形声者,以事为名,取譬相成,江河是也。四曰会意。会意者,比类合谊,以见指㧑④,武信是也。五曰转注。转注者,建类一首,同意相受,考老是也。六曰假借。假借者,本无其字,依声托事,令长是也⑤。

注释:

① 周礼:周代的制度,很受后代推崇。

② 保氏:周代教育公卿贵族子弟的官员。国子:公卿贵族的子弟。《周礼·地官·保氏》规定其职:"保氏掌谏王恶(过失),而养国子以道,乃教之六艺。"六书是"六艺"之一。《周礼》一书只言"六书"之名而无细目。郑众注《周礼·地官·保氏》之"六书"为:"象形、会意、转注、处事、假借、谐声。"班固《汉书·艺文志》曰:"《周官》保氏掌养国子,教之六书,谓象形、象事、象意、象声、转注、假借,造字之本也。"许叔重《说文叙》首次为"六书"下定义和举出例子,并以此"六书"理论在全书中创立540部首统辖汉字并一一说文解字。

③ 诘诎:段注本注曰:"二字双声,屈曲之意。"指弯曲运笔写字。

④ 比、合:排比、组合。类:字类。谊:义;古曰谊,今曰义。指㧑(huī):指向,字义指向。

⑤ "令"字本义为发号令,由发号令者引申为县令。"长"字本义为久远,由久远秉权者引申为县长。"令"、"长"均属词义引申。后世一般认为"令"、"长"作假借的例字失当。

译文:

周朝的制度:公卿贵族子弟八岁进入小学启蒙读书,保氏先用"六书"知识教育他们。第一叫做指事。指事是看见了就可以认识这个字,但要仔细观察才能发现字的意义,"上"、"下"就是这样的字。第二叫做象形。象形是画成物体的样子,随着物体形状而弯曲运笔写字,"日"、"月"就是这样的字。第三叫做形声。形声是根据事物的类属来确定字的形旁,再假借一个读音相同或相近的声旁来譬读字的声音,把形旁和声旁组合起来就构成形声字,"江"、"河"就是这样的字。第四叫做会意。会意是把两个或两个以上的字会合在一起,会合它们的意义指向来构成一个新的字义,"武"、"信"二字就是这样的字。第五叫做转注。转注是指建立字的部类并确定一个部首,该部首之下异字同义辗转互训,"考""老"二字就是这样的字。第六叫做假借。假借是指本来汉字中没有记录汉语词的那个字,于是借用同音或近音字来记录那个有音有义而无字的词,"令"、"长"二字就是这样的字。

及宣王太史籀著大篆十五篇①,与古文或异。至孔子书六经②,左丘明述《春秋传》③,皆以古文,厥意可得而说。其后诸侯力政④,不统于王,恶礼乐之害己,而皆去其典籍,分为七国⑤,田畴异晦⑥,车涂异轨⑦,律令异法,衣冠异制,言语异声,文字异形。

注释:

① 宣王:周宣王姬靖。太史:周代史官名。籀:人名。太史籀发明籀文,所作书名叫做《史籀篇》或《史篇》《籀篇》,所书写的文字为大篆,叫做籀文。段注本曰:"大篆之名,上别乎古文,下别乎小篆而为言。曰史篇者,以官名之;曰籀篇、籀文者,以人名之。"

② 六经:即指《易》《书》《诗》《礼》《乐》《春秋》。

③ 左丘明:春秋时代鲁国人,史学家,曾担任鲁国太史,所著《春秋传》全称为《春秋左氏传》,一般简称《左传》,为解释孔子所著《春秋》而作。

④ 其后:指东周后期各诸侯国不臣服于周天子的战国时代。

⑤ 七国:指战国时代的秦、齐、燕、楚、赵、魏、韩七个诸侯国。

⑥ 田畴:田地。畴:同亩。《说文·田部》:"畴,六尺为步,步百为畴。"此为亩之古制,今制六十平方丈为一亩。

⑦ 涂:同途,指道路。轨:古代马车两轮间的距离。

译文:

　　到周宣王时代,一个太史官名叫做籀的人写了大篆十五篇,与古文相比较,有的字形不完全相同。到孔子整理删定《六经》,左丘明撰写《春秋左氏传》,都用古文书写,造字的意义还能够说明清楚。此后各个诸侯国凭借武力相征伐,不臣服于周天子,厌恶礼乐妨碍自己,因而都弃去自古传下来的典籍文献。当时天下分为七个诸侯国,土地田亩划分标准不同,行车轨迹宽窄不同,法律政令不同,衣服帽子服饰不同,语言声音不同,文字形体写法也不同。

　　秦始皇帝初兼天下①,丞相李斯乃奏同之②,罢其不与秦文合者。斯作《仓颉篇》,中车府令赵高作《爰历篇》,太史令胡毋敬作《博学篇》,皆取史籀大篆,或颇省改,所谓小篆者也③。是时,秦烧灭经书,涤除旧典,大发隶卒,兴役戍,官狱职务繁。初有隶书,以趣约易④,而古文由此绝矣⑤。

注释：

① 兼：兼并，统一。

② 奏：上奏秦始皇帝。同之：统一文字。段注本注曰："以秦文同(统一)天下之文。即下文小篆也。《史记·始皇本纪》：'二十六年书同文字。'"秦始皇二十六年即公元前221年，秦以小篆统一了当时天下"文字异形"的混乱局面。

③ 这几句是说：斯书、赵书、胡书所写的字体，都取自史籀大篆，只是有的稍稍减笔省其繁重，有的略微改写其怪奇，就成了人们所说的秦代小篆。斯书、赵书、胡书三者所见小篆文字，大约在3 300字左右。段注本注曰："凡许书中云篆书者，小篆也；云籀文者，大篆也。"许氏《自叙》下文确有说解："篆书，即小篆。"

④ 隶书：秦人程邈创造的字体。王筠《说文句读》引注曰："徐锴曰：王僧虔云：秦狱吏程邈善大篆，得罪，系云阳狱。增减大篆，去其繁复。始皇善之，出为御史，名其书曰隶书。"卫恒《四体书势》云："秦既用篆，奏事繁多，篆字难成，即令隶人佐书，曰隶字。……隶书者，篆之捷也。"

⑤ 绝：此不是绝迹义，而是指古文不再成为通用的文字。

译文：

秦始皇帝统一天下之初，丞相李斯就奏请始皇帝批准统一天下文字，废除那些不与秦国文字相同的字。李斯写了《仓颉篇》，中车府令赵高写了《爰历篇》，太史令胡毋敬写了《博学篇》，这三本书的字体都取自史籀大篆，只是有的稍稍减笔省其繁重，有的略微改写那些怪奇的笔画结构，就成了人们所说的秦代小篆。这一时期，秦朝烧毁经书,废除旧时的典籍,大量征发隶卒,大兴劳役戍边;官府的狱讼和行政公务繁多,这才有了隶书,以求简约、便易,因而古文从此不再成为通用的文字。

　　自尔,秦书有八体①:一曰大篆,二曰小篆,三曰刻符,四曰虫书,五曰摹印,六曰署书②,七曰殳书③,八曰隶书。

注释:

　　① 王筠《说文句读》注云:"《初学记》:秦焚烧先典,乃废古文,更用八体:一曰大篆,周宣王史籀所作也。二曰小篆,始皇时,李斯、赵高、胡毋敬所作也。大、小篆并简策所用也。三曰刻符,施于符传也。四曰摹印,施于印玺也。五曰虫书,为虫鸟之形,施于幡信也。六曰署书,门题所用也。七曰殳书,铭于戈戟也。八曰隶书,秦始皇时程邈所定,以行公府也。"

　　② 署书:段注本曰:"《木部》曰:'检者,书署也。'凡一切封检题字皆曰署。题榜亦曰署。"

　　③ 殳:兵器。殳书是刻写在兵器上的书体。

译文:

　　从此以后,秦朝的文字有八种书体:一叫大篆,二叫小篆,三叫刻符,四叫虫书,五叫摹印,六叫署书,七叫殳书,八叫隶书。

　　汉兴,有草书①。《尉律》②:学僮十七已上③,始试,讽籀书九千字,乃得为吏④,又以八体试之⑤。郡移太史并课,最者以为尚书史⑥。书或不正,辄举劾之⑦。今虽有《尉律》,不课⑧,小学不修,莫达其说久矣。

注释:

① 汉朝建立,才产生草书体。王筠《说文句读》注云:"卫恒曰:汉兴而有草书,不知作者姓名。至章帝时,齐相杜度号善作之。"

② 尉律:王筠《说文句读》注云:"尉律者,廷尉治狱之律也。"王氏此承南宋学者王应麟之说。

③ 学僮:即学童,见下引《汉书》。已上:以上。

④《说文·言部》:"讽,诵也。"《说文·竹部》:"籀,读书也。"此"讽籀"连文,谓诵读书也。"籀",这里不是指《史籀篇》籀文之"籀"。《史籀篇》的籀文也没有九千字。《汉书·艺文志》此句作:"试学童讽书九千字以上,乃得为史。"许书此多"籀"字;"史"引作"吏"。"讽籀九千字",是测试学童的识字量。

⑤ 八体:秦八体书,见上注。然而《汉书·艺文志》记为:"又以六体试之。"《汉书》谓"六体"为:"古文、奇字、篆书、隶书、缪篆、虫书。"许氏此言"八体",与《汉书》不同。

⑥ 尚书史:《汉书·艺文志》记作:"太史试学童能讽书九千字以上,乃得为史,又以六体试之,课最者以为尚书御史、史书令史。"

⑦ 劾:本义是判罪,此当是指吏民学童书写不正确,就检举弹劾之。此句《汉书·艺文志》作:"吏民上书,字或不正,辄举劾。"

⑧ 不课:不考试。

译文：

西汉建立，有了草书。《尉律》规定：学童十七岁以上才能参加考试，能够诵读九千字，才能充任官吏，还要用秦时八体书考试他们。地方考试合格的，郡县移送给朝廷太史令一并考试，成绩最好的录用为尚书史。吏民学童书写不正确，就有人检举弹劾他。现在虽然有《尉律》，但是不考试了；学童入小学读书，但也不讲授识读书写汉字的学问了。人们不学不懂汉字六书的学问已经很久了。

孝宣时①，召通《仓颉》读者，张敞从受之②。凉州刺史杜业、沛人爰礼、讲学大夫秦近，亦能言之③。孝平时④，征礼等百余人，令说文字未央廷中，以礼为小学元士⑤。黄门侍郎扬雄采以作《训纂篇》。凡《仓颉》已下十四篇，凡五千三百四十字，群书所载，略存之矣⑥。

注释：

① 孝宣：指西汉宣帝刘询（公元前 73—前 49）。孝宣是汉宣帝谥号。

② 此事《汉书·艺文志》记曰："《仓颉》多古字，俗师失其读。宣帝时，征齐人能正读者，张敞从受之。传至外孙之子杜林，为作训故，并列焉。"张敞外孙杜林，西汉文字学家，许氏《说文》多引杜林之说。

③ 杜业、爰礼、秦近三人都能讲解李斯《仓颉篇》中的文字。

④ 孝平：指西汉平帝刘衎(kàn)，公元元年即位至公元 5 年，后被王莽杀害。

⑤ 此事《汉书·王莽传》有记。

⑥ 段玉裁《说文解字注》云:"《艺文志》曰:至元始中,征天下通小学者以百数,各令记字于庭中。扬雄取其有用者以作《训纂篇》。"扬雄所作《训纂篇》,是续李斯《仓颉篇》而作。又,许氏此云"凡《仓颉》已下十四篇",指李斯《仓颉篇》、赵高《爰历篇》、胡毋敬《博学篇》、司马相如《凡将篇》、史游《急就篇》、李长《元尚篇》、扬雄《训纂篇》。汉代学者把以上七种书各析分为二,故称十四篇。这是汉代以前汉字的总汇书籍,所以许氏云:"凡《仓颉》已下十四篇,凡五千三百四十字,群书所载,略存之矣。"

译文:

孝宣皇帝时,朝廷下诏召集精通李斯《仓颉篇》的学者,张敞跟随他们受业学习。后来,凉州刺史杜业、沛人爰礼、讲学大夫秦近,也都能解说分析《仓颉篇》中的文字。孝平皇帝时,朝廷征聘爰礼等一百多人,请他们在未央宫中解说文字,任命爰礼为首席小学博士。黄门侍郎扬雄采集众家之说编写为《训纂篇》。大凡李斯《仓颉篇》至扬雄《训纂篇》,共计十四篇,共有五千三百四十字。古今群书所记载的文字,大都保存在这十四篇之中了。

及亡新居摄①,使大司空甄丰等校文书之部②,自以为应制作③,颇改定古文④。时有六书⑤:一曰古文,孔子壁中书也⑥;二曰奇字,即古文而异者也;三曰篆书,即小篆,秦始皇帝使下杜人程邈所作也⑦;四曰佐书,即秦隶书;五曰缪篆,所以摹印也⑧;六曰鸟虫书,所以书幡信也。

注释:

① 亡新:公元 9 年,西汉大臣王莽废汉朝而自立为王氏王朝,国号为"新"。居摄:古代皇帝年幼不能亲自上朝治理政事,由其大臣代为处理政事叫做居摄。"及亡新居摄",即指王莽亡废汉朝而自立。

② 大司空:官名,类似后世的工部尚书。甄丰,人名。

③ 制:《史记·秦始皇本纪》:"命为制,令为诏。"此"制"指王莽的命令。

④ 颇:略微,程度较轻的副词。

⑤ 六书:此与文字学上造字"六书"名同实异,指王莽时代汉字的六种书体。段注本曰:"莽之六书,即秦八体而损其二也";又曰:"秦文八体,尚有刻符、署书、殳书,此不及之者,三书之体不离乎摹印、书幡之体,故举二以包三。古文则析为二,以包大篆。"

⑥ 见下许氏云:"壁中书者,鲁恭王坏孔子宅……"二句。

⑦ 此句十三字错乱,学界普遍认同段玉裁《说文解字注》之说:"按此十三字当在'佐书即秦隶书'之下,上文明言李斯、赵高、胡毋敬皆取史籀大篆省改,所谓小篆。则作小篆之人既显白矣,何容赘此,自相矛盾耶?……下杜人程邈为衙狱吏,得罪幽系云阳,增减大篆体,去其繁复,始皇善之,出为御史,名书曰隶书。……邈,《说文》无此字,盖古只作'藐'。"

⑧《汉书·艺文志》颜师古有注曰:"缪篆,谓其文屈曲缠绕,所以摹印章也。"

译文:

到了王莽亡废汉朝而自立新朝,便选派大司空甄丰等人校正文字书写的部类,甄丰自认为奉王莽皇帝的命令而作,就对古文略微作了一些改定。当时有六种书体:一叫做古文,即是从孔子宅府墙壁中得到的文字;二叫做奇字,是古文中形体有异的异体字;三叫做篆书,就是小篆;四叫做佐书,就是秦朝的隶书,是秦始皇使下杜人程邈所创书的字体;五叫做缪篆,是用来摹刻印章的篆书;六叫做鸟虫书,是用来书写旗帜、符节的字体。

> 壁中书者,鲁恭王坏孔子宅,而得《礼记》《尚书》《春秋》《论语》《孝经》①。又,北平侯张仓献《春秋左氏传》②;郡国亦往往于山川得鼎彝③,其铭即前代之古文,皆自相似。虽叵复见远流④,其详可得略说也。

注释:

①《汉书·艺文志》记有此事:"武帝末,鲁共王坏孔子宅,欲以广其宫,而得古文《尚书》及《礼记》《论语》《孝经》,凡数十篇,皆古字也。"鲁恭(共)王:西汉景帝刘启的第五个儿子刘余。

② 西汉北平侯张仓,原为秦朝柱下御史,藏有古文《春秋左氏传》。西汉惠帝三年,解除挟书之禁律,于是张仓献出所藏古文《春秋左氏传》。

③ 郡国:汉代中央朝廷之下的地方行政区划。鼎彝:商周青铜器,其上所铸铭文皆是古文字。

④ 叵:音 pǒ,合音词"不可"。

译文：

壁中书，是指汉景帝第五子鲁恭王刘余毁坏孔子住宅而于墙壁中得到的《礼记》《尚书》《春秋》《论语》《孝经》诸书。另外，北平侯张仓又向朝廷献出了所藏的古文《春秋左氏传》。各郡国也往往从山坡河川中挖到一些商周青铜鼎彝古器，那上面铸刻的铭文即是前代的古文字。上面所得的书籍、青铜古器上的古文字都各自相似。虽然不可再考见古文字的远古流变，但是古文字造字的情况，大致是可以解说清楚的。

　　　　而世人大共非訾①，以为好奇者也，故诡更正文②，乡壁虚造不可知之书③，变乱常行，以燿于世。诸生竞说字解经谊④，称秦之隶书为仓颉时书，云父子相传，何得改易？乃猥曰⑤：马头人为长，人持十为斗，虫者屈中也。廷尉说律，至以字断法，苛人受钱，苛之字止句也⑥。若此者甚众，皆不合孔氏古文，谬于史籀。⑦

注释：

①非訾(zǐ)：非议、诋毁。段注本曰："《礼记》郑注曰：'口毁曰訾。'"

②诡更正文：妄自改写正文(秦朝隶书)。

③乡壁：向壁。书：文字。

④谊：段注本曰："谊，各本讹作'谊'，今正。谊、义，古今字。"段注之

义,"谊"字应连上句读为"说字解经谊",是也,今从。燿 yào,同"耀"。

⑤ 猥:《说文·犬部》训其本义为"犬吠声"。此喻指歪曲、曲解。

⑥ 此长句是说:汉朝掌管刑狱的官员根据隶书字体曲解法律以掠夺民财。例如"苛"字本为从艸可声字,假借为诃,有诃责义;而"苛"字被汉朝官员曲解为从止句,会意为钩,钩取民财。

⑦ 谬:违背。

译文:

然而世人都一块儿极力非议诋毁,认为好奇的人故意妄自改写正规文字,向壁虚造一些不可认识的字,淆乱通行的隶书字,以便在世人面前炫耀。太学的学生们争相说解文字,注解经传之义,称说秦朝隶书是仓颉时代的文字,云说父子相传,怎么能改变呢?于是曲解说:"马头人"是"长"字,"人持十"是"斗"字,"虫"字是弯曲"中"字竖笔而成的字。掌管刑狱的廷尉官解说律法,甚至根据隶书字形来判案,将"苛人受钱"的"苛"字解说为"止句"会意作"钩"。像这样的解说很多,完全不合于孔府壁中所存的古文,也违背了史籀大篆。

俗儒啚夫翫其所习①,蔽所希闻②,不见通学,未尝睹字例之条③,怪旧埶而善野言④,以其所知为秘妙,究洞圣人之微恉⑤。又见《仓颉篇》中"幼子承诏"⑥,因号"古帝之所作也,其辞有神仙之术焉"⑦。

其迷误不谕,岂不悖哉!

注释:

① 畾:今写作"鄙",浅陋。翫(wán):玩弄。

② 蔽:蒙蔽,不明白。希:稀。蔽所希闻:对很少听说的东西不明白。

③ 段注本注曰:"字例之条,谓指事、象形、形声、会意、转注、假借六书也。"

④ 埶:艺。旧埶:旧时的典籍。

⑤ 究洞:探究洞悉。微恉:精深微妙的意旨。

⑥ "幼子承诏"是李斯《仓颉篇》中一句四言句子,意思是孩童接受老师的诏告、教育。

⑦ 因号:小徐本作"因曰"。段注本取之,并注云:"幼子承诏,盖指胡亥即位事。俗儒鄙夫既谓隶书即仓颉时书,因谓李斯等所作《仓颉篇》为黄帝之所作,以黄帝、仓颉君臣同时也。其云'幼子承诏'者,谓黄帝乘龙上天而少子嗣位为帝也。无稽之谈,汉人乃至于此哉!"

译文:

俗儒庸人玩弄他们通常所见的字体,对很少听说的古文不明白,没见过精通学问的人,也没有看到过汉字造字的条例,把旧时的典籍看作怪异,把鄙俗的说法当作经典,把自己所知道的东西视为奥妙,认为自己探究洞悉了圣人精深微妙的意旨。又看见李斯《仓颉篇》中有"幼子承诏"这句话,就说它是古代帝王所作的,它的话语中记载有神仙的法术呢。这些人迷误不明,难道不是错乱荒唐吗?

《书》曰:"予欲观古人之象。"①言必遵修旧文而不穿凿②。孔子曰:"吾犹及史之阙文,今亡也夫。"③盖非其不知而不问,人用己私,是非无正,巧说邪辞,使天下学者疑。

注释:

① 这是《尚书·皋陶谟》中舜对大禹说的一句话:"我想看看古人礼服上的图像。"许氏援引这句话,意在"象"为字象、文字之形。

② 许氏这句话的意思是:一定要遵循、研修过去的文字,而不去穿凿附会。

③ 孔子此语见《论语·卫灵公》:"子曰:吾犹及史之阙文,有马者借人乘之,今亡矣夫!"这本来是孔子对当时社会上道德沦丧发出的感叹,许氏此引孔子的话,实指汉朝人已经缺少实事求是的问学精神,所以许氏于下提出尖锐的批评。

译文:

《尚书·皋陶谟》说:"我想看看古人的字象。"这即是说:说文解经,一定要遵循、研修过去的文字,而不去穿凿附会。孔子说:"我还赶上看到史书上的阙文,现在啊已经没有啦!"这大概是批评那些不懂却不好问不好学的现象,人一旦私心自用,是非没有标准,便会编造巧说邪辞(来糊弄人),这样就使得天下读书人疑惑不解。

盖文字者,经艺之本①,王政之始。前人所以垂后,后人所以识古。故曰:"本立而道生"②,"知天下之至啧而不可乱也。"③

注释:

① 经艺:指经典学问。本:根本。下句之"始",起头、起始;与"本"互文,喻指基础。

② 这是节引孔子《论语·学而》的话:"君子务本,本立而道生。孝弟也者,其为仁之本欤!"孔子的话本来是指孝悌为仁之根本,许氏此引孔子语,意在喻证文字是经典学问的根本,是治理国家的基础。

③ 这是《周易·系辞》语:"言天下之至赜而不可恶也,言天下之至动而不可乱也。拟之而后言,议之而后动,拟议以成其变化。"这段话的意思是:《周易》解说天下最为深奥的道理,不能鄙恶它取象的平易;解说天下最为繁复的变化,不能违背它的内涵规律。许氏这里援引《周易》此语,意在喻证懂得文字是经典学问的根本,是治理国家的基础这个道理,做什么事情都不会错乱了。啧(zé):本义为"大呼";此通"赜(zé)",义为深奥。

译文:

文字,是经典学问的根本,是治理国家的基础。文字是前人用来传承给后世的文化载体,也是后人用来认识了解古人古史的依据、工具。所以说:"根本确立了,道义就产生出来了","懂得了天下最为深奥的道理,就不会产生错乱了。"

今叙篆文,合以古、籀①。博采通人,至于小大,信而有证②。稽譔其说③,将以理群类④,解谬误,晓

学者，达神恉。分别部居，不相杂厕。⑤万物咸睹，靡
不兼载。厥谊不昭，⑥爰明以谕。其偁《易》，孟氏⑦；
《书》，孔氏⑧；《诗》，毛氏⑨；《礼》⑩；《周官》⑪；《春
秋》，左氏⑫；《论语》⑬；《孝经》⑭：皆古文也。其于所
不知，盖阙如也。⑮

注释：

① 段注本对许氏此二句及全书训释字体有一个全面的注释："此
以下至'盖阙如也'，自述作书之例也。篆文谓小篆也。古籀谓古文、籀
文也。许重复古，而其体例不先古文、籀文者，欲人由近古以考古也。
小篆因古籀而不变者多，故先篆文，正所以说古籀也。隶书则去古籀
远，难以推寻，故必先小篆也。其有小篆已改古籀、古籀异于小篆者，则
以古籀附小篆之后，曰：古文作某，籀文作某。此全书之通例也。其变
例，则先古籀，后小篆。如一篇二(上)下云：'古文丄(上)。'丅(下)下
云：'篆文二(下)。'先古文而后篆文者，以旁、帝字从二(上)，必立二
(上)部，使其属有所从。凡全书，有先古籀、后小篆者，皆由部首之故
也。"段氏对《说文》的释字编排体例：即为什么把篆文(小篆)作为释字
通例，以及为什么把古文、籀文作为释字编排变例的理由注释得清清楚
楚，可谓深得《说文》精髓的大家之注，可谓《说文》之功臣！研读《说
文》，不可不知全书释字编排体例。

② 通人：许氏所援引学识渊博通达之专家。参见本书第一章第三
节"《说文解字》字义训释"所附"《说文》援引通人之说表"，共计38家。
信：诚也，真实可靠。证：验证、证据。

③ 稽：考查。课(zhuàn)：诠释。

④ 理：整理、解说。群类：万事万物，下有"万物咸睹"可证。段玉裁

注曰:"群类,谓如许冲所云:天地鬼神,山川草木,鸟兽蚰(kūn)虫,杂物奇怪,王制礼仪,世间人事,靡不毕载,皆以文字之说,说其条理也。"

⑤ 段注本对此有精彩之注:"厕,犹置也。分别部居,不相杂厕,谓分别为五百四十部也。……许君以为音生于义,义箸于形。圣人之造字,有义以有音,有音以有形;学者之识字,必审形以知音,审音以知义。圣人造字,实自象形始。故合所有之字,分别其部为五百四十,每部各建一首,而同首者,则曰'凡某之属皆从某',于是形立而音义易明。凡字必有所属之首,五百四十字可以统摄天下古今之字,此前古未有之书,许君之所独创。若网在纲,如裘挈领,讨原以纳流,执要以说详,与《史籀篇》《仓颉篇》《凡将篇》乱杂无章之体例不可以道里计。颜黄门曰:'其书隐括有条例,剖析穷根源,不信其说,则冥冥不知一点一画有何意焉。'此最为知许者矣。盖举一形以统众形,所谓隐括有条例也;就形以说音义,所谓剖析穷根源也。"

⑥ 厥谊不昭:其意义不明白。

⑦ 俑:本义为"扬",此引申指援引。孟氏:孟喜,西汉东海兰陵人,作《易章句》。《汉书·儒林传》有其传。以下诸书及人,系许氏《说文》援引之文献古籍及编纂者。

⑧ 孔氏:孔安国,孔子后裔,西汉经学家,作《古文尚书传》。

⑨ 毛氏:毛亨,西汉传《诗》者,著有《诗诂训传》。

⑩ 《礼》,许氏此不明其版本及作注疏者。段注本注曰:"许不言谁氏者,许《礼》学无所主也。古谓之《礼》,唐以后谓《仪礼》,不言《记》者,言《礼》以该《记》也。"

⑪ 《周官》:王筠《说文句读》注曰:"今《周礼》。"

⑫ 《春秋》,左氏:王筠《说文句读》注曰:"许引左氏,直谓之《春秋传》。至于《春秋公羊传》《春秋国语》,皆有区别矣。故所引《春秋》,亦

谓之《春秋传》,盖谓不用公、穀经文也。"

⑬《论语》:段注本注曰:"《论语》不言谁氏者,学无所主也。"

⑭《孝经》:段注本注曰:"《孝经》亦不言谁氏者,学无所主。许冲以为鲁国三老所献,议郎卫宏所校。"

⑮此末二句,许氏节引自《论语·子路》:"君子于其所不知,盖阙如也。"许氏此援引《论语》句意,以表明他撰著《说文》如同孔子所说:不知就是不知,宁阙而不强作解人。所以段注本注曰:"许全书中多箸阙字,有形音义全阙者,有三者中阙其二、阙其一者。分别观之,书凡言阙者,十有四,容有后人增窜者。"

译文:

现在我著《说文解字》一书,先列释篆文,再把古文和籀文结合起来训释。广泛采纳学识渊博通达专家的学说,至于大大小小的各种训解,都做到真实可靠有证据。稽考诠释文字,将用文字之说来解析天下万物,解析荒谬错误,使学习的人明晓、通达文字构造的深刻意旨。全书分别汉字部类,按照部首排列,不使彼此混杂。万事万物都可以看到,没有什么不完备记载的。那些意义不明白的,就说明它,并使读者知晓。书中所援引的《周易》是孟喜本,《尚书》是孔安国本,《诗》是毛亨本,《礼》和《周礼》(不专引某一本),《春秋》是左丘明本,《论语》和《孝经》(也不是专引某一本)。本书所援引的这些古书文献都是古经。至于我所不知不懂的知识,就空阙存疑。

说文解字第一篇部首①

注释：

①《说文》第一篇部首共计 14 个，大徐本徐铉等人在篆字部首之下用楷字相释，再用《唐韵》反切为之注音（下同）。今将《说文》篆字部首依次改写为楷书，并注汉语拼音如下：

一 yī 丄(上)shàng 示 shì 三 sān 王 wáng 玉 yù 玨 jué 气 qì 士 shì 丨 gǔn 屮 chè 艸 cǎo 蓐 rù 茻 mǎng

②"三"为部首，《三部》之下没有统辖其他字，是光杆部首。许氏设"三"为部首，意在"据形系联"，上承《示部》，下启《王部》《玉部》，所以《三部》可以视为"据形系联"的过渡部首。《说文》这类过渡部首不止一个。

说文解字第二篇部首①

注释：

① 第二篇部首共计 30 个。今将《说文》第二篇篆字部首依次改写为楷书，并注汉语拼音如下：

小 xiǎo　八 bā　釆 biàn　半 bàn　牛 niú　犛 lí　告 gào　口 kǒu

凵 kǎn　吅 xuān　哭 kū　走 zǒu　止 zhǐ　癶 bō　步 bù　此 cǐ

正 zhèng　是 shì　辵 chuò　彳 chì　廴 yǐn　延 chān　行 xíng　齿 chǐ

牙 yá　足 zú　疋 shū　品 pǐn　龠 yuè　册 cè

② "凵"为光杆部首。《凵部》之下没有统辖其他字。许氏设"凵"为部首，意在"据形系联"，上承《口部》，下启《吅部》，所以《凵部》可以视为形近系联《口部》和《吅部》的过渡部首。

说文解字第三篇部首①

注释:

① 第三篇部首共计53个。今将《说文》第三篇篆字部首依次改写为楷书,并注汉语拼音如下:

丮 jí　舌 shé　干 gān　谷 jué　只 zhǐ　冏 nè　句 gōu　丩 jiū

古 gǔ　十 shí　卅 sà　言 yán　誩 jìng　音 yīn　辛 qiān　丵 zhuó

菐 pú　収 gǒng　癶 pān　共 gòng　異 yì　舁 yú　臼 jū　晨 chén

爨 cuàn　革 gé　鬲 lì　䰜 lì　爪 zhǎo　丮 jǐ　鬥 dòu　又 yòu

ナ zuǒ　史 shǐ　支 zhī　聿 niè　聿 yù　畫 huà　隶 dài　臤 qiān

臣 chén　殳 shū　殺 shā　几 shū　寸 cùn　皮 pí　㼱 ruǎn　攴 pū

教 jiào　卜 bǔ　用 yòng　爻 yáo　㸚 lǐ

283

说文解字第四篇部首①

注释:

① 第四篇部首共计 45 个。今将《说文》第四篇篆字部首依次改写为楷书,并注汉语拼音如下:

曑 xuè　目 mù　眢 jù　眉 méi　盾 dùn　自 zì　白 zì　鼻 bí

皕 bì　習 xí　羽 yǔ　隹 zhuī　奞 suī　雈 huán　꿍 guǎ　首 mò

羊 yáng　羴 shān　瞿 jù　雔 chóu　雥 zá　鳥 niǎo　烏 wū　睪 bān

冓 gòu　幺 yāo　丝 yōu　叀 zhuān　玄 xuán　予 yǔ　放 fàng

叏 biào　叙 cán　歺 è　死 sǐ　冎 guǎ　骨 gǔ　肉 ròu　筋 jīn

刀 dāo　刃 rèn　㓞 qià　丯 jiè　耒 lěi　角 jiǎo

说文解字第五篇部首①

注释：

① 第五篇部首共计 63 个。今将《说文》第五篇篆字部首依次改写为楷书，并注汉语拼音如下：

竹 zhú　箕 jī　丌 jī　左 zuǒ　工 gōng　珡 zhǎn　巫 wū　甘 gān

曰 yuè　乃 nǎi　丂 kǎo　可 kě　兮 xī　号 háo　亏 yú　旨 zhǐ　喜 xǐ

壴 zhù　鼓 gǔ　豈 qǐ　豆 dòu　豊 lǐ　豐 fēng　虍 xī　虎 hū　虎 hǔ

虤 yán　皿 mǐn　凵 qū　去 qù　血 xuè　、 zhǔ　丹 dān　青 qīng

井 jǐng　皀 bì　鬯 chàng　食 shí　亼 jí　會 huì　倉 cāng　入 rù

缶 fǒu　矢 shǐ　高 gāo　冂 jiōng　䣍 guō　京 jīng　亯 xiǎng　㫄 hòu

畐 fú　㐭 lǐn　嗇 sè　來 lái　麥 mài　夊 suī　舛 chuǎn　舜 shùn

韦 wéi　弟 dì　夂 zhǐ　久 jiǔ　桀 jié

②③《凵部》《久部》都是没有统辖字的光杆部首。许氏设此二部,意在"据形系联"各自上下形近的部首。例如"凵"字上承""部而下启""部,"凵"与上下部形近而系联。

说文解字第六篇部首①

注释:

① 第六篇部首共计 25 个。今将《说文》第六篇篆字部首依次改写为楷书,并注汉语拼音如下:

木 mù　東 dōng　林 lín　才 cái　叒 ruò　之 zhī　帀 zā　出 chū　宋 pò　生 shēng　乇 zhé　烝 chuí　零 huā　華 huā　禾 jī　稽 jī

巢 cháo　㯡 qī　束 shù　橐 gǔn　囗 wéi　員 yuán　貝 bèi　邑 yì
嚮 xiàng

②③④《才部》《毛部》和《丞部》,这三个部都是没有统辖字的光杆部首。许氏单独专设这三个部,意在"据形系联"各自上下形近的部首。

说文解字第七篇部首①

注释:

① 第七篇部首 56 个。今将《说文》第七篇篆字部首依次改写为楷书,并注汉语拼音如下:

日 rì　旦 dàn　倝 gàn　㫃 yǎn　冥 míng　晶 jīng　月 yuè
有 yǒu　明 míng　囧 jiǒng　夕 xī　多 duō　毌 guàn　马 hàn　東 hàn

卤 tiáo　齊 qí　束 cì　片 piàn　鼎 dǐng　克 kè　彔 lù　禾 hé　秝 lì

黍 shǔ　香 xiāng　米 mǐ　毇 huǐ　臼 jiù　凶 xiōng　朮 pìn　林 pài

麻 má　尗 shū　耑 duān　韭 jiǔ　瓜 guā　瓠 hù　宀 mián　宫 gōng

吕 lǚ　穴 xuè　瘳 mèng　疒 nè　冖 mì　冃 mǎo　冒 mào　两 liǎng

网 wǎng　襾 yà　巾 jīn　市 fú　帛 bó　白 bái　㡀 bì　黹 zhǐ

　　②③《克部》和《耑部》都是没有统辖字的光杆部首。

说文解字第八篇部首①

注释:

　　① 第八篇部首共计 37 个。今将《说文》第八篇篆字部首依次改写为楷书,并注汉语拼音如下:

人 rén　ヒ huà　ヒ bǐ　从 cóng　比 bǐ　北 bèi　丘 qiū　似 yín
壬 tǐng　重 zhòng　臥 wò　身 shēn　月 yī　衣 yī　裘 qiú　老 lǎo
毛 máo　毳 cuì　尸 shī　尺 chǐ　尾 wěi　履 lǚ　舟 zhōu　方 fāng
儿 rén　兄 xiōng　先 zēn　皃 mào　兜 gǔ　先 xiān　禿 tū　見 jiàn
覞 yào　欠 qiàn　歙 yǐn　次 xián　无 jì

说文解字第九篇部首①

注释:

① 第九篇部首共计 46 个。今将《说文》第九篇篆字部首依次改写为楷书,并注汉语拼音如下:

頁 xié　百 shǒu　面 miàn　丏 miǎn　首 shǒu　県 jiāo　須 xū

彡 shān　彣 wén　文 wén　髟 biāo　后 hòu　司 sī　后 zhī　卩 jié

印 yìn　色 sè　卯 qīng　辟 bì　勹 bāo　包 bāo　苟 jì　鬼 guǐ　甶 fú

厶 sī　嵬 wéi　山 shān　屾 shēn　屵 è　广 yǎn　厂 hǎn　丸 wán

危 wēi　石 shí　長 cháng　勿 wù　冄 rǎn　而 ér　豕 shǐ　希 yì　彑 jì

豚 tún　豸 zhì　舄 sì　易 yì　象 xiàng

②《丏部》为光杆部首,是依据"以类相从"而设。"丏"字与上下部首字形不相近,而字义相近,都是人之头首、面颊义类的字。

③《冄部》和《而部》,亦是"以类相从"而设,"冄"是胡子毛乎乎之义,"而"是面颊毛,即胡子。

④⑤《舄部》上承形近之《豸部》,下启形近之《易部》;《易部》又下启形近之《象部》,所以《舄部》《易部》这两个光杆部首都是为"据形系联"而设立。

说文解字第十篇部首①

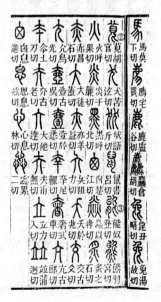

注释：

① 第十篇部首共计 40 个。今将《说文》第十篇篆字部首依次改写为楷书，并注汉语拼音如下：

馬 mǎ　廌 zhì　鹿 lù　麤 cū　怠 chuò　兔 tù　莧 huán　犬 quǎn

㹜 yín　鼠 shǔ　能 néng　熊 xióng　火 huǒ　炎 yán　黑 hēi

囪 chuāng　焱 yàn　炙 zhì　赤 chì　大 dà　亦 yì　矢 zè　天 yāo

交 jiāo　尢 wāng　壺 hú　壹 yī　㚔 niè　奢 shē　亢 gāng　夲 tāo

夰 gǎo　亣 dà　夫 fū　立 lì　竝 bìng　囟 xìn　思 sī　心 xīn　惢 suǒ

②③《莧部》和《能部》都是没有统辖其他字的光杆部首。许氏设立这两个部首，意在"据形系联"各自上下形近的部首。例如《能部》之下设《熊部》，"熊"字下部为"火"字，由此系联出《火部》，等等。

说文解字第十一篇部首①

注释：

① 第十一篇部首共计 21 个。今将《说文》第十一篇篆字部首依次改写为楷书，并注汉语拼音如下：

水 shuǐ　林 zhuǐ　瀕 pín　〈 quǎn　〈〈 kuài　川 chuān　泉 quán

灥 xún　永 yǒng　辰 pài　谷 gǔ　仌 bīng　雨 yǔ　雲 yún　魚 yú

鱻 yú　燕 yàn　龍 lóng　飛 fēi　非 fēi　卂 xùn

②③《〈部》和《燕部》都是没有统辖字的光杆部首，都是"据形系联"的过渡部首。

说文解字第十二篇部首①

注释：

① 第十二篇部首共计 36 个。今将《说文》第十二篇篆字部首依次改写为楷书，并注汉语拼音如下：

乙 yǐ　不 fǒu　至 zhì　西 xī　鹵 lǔ　鹽 yán　戶 hù　門 mén

耳 ěr　匜 yí　手 shǒu　𡄹 guāi　女 nǚ　毋 wú　民 mín　丿 piě

厂 yì　乁 yí　氏 shì　氐 dǐ　戈 gē　戉 yuè　我 wǒ　亅 jué　琴 qín

𠃊 yǐn　亡 wáng　匸 xì　匚 fāng　曲 qū　甾 zī　瓦 wǎ　弓 gōng

弜 jiàng　弦 xián　系 xì

说文解字第十三篇部首①

注释:

① 第十三篇部首共计 23 个。今将《说文》第十三篇部首依次改写为楷书,并注汉语拼音如下:

糸 mì　素 sù　絲 sī　率 shuài　虫 huǐ　蚰 kūn　蟲 chóng

風 fēng　它 tā　龜 guī　黽 měng　卵 luǎn　二 èr　土 tǔ　垚 yáo

堇 qín　里 lǐ　田 tián　畕 jiāng　黄 huáng　男 nán　力 lì　劦 xié

②③《率部》和《它部》都是没有统辖字的光杆部首,都是承上启下"据形系联"的过渡部首。

说文解字第十四篇部首①

注释：

① 第十四篇部首共计 51 个。今将《说文》第十四篇篆字部首依次改写为楷书，并注汉语拼音如下：

金 jīn　开 jiān　勺 zhuó　几 jǐ　且 jū　斤 jīn　斗 dǒu　矛 máo

車 chē　自 duī　皀 fù　皀 fù　厽 lěi　四 sì　宁 zhù　叕 zhuó　亞 yà

五 wǔ　六 liù　七 qī　九 jiǔ　禸 róu　嘼 chù　甲 jiǎ　乙 yǐ　丙 bǐng

丁 dīng　戊 wù　己 jǐ　巴 bā　庚 gēng　辛 xīn　辡 biǎn　壬 rén

癸 guǐ　子 zǐ　了 liǎo　孨 zhuǎn　厶 tū　丑 chǒu　寅 yín　卯 mǎo

辰 chén　巳 sì　午 wǔ　未 wèi　申 shēn　酉 yǒu　酋 qiú　戌 xū

亥 hài

② 这十四篇前面的部首多为形不近、义不类的部首，如从《金部》至《嘼部》。但是其间亦有局部形相近的部首，如《几部》与《且部》；《自部》与《皀部》《皀部》等；亦有义类相近的部首，如《五部》《六部》《七部》《九部》均是数目字类的部首。总之十四篇前 23 个部首排列较为杂乱。

③ 这十四篇从《甲部》至最末的《亥部》，包含了"甲、乙、丙、丁、戊、己、庚、辛、壬、癸"十天干与"子、丑、寅、卯、辰、巳、午、未、申、酉、戌、亥"十二地支的 22 个字，字形不相近，但是义类相同，所以许氏把它们排列在这第十四篇后部，然而其间也夹有几个字形相近的部首：如《己部》下有《巴部》；《辛部》之下有《辡部》；《子部》之下有《了部》《孨部》《厶部》；《酉部》之下有《酋部》。《说文》540 部首始于《一部》，终于《亥部》，全部排列结束。

又，《说文》第一篇至第十四篇 540 个部首，共有 34 个部首均为光杆部首。光杆部首之下均没有统辖的字组、字群，这种部首显然使得许氏部首说解之"凡某之属皆从某"和"方以类聚，物以群分"的字典编纂设计理念在光杆部首处无从实现。虽然光杆部首可以发挥"据形系联"

或"以类相从",即上承下启字形相近、义类相从部首的过渡作用,可以使 540 部首成为《说文》首创的汉字编排法完整系统,但是光杆部首字不能成为同一字形偏旁,同一义类字组、字群的代表字,则这样的光杆部首就没有太大的独立成为一个部的价值。这是《说文解字》首创 540 造字部首统辖编排汉字字典的美中不足。所以明代梅膺祚《字汇》改革汉字部首编排汉字字典以后,就不再出现光杆部首了。

　　　　此十四篇①,五百四十部,九千三百五十三文,重一千一百六十三②,解说凡十三万三千四百四十一字③。其建首也,立一为耑④。方以类聚,物以群分⑤。同条牵属,共理相贯⑥。杂而不越,据形系联⑦。引而申之,以究万原⑧。毕终于亥,知化穷冥⑨。

注释:

　　① 此句之上,大徐本原有"叙曰"二字。根据许书《叙曰》之内容,段注本将此"叙曰"二字前移至叙首"古者庖牺氏之王天下也"之前,是也。今依段注本。段氏又对"十四篇"注曰:"《后汉书·儒林传》亦云'许慎作《说文解字》十四篇,传于世。'盖许不云十五卷也,慎子冲乃合十四篇及叙,称十五卷以献。"

　　② 段注本对传本《说文》全书收释字之总数注曰:"今依大徐本所载字数覈之,正文九千四百卅一,增多者七十八文。重文千二百七十九,增多者百一十六文。此由列代有沾注者,今难尽为识别。"

　　③ 段注本对《说文》全书说解总字数注曰:"今依大徐所载,说解字数,凡十二万二千六百九十九,较少万七百四十二字。此可证说解中历代妄删字、夺取字至于如此之多。篆文多于本始,说解少于厥初,其增

损皆由后人。今未可强说耳。"许书今存最早的《唐写本说文解字木部残卷》之说解,总字数为 1 906 字,比大徐本《木部》相同的 188 字说解多出 185 字。唐写本残卷确实多于二徐本,可证段注之不诬。

④ 许氏这两句是说《说文》一书建立五百四十部首,以"一"作为开端的部首,与下文所言"毕终于亥"相呼应,即五百四十部以"亥"为最后一个部首。

⑤ 此二句援引自《周易·系辞》:"方以类聚,物以群分,吉凶生矣。"意即世上各种事物都是按群类相聚分,吉与凶就在聚分同异中产生。许氏引用此语,意在说明《说文》首创五百四十部首,目的是便于以群类聚合、统摄、区分繁复万千的汉字。

⑥ 段注本对此二句注云:"属者,连也。贯者,穿也。同条共理,谓五百四十部相联缀也。"

⑦ 这两句的意思是:《说文》五百四十个部首,主要是依据部首字字形相近来排列其先后次序(其次是以类相从排列),这样就可以做到部首即使繁杂也不会超越界限。

⑧ 这两句的意思是:由一个部首之形引申至五百四十部首之形,可以用来探究所有文字的本原。

⑨ 知化:《周易·系辞》作"穷神知化"。"毕终于亥,知化穷冥":意思是:(从《一部》开端)到最后的《亥部》结束,《说文》全书解说汉字本原,可以实现知晓变化,穷极汉字深奥的原理。

译文:

　　这十四篇,五百四十个部首,九千三百五十三个字头,重文一千一百六十三个,全书解说的文字共计十三万三千四百四十一个字。全书建立五百四十个部首,以《一部》作为开端。万事都因同类而相聚,万物都因异群而相分。同一枝条的叶子相牵连,共含同一义理的部首相连贯。部首即使繁杂也不会超越界限,是因为本书主要根据字形相近来系联排序。由一个部首之形引申至五百四十个部首之形,可以用来探究所有文字的本原。全书至《亥部》结束,解说汉字本原可以实现知晓变化,穷极汉字博大深奥的原理。

> 于时大汉,圣德熙明①,承天稽唐②,敷崇殷中③。退迩被泽,渥衍沛滂④。广业甄微,学士知方⑤。探赜索隐⑥,厥谊可传⑦。

注释:

① 于:句首语气词。熙明:同义连用,意即光明。

② 承天:奉承天命。稽唐:稽考唐尧。

③ 敷:布施。崇:高也。殷:殷盛。中:成功。

④ 退迩:远近。泽:恩泽。渥衍沛滂:这四个字都含水旁,比喻水流浩大、壮阔。这两句用比喻的方法述说:远近都笼罩覆盖着汉皇的恩泽,犹如浩大、壮阔的水流一样。

⑤ 广业甄微:王筠《说文句读》注曰:"光武帝立五经十四博士,初建三雍,是谓广业;肃宗大会诸儒于白虎殿,考详同异,是谓甄微。唱(倡导)之自上,故人知所向方也。"广即提倡,甄即彰显。知方即读书人懂得了努力的方向。

⑥ 赜、隐:都是指深奥精细的意思。

⑦ 厥：指示代词，其。王筠《说文句读》注此句曰："谊，古'义'字，谓文字之义，当及时传之也。"

译文：

如今伟大的汉朝，皇上仁德圣明光耀。奉天承运，稽考圣君唐尧，布施崇高的仁德，向天地宣告成功。远近都笼罩覆盖着汉皇的恩泽，犹如浩大、壮阔的水流一样。朝廷提倡经艺的伟业，彰显经艺的微言大义，读书人懂得了努力的方向。这是探究经艺深奥精髓的大好时机，那文字的意义就可以广为传播。

粤在永元，困顿之年①。孟陬之月，朔日甲申②。曾曾小子③，祖自炎神④。缙云相黄⑤，共承高辛⑥。太岳佐夏⑦，吕叔作藩⑧。俾侯于许，世祚遗灵⑨。自彼徂召，宅此汝濒⑩。

注释：

① 粤：句首语气词。永元：东汉和帝刘肇在公元89年至104年的年号。困顿：段注本注曰："汉和帝永元十二年，岁在庚子。《尔雅》曰：'岁在庚曰上章，在子曰困顿。'"此二句是许叔重自言其写作《说文解字》一书的起始时间。

② 孟陬（zōu）之月：段注本注云："《尔雅》曰：'正月为陬月。'"孟：指四季中每一季开头的月份。朔日：阴历的每月初一。甲申：纪日的甲子。朔日甲申：初一日这一天。

③ 曾曾小子:许氏自称。王筠《说文句读》注曰:"《诗》凡对祖而言者,无论远近,概曰曾孙。'曾曾'者,许君之创词也。"

④ 祖自炎神:段注本注曰:"炎帝神农氏也。居姜水,因以为姓,亦曰厉山氏。厉山,一作列山。其后甫、许、申、吕,皆姜姓之后。"

⑤ 缙云相黄:段注本注曰:"缙云氏:贾逵《左传解诂》云:'缙云氏,姜姓也,炎帝之苗裔,当黄帝时任缙云之官也。'"许氏此句之意:我的祖先曾经担任缙云之官辅佐黄帝。

⑥ 共:指共工。奉:指奉承、辅佐。高辛:高辛帝。

⑦ 太岳:指共工的重孙四岳。夏:指夏禹。此句句意是:共工的重孙太岳辅佐夏禹治水。

⑧ 吕叔:指太岳的后裔。段注本注曰:"太岳,姜姓,为禹心吕之臣,故封吕侯,取其地名与心吕义合也。吕侯历夏殷之季而国微,故周武王封文叔于许,以为周藩屏。吕叔谓文叔也。文叔出于吕,故谓之吕叔。"

⑨ 俾:《说文》释"俾"字本义为"益也",此引申指"使"。许:许地,周代国名,约即今河南省许昌市。此二句句意是:周武王使吕叔在许地做诸侯,世代有禄,并给子孙遗留美好的仁德。

⑩ 徂:前往。召:召陵,县名,古在汝南郡,今在河南省漯河市。宅:居住。汝濒:汝水之滨。许叔重墓地即在今河南省漯河市区。

译文:

我撰作《说文解字》一书起始于东汉和帝永元十二年,庚子之年正月初一。我这小小的晚辈,祖先起于炎帝神农氏。我的祖先曾经担任缙云之官辅佐黄帝,共工氏曾辅佐高辛帝。共工的重孙太岳辅佐夏禹,太岳的后裔吕叔成为周武王的藩臣。周武王安排吕叔在许地做诸侯，世代有俸禄，并给子孙遗留下美好的仁德。我的祖先后来从许地迁往汝南郡召陵县，从此就居住在这汝水之滨了。

窃卬景行①，敢涉圣门②。其弘如何，节彼南山③。欲罢不能，既竭愚才④。惜道之味，闻疑载疑⑤。演赞其志，次列微辞⑥。知此者稀，傥昭所尤⑦；庶有达者，理而董之⑧。

注释：

① 窃：谦词，一般译为"私下"。卬（yǎng）：仰望。此句节缩援引《诗·小雅·车舝（xiá）》两句诗："高山仰止，景行行止。"景行：大道。

② 敢：谦词，一般译为"冒昧"。圣门：段注本注曰："谓凡造六艺之五帝、三王、周公、孔子、左氏及仓颉、史籀之门庭也。"

③ "节彼南山"：此为《诗·小雅·节南山》第一句诗。《毛传》："节，高峻皃。"许氏援引此《诗》句，意在喻指圣门之宏大和高峻，表达自己的敬仰之情。所以段注本有注曰："言大道圣门之大，比于南山之高峻也。"

④ 此句之下，段注本对本段上之六句有注说："此六句自言用功等于颜苦孔之卓也。"

⑤ 惜道之味：领悟文字之道的意味。闻疑载疑：听到疑难就记载疑难。段注本曰："以说古文字之形、音、义，其不能无疑者众矣。闻疑而载之书，以俟后世贤人君子。"

⑥ 段注本对此二句注曰："演，长流也。故凡推广之曰演。文王演

《周易》是也。赞者，见也。……孔子赞《周易》是也。志者，识也。古志、识同字。演赞其志，谓推演、赞明，惜道载疑，所知识者也。""次，犹叙也；列，犹陈也。"许氏这两句的句意是：我先推演阐说已有的知识，后再陈叙自己微不足道的观点。

⑦ 知此者稀：知晓文字之道的人很少。傥昭所尤：傥即或许义；昭即明白、知道义。尤：过错。句意是：或许有人知道我书中的错误。

⑧ 段注本对此二句有详注，其注关键词曰："庶，冀也。达者，通人也。理犹治也。董，督也，正也。"简言之，许氏这两句承上而言，希望有学识渊博的通达者能够研究它，纠正它。

译文：

我私下犹如仰望高山，行走坦途，冒昧涉足经艺学问神圣的门庭。这神圣宏高的门庭像什么呢？就像那终南山一样宏大高峻。我想罢歇中止而不能自已，只能竭尽自己愚钝的才能。领悟文字之道深奥的意味，听到疑难就在自己的书中记载下那些疑难。我先推演阐说古来已有的知识学问，然后再陈叙自己微不足道的些许观点。知道通晓文字之道的人不多，或许有人知道我书中存在的错误，希望有学识渊博的通达者能够整理研究它，纠正它。

附注：

许叔重《说文解字叙》至此结束。段玉裁《说文解字注》曰："《史记》《汉书》《法言》《太玄》叙皆殿于末，古著书之例如此。许书十四篇既成，乃述其著书之意。"王筠《说文句读》亦注曰:"许君此叙本拟太史公《自序》而作。……自'古者庖牺氏'至'理而董之',本是一篇。"许叔重在叙论自己撰著《说文解字》意图过程中,第一次全面地阐述了汉字"六书"理论,对"六书"既下了定义界说,又举出了例字,首创五百四十个部首,开创了部首统辖、编纂字典辞书的体例,全面地对汉字形、义、音作了科学的训释,全面地阐述了汉字的起源及其流变,把文字的政治文化历史地位和作用上升到"经艺之本,王政之始,前人所以垂后,后人所以识古"的高度。两千多年前的许叔重能有如此空前高度的正确认识和评价,确实是了不起的。许叔重堪称汉字字圣。

第二节　许冲《上〈说文解字〉表》注译

召陵万岁里公乘①、草莽臣冲稽首再拜②,上书皇帝陛下。臣伏见陛下③,神明盛德,承遵圣业。上考度于天,下流化于民④。先天而天不违,后天而奉天时⑤。万国咸宁,神人以和。犹复深惟五经之妙,皆为汉制⑥;博采幽远,穷理尽性,以至于命。先帝诏侍中、骑都尉贾逵⑦,修理旧文。殊艺异术,王教一耑,苟有可以加于国者,靡不悉集。《易》曰:"穷神知化,德之盛也。"⑧

注释:

① 召陵:指许叔重父子故里汝南郡召陵县,今在河南省漯河市区。

万岁里：召陵县之下里名。许氏父子居住在万岁里，许叔重墓地在此，今建有许慎文化园，供人参观，并作研究基地。段注本注曰："《郡国志》：'一里百家，里魁掌之。'"公乘：小徐本徐锴注曰："汉因秦制，二十等爵，公乘第八也。"

② 草莽臣：段注本注曰："宅者，在邦则曰市井之臣，在野则曰草莽之臣。……冲爵公乘而不仕，故自称草莽臣。"稽首：叩首至地。臣子对皇上跪行叩拜大礼，拜两次曰再拜。

③ 伏：谦词，与"稽首再拜"同义。

④ 考度：考察、学习。流化：流布教化。

⑤ 先天、后天："先"、"后"皆意动用法，即在皇天之先、之后治国理政。

⑥ 惟：《说文·心部》："惟，凡思也。"即思虑。五经：段注本注曰："孔子书六经。此云五经者，合乐于礼，则为五经也。……汉立五经博士，惟乐无闻。许君以五经传说臧否不同，于是撰为《五经异义》。然则云六经者，古古相传之说；云五经者，汉人所习也。"《后汉书·许慎传》："时人为之语曰：'五经无双许叔重。'"汉制：东汉光武帝刘秀立五经十四博士。

⑦ 先帝：指东汉和帝刘肇。侍中、骑都尉：均为汉官名。许叔重之师贾逵所任官职，《说文》称引贾逵之说多达十七次，均称"贾侍中说"。贾逵，字景伯，扶风平陵人，东汉著名古文经学者。许冲下文即言其父"本从逵受古学"。

⑧ 许冲援引自《周易·系辞》。句意是：穷极神理，知晓变化，这是君主仁德隆盛的结果。

译文：

汝南郡召陵县万岁里八等爵公乘、草莽之臣许冲叩首至地,拜了又拜,敬呈奏折给皇帝陛下。草莽臣拜见皇上神灵英明的盛德,承继着天尊圣业,向上从皇天之高考察学习,又向下流布教化给臣民。在皇天之前治国而不与天意相违背,在皇天之后理政而能尊奉天时,所以全国各地都很安宁太平,天神和人民得以和谐共存。皇上又深深地思虑五经的奥妙,故而立五经博士为汉朝的制度,以便广博地采集精深的奥秘,穷尽地楬橥五经的道理,挖掘五经的人性,以至于奉达天命。先帝曾诏令侍中、骑都尉贾逵研修整理上古以来的文献。特殊的经艺学说,不同的学术文化,都是君王教化的一种,如果对治国有用的,没有什么不可采集的。《周易》说:"穷尽地研究事物的神理奥秘,知晓天地人世的变化,这是君主仁德隆盛的结果。"

　　《书》曰:"人之有能有为,使羞其行,而国其昌。"①臣父,故太尉南阁祭酒慎②,本从逵受古学③。盖圣人不空作,皆有依据。今五经之道,昭炳光明④,而文字者,其本所由生。自《周礼》、汉律⑤,皆当学六书,贯通其意。恐巧说邪辞使学者疑,慎博问通人,考之于逵,作《说文解字》。六艺群书之诂,皆训其意⑥,而天地鬼神,山川草木,鸟兽蚰虫⑦,杂物奇怪,王制礼仪,世间人事,莫不毕载。凡十五卷十三万三千四百四十一字⑧。

注释：

① 此句援引自《尚书·洪范》。羞:《说文·丑部》释其本义为"进献"食品，这里引申指贡献才能、作为。许冲此引《尚书》文句，意在为他向朝廷进献父书《说文解字》铺垫。

② 故:段注本注曰:"犹今言前任也。"许冲这里向皇上汇报其父官职为"故太尉南阁祭酒"，是称说其父早期原任官职。《后汉书·许慎传》记述许慎"为郡功曹，举孝廉;再迁，除洨长，卒于家"。未言"太尉南阁祭酒"一职。清陶方琦《许君年表》说:"许君既除洨长，不乐之官，乃托病而归，故于后三年之建光元年遣子冲上书犹云'今慎已病'，即是前年托病不为洨长也。又云'故太尉南阁祭酒'，以不为洨长，故仍书其太尉掾属旧官也。"太尉南阁祭酒是太尉府中官职。

③ 逵:贾逵，许慎老师。古学:是指古文《尚书》、《诗》毛传、《春秋左氏传》等从孔府壁中所得之书，以及史传仓颉古文、史籀大篆等学问，与汉代今文学相对。许慎跟从侍中骑都尉贾逵师学习古文经学。

④ 昭炳:《说文》释"昭"为"日明"，释"炳"为"明"。此为同义连用，即指耀辉。

⑤ 段注本注曰:"于经独言《周礼》者，举一以晐六艺也。必兼言汉律者，知古而不知今，不可以为政。"

⑥ 诂、训:《说文·言部》:"诂，训故言也。"段氏注曰:"训者，说教也。训故言者，说释故言以教人，是之谓训诂。"

⑦ 蚰(kūn)虫:《说文》释"蚰"为"虫之总名"。今写作"昆虫"。

⑧ 十五卷:许叔重《自叙》云"十四篇"；许冲这里当是把其父《自叙》亦作为一篇，所以此《上〈说文解字〉表》称为"十五卷"，换"篇"字为"卷"字。但是许冲仍按其父《自叙》所说《说文解字》全书总字数为"十三万三千四百四十一字"。

译文：

《尚书·洪范》说："人群中有才能、有作为的，能够使他们贡献出来，国家一定繁荣昌盛。"臣下的父亲，前任太尉府南阁祭酒许慎，本来就跟从贾逵老师研习古文经学说。大抵圣人研治学问不会凭空而作，全部都要有依有据。如今五经的道义，辉耀光明，而文字正是五经所赖以产生的根本。（研读）《周礼》、汉律（等），都应当学习六书知识，这样才能贯通经意。下臣之父许慎担心乖巧学说和邪僻言词使得学习的人产生疑惑，他便广博地请教学识渊博的通达学者专家，又向贾逵师考求请教，撰作了《说文解字》一书。《诗》《书》《易》《礼》《乐》《春秋》等六艺以及所有书籍文献的文字言词，《说文解字》一书都诠释了它们的意义，以至于天地鬼神，山川草木，鸟兽昆虫，杂物奇怪，王朝制度，礼乐仪式，世间人事，没有什么不全部记载下来的。《说文解字》一书共计十五卷，说解文字共有十三万三千四百四十一字。

慎前以诏书校东观①，教小黄门孟生、李喜等②。以文字未定，未奏上③。今慎已病，遣臣贽诣阙。④慎又学《孝经》孔氏古文说。文古《孝经》者⑤，孝昭帝时鲁国三老所献⑥，建武时给事中议郎卫宏所校，皆口传，官无其说⑦，谨撰具一篇并上。⑧臣冲诚惶诚恐，顿首顿首，死辠死辠，臣稽首再拜⑨，以闻皇帝陛下。建光元年九月己亥朔二十日戊午上。⑩

注释:

① 诏书:古代皇帝的文告、命令。东观:在汉朝洛阳南宫。东汉明帝时,班固等人受命在此修撰《东观汉记》。章帝、和帝以后成为朝廷收藏图书的处所。东汉安帝永初四年,诏令谒者刘珍和五经博士到东观校定五经、诸子、传记、百家群书。许慎即是到东观校书者之一。

② 黄门:汉朝官署名称。段注本注曰:"教小黄门事,亦受诏为之。孟生、李喜,小黄门二人名也。"

③ 许冲这两句是向皇上报告,说他父亲许慎在校书东观、教授小黄门孟生、李喜之时,已经撰作《说文解字》,但是由于全书文字尚未定稿,所以那时没有上奏朝廷。

④ 今:指许冲呈报《说文解字》的时间,即建光元年(公元 121 年)。从东汉和帝永元十二年(公元 101 年)开始撰作《说文解字》算起,到安帝建光元年,许慎著书历时凡二十二年。

赍(jī):《说文》释为"持遗也",即携带礼物送人。这里指许冲携带《说文解字》书稿呈报朝廷。诣:送。阙:本指皇宫楼台,这里代指朝廷。

⑤ 文古:大徐本前句说"孔氏古文",这下句则错为"文古",当是"古文",抄写传刻之误也。

⑥ 古文《孝经》:指西汉武帝末年,鲁恭王毁坏孔子宅而出之古文经书之一。至西汉昭帝时,鲁国三老才呈献出来。三老:汉朝设置乡三老、县三老、郡三老,以佐助地方官治理政事。

⑦ 建武:东汉光武帝刘秀年号。给事中、议郎:均是汉朝官名。东海郡卫宏曾经担任这两个官职。卫宏校古文《孝经》一事,段注本曰:"卫宏校而为之说,未著书,仅口传,故外间有其说,官徒有三老所献而

无其说也。"

⑧ 段注本曰:"撰亦具也。……许学其说于卫宏,冲传其说于父,乃撰而上之。"许叔重于《说文》中两次引用卫宏之说以释字。此"谨撰具一篇并上"一句,当是指许慎整理撰写古文《孝经》一篇。许冲将其父整理撰写的古文《孝经》书稿与《说文解字》书稿同时上报朝廷。

⑨ 诚惶诚恐,顿首顿首,死辠(zuì)死辠,臣稽首再拜:这几句谦敬语,是古代臣子给皇帝呈报奏折的常用语。辠:《说文·辛部》训释为:"犯法也。言辠人蹙鼻苦辛之忧。秦以辠似皇字,改为罪。"古"辠"字后世渐废,"罪"字通行。

⑩ 建光:即东汉安帝刘祜登基 14 年后,第四次所改的年号,其"建光元年"即公元 121 年。许冲于此年九月二十日给朝廷呈报《上〈说文解字〉表》。

译文:

许慎以前按照皇帝诏书的派遣,在东观校正整理古籍图书,也曾教授过年轻的黄门官孟生、李喜等人。因为《说文解字》的文字那时尚未定稿,所以没有上奏给皇帝。现在许慎已经病了,派遣下臣携带所撰《说文解字》书稿呈报朝廷。许慎又曾经学习过孔府墙壁中所出的《孝经》古文经学说。这古文《孝经》,到西汉孝昭帝时鲁国的三老才奉献给朝廷,东汉光武帝建武年间,当时担任给事中和议郎官的卫宏校勘过,但都是口口相传,朝廷官方没有审定刊刻的古文《孝经》书面解说传世。我的父亲许慎认真地整理撰写了一篇,现在下臣谨把这一篇古文《孝经》整理稿和

《说文解字》一书书稿同时呈上奏报给朝廷。下臣许冲诚惶诚恐，叩首再叩首，死罪又死罪，叩头拜地，将以上情况禀报给皇帝陛下。建光元年九月二十日呈上。

附注：

　　许冲《上〈说文解字〉表》全文至此结束。以下文字是上奏朝廷以后的附记。这段附记，或许是许冲自记，或许是当时朝廷中人所记，不能确定。这段附记文字，如实记述了当时朝廷得到许冲《上〈说文解字〉表》及《说文解字》书稿以后，朝廷回复、赏赐并召令许冲到朝廷朱雀掖门领赏的过程。这段附记文字亦十分珍贵，历史地反映了汉安帝统治下的汉王朝对许慎撰作《说文解字》这一不朽巨著的高度奖励、重视和充分肯定。汉王朝奖励、赏赐《说文解字》的诏书颁行天下，使得许慎《说文解字》这一伟大著作得到朝廷官方认可颁行，嘉惠古今，发扬光大中华文明，造福世世代代炎黄子孙。

　　　　召上书者汝南许冲，诣左掖门会，①令并赍所上书。②十月十九日，③中黄门饶喜，④以诏书赐召陵公乘许冲布四十四，即日受诏朱雀掖门。敕勿谢。⑤

注释：

　　① 皇帝召令许冲前往皇宫东面掖门会聚。段注本注曰：“凡言掖

门者,谓正门之旁门。……云左掖门者,谓北宫东面掖门,对下朱雀掖门为南面掖门言也。会者,谓上书者多,皆会于此也。"

② 所上书:指许冲代其父许慎所呈奏的《说文解字》一书十五卷和孔氏古文《孝经》整理稿一篇。

③ 九月二十日许冲先向朝廷呈奏《上〈说文解字〉表》,十月十九日,朝廷批复许冲进呈献书,并颁诏奖励。

④ 中黄门:汉朝宫廷中的官员。饶喜:官员姓名。段注本注曰:"《百官志》:'冗从仆射一人,六百石;中黄门比百石。'"

⑤ 敕(chì):《说文·攴部》训释为"诫也"。告诫是上对下,尊对卑而言的,所以古代"敕"又专指皇上、君主的诏令。敕勿谢:汉安帝敕令许冲不要谢恩。

译文:

汉安帝召令上书者汝南郡人许冲,前往朝廷皇宫东面掖门会聚,命令一并携带所呈献的《说文解字》和孔氏古文《孝经》书稿。十月十九日,中黄门官饶喜,凭依皇帝诏书赐给召陵公乘官许冲四十匹布,并在当天到皇宫南面朱雀掖门领受皇帝颁赐的诏书。皇帝敕令许冲不要谢恩。

第三节 附录 徐铉等《上校定〈说文解字〉表》

银青光禄大夫守右散骑常侍上柱国东海县开国子食邑五百户臣徐铉、奉直郎守秘书省著作郎直史馆臣句中正、翰林书学臣葛湍、臣王惟恭等,奉诏校定许慎《说文》十四篇并《序目》一篇，凡万六百余字。圣人之旨，盖云备矣。稽夫八卦既画，万象既分，则文字为之大辂，载籍为之六辔。先王教化所以行于百代，及物之功，与造化均，不可忽也。虽复五帝之后，改易殊体；六国之世，文字异形，然犹存篆籀之迹，不失形类之本。及暴秦苛政，散隶聿兴，便于末俗，人竞师法。古文既绝，讹伪日滋。至汉宣帝时，始命诸儒修仓颉之法，亦不能复故。光武时马援上疏论文字之讹谬，其言详矣。及和帝时，申命贾逵修理旧文。于是许慎采史籀、李斯、扬雄之书，博访通人，考之于逵，作《说文解字》，至安帝十五年始奏上之。而隶书行之已久，习之益工，加以行草八分纷然间出，返以篆籀为奇怪之迹，不复经心。至于六籍旧文，相承传写，多求便俗，渐失本原。《尔雅》所载草木鱼鸟之名，肆意增益，不可观矣。诸儒传释，亦非精究小学之徒，莫能矫正。唐大历中，李阳冰篆迹殊绝，独冠古今。自云斯翁之后直至小生，此言为不妄矣。于是刊定《说文》，修正笔法，学者师慕，篆籀中兴。然颇排斥许氏，自为臆说。夫以师心之见，破先儒之祖述，岂圣人之意乎？今之为字学者，亦多从阳冰之新义，所谓贵耳贱目也。自唐末丧乱，经籍道息。皇宋膺运，二圣继明，人文国典，粲然光被。兴崇学校，登进群才，以为文字者，六艺之本，固当率由古法。乃诏取许慎《说文解字》，精加详校，垂宪百代。臣等愚陋，敢竭所闻，盖篆书堙替，为日已久。凡传写《说文》者，皆非其人，故错乱遗脱，不可尽究。今以集书正副本及群臣家藏者,备加详考。有许慎注义序例中所载,而诸部不见者,审知漏落,悉从补录。复有经典相承传写,及时俗要用而《说文》不载者,承诏皆附益之,以广篆籀之路。亦皆形声相从,不违六书之义者。其间《说文》具有正体,而时俗讹变者,则具于注中。其有义理乖舛,违戾六书者,并序列于后,俾夫学者无或致疑。大抵此书务援古以正今,不徇今而违古。若乃高文大册,则宜以篆籀著之金石。至于常行简牍,则草隶足矣。又许慎注解,词简义奥,不可周知。阳冰之后,诸儒笺述,有可取者亦从附益。犹有未尽,则臣等粗为训释,以成一家之书。《说文》之时,未有反切,后人附益,互有异同。孙愐《唐韵》行之已久。今并以孙愐音切为定,庶夫学者有所适从。食时而成,既异淮南之敏;县金于市,曾非吕氏之精。尘渎圣明,若临冰谷。谨上。

新修字义

左文一十九,《说文》阙载,注义及序例偏旁有之,今并录于诸部。

诏 志 件 借 魋 蓁 剔 羺 酨 趄 顲
玙 瘹 樋 緻 笑 迓 睆 峰

左文二十八,俗书讹谬,不合六书之体。

亹字书所无,不知所从。无以下笔。《易》云:"定天下之亹亹。"当作娓。个亦不见义,无以下笔。《明堂》左右个者。明堂旁室也。当作介。暮本作莫。日在茻中也。熟本作孰。享芽以手进之。捧本作奉。从廾从手，丰声。经典皆如此。遨本作敖。从出，从放。徘徊本作裵回。宽衣也。取其裵回之状。迴本作回。象回转之形。腰本只作要。《说文》象形。借为玄要之要，后人加肉。呜本只作乌。乌，呼呼也，以其名自呼，故曰乌呼。后人加口。慾《说文》欲字，注云：贪欲也。此后人加心。揀本只作柬。《说文》从束八。八，柬之也。后人加手。俸本只作奉。古为之奉禄，后人加人。自暮已下一十二字，后人妄加偏旁，失六书之义。鞦韆案：词人高无际作《鞦韆赋序》云：汉武帝后庭之戏也。本云千秋祝寿之词也，语讹转为秋千。后人不本其意，乃造此字。非皮革所为，非车马之用，不合从革。影案：影者，光景之类也。合通用景。非毛发藻饰之事，不当从彡。斌本作彬，或份。文质备也。从文配武，过为鄙浅。复有从斌从贝者，音额。亦于义无取。悦经典只作说。藝本只作埶。后人加艸、云，义无所取。著本作箸，《说文》陟虑切。注云：饭敧也。借为住箸之箸。后人从艸。墅经典只用野，野亦音，常句切。蓑衰字。本作苏禾切，从衣，象形。借为衰朽之衰。賾《周易疏义》云：深也。案：此亦假借之字，当通用啧。黌学堂也。从学省，黄声。《说文》无《学部》。軝充耳也。从纩省，主声。《说文》无《纩部》。矗直皃。经史所无。《说文》无《直部》。此三字皆无部类可附。麌《说文》噳字注云：麋鹿群口相聚也。《诗》麀鹿麌麌，当用噳字。池池沼之池，当用沱。沱，江之别流也。

篆文笔迹相承小异：

尸尸，尸本作乛，尸本从二，从古文及，左旁不当引笔下垂。盖前作笔势如此，后代因而不改。旬《说文》不从人，直作勹。親左旁亲，从辛，从木。《说文》不省。此二字，李斯刻石文如此，后人因之。覀从辛，从口。中画不当上曲。亦李斯刻石如此，上曲则字形茂美，人皆效之。〔图〕《说文》作〔图〕，象二属之形。李斯笔迹小变，不言为异。〔图〕《说文》作〔图〕。亦李斯小变其势。李阳冰乃云从开口形。亦为臆说。〔图〕《说文》从中而垂下，夵相出入也。从入。此字从中下垂，当只作〔图〕。盖相承多一画。〔图〕如六切。《说文》本作肉。后人相承作〔图〕，与月字相类。〔图〕《说文》作〔图〕，止史籀笔迹小异，非别体。〔图〕此本蕃庑之庑。李斯借为有无之无。后人尚其简便，故皆从之。有无字，本从亡。李阳冰乃云不当加亡，且蕃庑字从大从卌，数之积也。从林，亦蕃多之义。若不加亡，何以得为有无之无？〔图〕或作〔图〕。亦止于笔迹小异。〔图〕《说文》作〔图〕。李斯笔迹小异。

银青光禄大夫守右散骑常侍上柱国东海县开国子食邑五百户臣徐铉等伏奉圣旨，校定许慎《说文解字》一部。伏以振发人文，兴崇古道，考遗编于鲁壁，缉蠹简于羽陵，载穆皇风，允符昌运。伏惟应运统天睿文英武大圣至明广孝皇帝陛下凝神系表，降鉴机先，圣靡不通，思无不及，以为经籍既正，宪章具明，非文字无以见圣人之心，非篆籀无以究文字之义。眷兹讹俗，深恻皇慈，爰命讨论，以垂程式。将惩宿弊，宜属通儒。臣等实愧谫闻，猥承乏使，徒穷懵学，岂副宸谟。尘渎冕旒，冰炭交集。其书十五卷，以编袟繁重，每卷各分上下，共三十卷。谨诣东上阁门进上。谨进。

雍熙三年十一月　日，翰林书学臣王惟恭、臣葛湍等状进，奉直郎守秘书省著作郎直史馆臣句中正、银青光禄大夫守右散骑常侍上柱国东海县开国子食邑五百户臣徐铉。

中书门下牒徐铉等新校定《说文解字》牒

奉敕：许慎《说文》起于东汉，历代传写，讹谬实多。六书之踪，无所取法。若不重加刊正，渐恐失其原流。爰命儒学之臣，共详篆籀之迹。右散骑常侍徐铉等深明旧史，多识前言，果能商榷是非，补正阙漏，书成上奏，克副朕心。宜遣雕镂，用广流布。自我朝之垂范，俾永世以作程。其书宜付史馆，仍令国子监雕为印版，依九经书例，许人纳纸墨价钱收赎。兼委徐铉等点检书写雕造，无令差错，致误后人。牒至准敕，故牒。雍熙三年十一月　日牒。给事中参知政事辛仲甫、给事中参知政事吕蒙正、中书侍郎兼工部尚书平章事李昉。

第六章

《说文》学研究论文集览

也论唐写本《说文·木部》残帙的真伪问题

北京大学何九盈教授《唐写本〈说文·木部〉残帙的真伪问题》一文在《中国语文》2006 年第 5 期发表,依据孙衣言、孙诒让父子之说,重提唐写本《说文·木部》残帙(除引文外,以下简称《唐本》)为赝品伪作之旧说。这不能不引起学界学人关注。何教授开篇即说:"最早断言唐写本《说文·木部》残帙为赝品的是同治三年(1864)年仅 17 岁的孙诒让。由于百余年来相关材料未公之于世,故孙氏的质疑和断语学界不得而知。"何教授此言差矣!《中国语文》1957 年第 5 期就此问题曾展开过学术争鸣讨论,何教授所依据的孙氏父子的主要材料和观点都已刊载。《中国语文》49 年前所发表的这段文字篇幅不算长,我们不妨节引如下:

关于唐本《说文》的真伪问题

[**编者按**]恽天民同志来信对本刊 1956 年 9 月号发表的周祖谟先生《许慎和他的说文》一文提出了几个不同的意见,现在将原信与周祖谟先生对所提的第二个问题的答复一同发表出来,供读者参考。

……

第二,关于《说文》比较早的传本问题。周先生说:"现在我们所看到的《说文》的传本,时代比较早的是唐写本和宋刻本。唐写本有两个本子,一个是木部残本,存一百八十八字,将近全书五十分之一……是中唐人写本,原为清人莫友芝所藏,现为日本人所有。"这个木部残本,孙诒让断定是清人伪作。他在《温州经籍志》卷七里说:"近独山莫友芝得唐本《说文》木部之半,笺校刊行。友人歙汪茂才宗沂语余曰:此乃其乡一通小学者所伪作,其人彼尚识之。莫号能鉴别古书,乃为其所欺,可笑也。"孙氏又在这里加"注"说:"莫本每页十八行,每行上下匀写二文,行款与二徐大异。唐写本书今不可见,然石刻《五经文字》《九经字样》均不匀排字数,足验唐宋字书行款不甚相远。又莫本卷尾附米友仁鉴定跋称篆法《说文》六纸。案唐本在宋时,犹今之明写本,固非绝无仅有之物,况许书唐本全佚,彼时尚有流传,何得残剩六纸,遽登秘府,又命词臣鉴定? 其为伪迹显然,莫氏自不察耳。"孙诒让这一段话,值得我们考虑。

周祖谟:前在《中国语文》51 期写了一篇讲许慎《说文

解字》的文章,提到唐写本《说文》木部残本是今日所见《说文》最早的传本。有同志指出清代学者孙诒让在《温州经籍志》卷七内已经断定唐本《说文》木部是清人伪造的,值得重视。

孙诒让说:"近独山莫友芝得唐本《说文》木部之半,笺校刊行。友人歙汪茂才宗沂语余曰:此乃其乡一通小学者所伪作,其人彼尚识之。莫号能鉴别古书,乃为其所欺,可笑也。"由此可知孙诒让是听汪宗沂说的,汪宗沂是否可靠也很难说。我们要断定它的真伪,只有根据原物来判断。

唐本《说文》木部从莫友芝手转归端方,后来又流入日本,大家所看到的都是莫友芝的复刻本,既然很少有人看见原物,所以很多人疑惑它是伪品。

我曾经看到原物的照片,除宋"绍兴"小印,米友仁鉴定跋语和俞松题记外,尚有明人印记。卷末有清杨守敬跋语,称"此卷黄麻坚韧,墨光如漆,与守敬所藏唐人书《左传》无异"。这说明鉴赏家已经肯定它是唐代的古书了。

其次,从原物的书法来看,楷书的体式确乎是唐人的笔法,绝非清人所能伪造,凡是熟悉唐写本的人,一望可知。最值得注意的是篆书,篆书作悬针体,遒健隽逸,胜于唐元次山《峿台铭》,清代的人是写不出来的。汪宗沂的话绝不可信。

以上只是从纸张、墨色、书法方面来谈的。但最重要的是要看内容。内容要从三方面来看:①字次;②说解;

③反切。

木部的字次,唐本与二徐本不同的地方很多,互有短长。然唐本"枪"字列于"枥"、"樜"之后,"桱"字列于"椑"、"榏"之前,"梲"字列于"棓"字之后,都比二徐本合乎许书条例。在说解方面,唐本的说解要比二徐本好得多。莫友芝的《笺异》已经讲得很多,不需要多谈。但是无论字次或说解,唐本也都有错误。这正可以说明它不是清人所伪造的,如果是出于伪造,有现成的二徐本可以做根据,为什么作伪的人一定要弄出许多错误出来呢?可见原物绝非清人所伪造。

大凡古本书籍其中往往有胜于今本的地方,也有不如今本的地方。因为书经传写,难免有误。古本之可贵,就在于今本都错而古本不错处。唐本《说文》木部都较二徐本有优有劣,也正是古本书籍的面貌。

唐本《说文》木部的反切跟《字林音义》是一个系统,这是唐以前《说文》传本的旧音(拙著《唐本说文与说文旧音》一文已谈过),清人想伪造也伪造不出来。

从内容来看,我们可以断定它的确是古写本。孙诒让过信汪宗沂的话而不去虚心研究唐本的内容,就断定它是伪品,这不是一种科学的态度。孙诒让在经籍、文字方面的成就我们非常重视,可是这一段话,我们不可以据为典要。假如认为他的话可信,就会把一份极其宝贵的文化遗产给抹杀了。

　　笔者非常赞同周祖谟先生的观点,认为周先生在 1957 年《中国语文》上这一精辟答复和周先生 1948 年所发表的著名论文《唐本说文与说文旧音》的论证严谨有力,当为不刊之论! 笔者后学,研究《唐本》和莫友芝《唐写本说文解字木部笺异》(以下简称莫氏《笺异》)也已有年。作家出版社荟萃百年《说文》研究代表性论著,于 2006 年 7 月公开出版的《说文解字研究文献集成》全文收入了笔者 20 世纪 90 年代所作《唐写本说文解字木部笺异注评》(32 万字;以下简称拙著《唐本注评》)。2004 年 11 月,教育部人文社科重点研究基地、华东师范大学中国文字研究与应用中心与中国文字学会在上海举行"进入 21 世纪的中国文字研究"国际学术研讨会暨中国文字学会第二届年会,笔者出席会议的交流论文《唐写本说文木部残卷的考鉴、刊刻、流传与研究概观》一文发表在该中心主办的《中国文字研究》第六辑上。《说文》研究同行当已一阅。

　　笔者拙文拟在周祖谟先生精辟论证的基础上,针对何九盈教授的观点,再奉献一点愚见。

　　孙诒让之所以断言《唐本》是伪作,主要理由有三:一是《唐本》"行款与唐宋古制不合";二是"米友仁鉴定实不足信";三是"友人歙汪茂才宗沂语余曰:此乃其乡一通小学者所伪作,其人彼尚识之"。孙氏所谓《唐本》"行款与唐宋古制不合"之理由,不仅不能说服他人,就连何九盈教授在论文中也自予否定:"以二徐本行款例唐写本,非确证。

周祖谟说,'唐代日人之摹本''口部残简则每行三篆'(《问学集》723 页。中华书局 1982 年版),那么木部残本每行二篆就不足为奇了。"所谓"米友仁鉴定实不足信"之观点,何教授拿不出孙氏可靠的依据来否定《唐本》卷末米友仁所作的鉴定语"右唐人书篆法《说文》六纸,臣米友仁鉴定恭跋",也只好在论文中承认:"一些推论性的断语尚有可商榷的余地!"施廷镛在其《中国古籍版本概要》(天津古籍出版社 1987 年 8 月版)中肯定"莫友芝藏唐写本《说文》残卷",其重要依据是"有宋米友仁鉴定题记"。笔者认为,《唐本》卷末有宋代大书画家米友仁的鉴定跋语,跋语后有宝庆初俞松题记,钤有"俞松心画"和"寿翁"二印,且在两纸合缝处钤有绍兴小玺。这些铁证无可否认。宋皇室之所以收藏《唐本》,其因盖二:一是《唐本》古本善本的珍贵价值;二是《唐本》悬针体小篆为唐代书法精品,大书画家米友仁鉴定肯定,故《唐本》尽管是残帙六纸亦加收藏。孙氏断言《唐本》为伪作的铁证是汪宗沂告诉他的话:"友人歙汪茂才宗沂语余曰:此乃其乡一通小学者所伪作,其人彼尚识之。"何教授对此深信不疑,认为"汪宗沂明确指出'乃其乡一通小学者所伪作'这一事实,可谓铁案难移"。试问:汪宗沂告诉孙诒让"其乡一通小学者"——作伪者姓甚名谁了吗? 这位作伪者是何时、何地、以何种手段作伪的? 汪氏是否告诉了世人:还有何人何物能够确证《唐本》是这位作伪者作伪的? 世人都没有看到这些"铁案难移"

的铁证,仅凭汪宗沂不准确、不严谨、查无出处且无佐证的随口之言,孙诒让先生、何九盈教授就断定《唐本》"'乃其乡一通小学者所伪作'这一事实,可谓铁案难移",孙先生、何教授不觉得这一"铁案难移"的结论过于武断了么? 周祖谟先生批评"孙诒让过信汪宗沂的话而不去虚心研究唐本的内容,就断定它是伪品,这不是一种科学的态度"。何九盈教授可能也没有认真研究《唐本》原文的内容,就过信孙、汪的话,不仅断言《唐本》为伪作"铁案难移",而且进一步推说:"莫友芝、曾国藩、张文虎等都盛赞段《注》严《校》'多与暗合'的问题,安知不是作伪者取段严校注作为造假的资料呢?"笔者认为,《唐本》是不是伪品,作伪者是不是"取段《注》严《校》作为造假的资料",我们都必须认真研究、对比校勘《唐本》原作与段玉裁《说文解字注》和严可均《说文校议》的异同是非,找出铁案难移的内证,才能得出正确的结论。

　　下面,笔者拟从《唐本》说解例证、《唐本》字次例证、《唐本》反切音系、《唐本》避讳、纸质及书法以及"慑于权威与官威"、"作伪者、邀功者、当权者、考据家、鉴赏者合谋"等相关问题进行对比研究。

一、《唐本》说解例证

(一) 关于"柙"篆说解

　　《唐本》:"柙,槛也。可以盛藏虎兕。"

二徐《说文》:"柙,槛也。以藏虎兕。"

段玉裁《说文解字注》:"柙,槛也。所以藏虎兕也。'所、也'二字,依《广韵》补。《论语》:虎兕出于柙。"

严可均《说文校议》:"柙,槛也。以藏虎兕。'以藏虎兕'四字,盖校者由'槛'篆下移此。"

拙著《唐本注评》在"柙"篆注评中指出:

> 关于"柙"篆说解,二徐本均解作:"槛也。以藏虎兕。"《广韵·狎韵》解作:"柙,槛也。所以藏虎兕。出《说文》。"《集韵·狎韵》则引释为:"柙,《说文》:槛也。以藏虎兕。"此皆与《唐本》"槛也。可以盛藏虎兕"之解相异。今人张舜徽《说文解字约注》于"柙"篆说解之下引注曰:"周云青曰:《唐写本唐韵》廿五《狎》:'柙'字下引《说文》:'槛也。可以盛藏虎兕。'与《唐写本木部残卷》悉合。二徐本夺'可、盛'二字,宜据补。兕、兕,正俗字。"华按,《唐本》与《唐写本唐韵》均早于二徐本、《广韵》和《集韵》,因此,《唐本》和《唐写本唐韵》之"柙,槛也。可以盛藏虎兕"之说解,当为许氏《说文》"柙"篆原解。

如果《唐本》是伪书,其"柙"篆说解怎么可能与《唐写本唐韵》"柙"字说解相同? 如果作伪者"取段《注》严《校》作为造假的资料",那么,段注、严校或现成的二徐《说文》

"柙"篆说解何以不作为其所造假《唐本》"柙"篆说解的资料呢?

(二)关于"桶"篆说解

《唐本》:"桶,木方器也,受十六升。"

二徐《说文》:"桶,木方,受六升。"

段玉裁《说文解字注》:"桶,木方,受六升。疑当'方斛,受六斗'。《广雅》曰:'方斛谓之桶。'《月令》:'角斗甬。'注:甬,今斛也。甬即桶。今斛者,今时之斛。凡郑言今者,皆谓汉时。秦时有此六斗斛,与古十斗斛异……"

严可均《说文校议》:"桶,木方。疑当作'方斛'。《广雅》曰:'方斛谓之桶。'古者十斗为斛。云'六升',则太小。疑当作'六斗'。隶书'斗'与'升'形近也。"

今按:许氏《说文》"桶"篆说解,段氏、严氏"疑当作'方斛,受六斗'"之说不足取。张舜徽《说文约注》曰:"《唐写本木部残卷》作'木方器也,受十六升'。则又以六十升易六斗,复误倒六十为十六,皆传写乱耳。独说解首句,赖唐写本犹存其真,弥足宝也。说解原文当云:木方器也,受六斗。"拙著《唐本注评》研究指出:

《说文》"桶"篆说解首句,《唐本》之"木方器也",当为许书原文,二徐本均脱"器也"二字;其说解之第二句,《唐本》之误,仅在误倒"六十"为"十六",而二徐本之误，则在"六"与"升"之间脱一"十"字。据《说文·斗部》："斗，十升也。"《汉书·律历志》"十升为斗"。《唐本》和二徐本均写作"升"字，此"升"当为许书"桶"篆说解第二句之原文，后人不当臆改为"斗"字。莫氏《笺异》"更十六为六十，即协其义"之说，最得《说文》本意。由此，笔者认为，许氏《说文》"桶"篆说解当为"木方器也，受六十升"。

周祖谟先生在《中国语文》1957年第5期答复中指出："在说解方面，唐本的说解要比二徐本好得多。莫友芝的《笺异》已经讲得很多，不需要多谈。但是无论字次或说解，唐本也都有错误。这正可以说明它不是清人所伪造的，如果是出于伪造，有现成的二徐本可以做根据，为什么作伪的人一定要弄出许多错误出来呢？可见原物绝非清人所伪造。"《唐本》和二徐《说文》"桶"篆说解互有优劣，证明周先生此说是正确的。对比研究《唐本》和二徐《说文》"桶"篆说解，分析比较段氏和严氏关于"桶"篆说解的校注，无论如何也得不出《唐本》这个"伪作"是由汪宗沂"其乡一通小学者""取段《注》严《校》作为造假的资料"作伪出来的。

二、关于《字次》例证

（一）关于"枪"篆字次

《唐本》："枪，距也。从木仓声。一曰枪推攘。"

二徐《说文》："枪，距也。从木仓声。一曰枪攘也。"

今按：二徐《说文》"梱、楣、柤、枪、楗"为字次。"梱"为门橛；"楣"为门限；"柤"为门闲，或曰门之阑木；"楗"为限门，或曰门闩。这是一组关于门闩、门之阑木的字。"枪"为距人之械，不当次于这一字组之中。这是二徐《说文》字次之误。段氏《说文注》、严氏《说文校议》均未对二徐《说文》"枪"篆字次有何质疑。莫氏《笺异》曰："二徐枪次前柤、楗间，《玉篇》枪亦次枥、欈下，与唐本合，当是许旧。"《唐本》"枪"篆字次为"械杅桎梏枥欈枪闲"。周祖谟先生《唐本说文与说文旧音》认为《唐本》这一"诸字次序犁然不紊"。然枪字今本(即二徐《说文》)次于柤楗之间则误，案枪者为距人之械，故次"械杅桎梏枥欈之下；若次于柤楗之间，则义非同类矣。《玉篇》枪字亦在枥欈之下，当是说文之旧次"。

（二）关于"柃"篆字次

二徐《说文》"柀"篆之下列"柃"篆，训曰："柃，木也。"

严可均《说文校注》曰："柃，木也。盖脱文，据上文当作'柃柀也'。"段玉裁《说文解字注》曰："柃，木也。《上林赋》张揖注曰：楮似柃。按：云'木也'，非其次，当作'柃柀也'三字，盖蒙上释柃字耳。"严、段二氏对二徐《说文》"柃"篆次于"柀"篆之下均无异议。张舜徽《说文解字约注》引释曰：

　　王筠曰："木部木名至櫱而止，以后皆木根枝叶之类。自梂以下，则器用矣。枔字上下凡十六字，皆田器，安得以木名厕其间。《玉篇》椴字次第，与《说文》相当，而枔字则在前文桔、柞二字之间，盖后人因枔椴之说妄移于此。"舜徽按：王说是也。《唐写本木部残卷》椴下无枔篆。莫友芝谓"当已次前木名中，不依枔椴别义。二徐漏此字，漫羼入椴下耳"。其说是也。

　　周祖谟《唐本说文与说文旧音》也认为王筠之说"是也，今唐本椴下不出枔字，是其明证"。

　　段《注》、严《校》对二徐《说文》"枪"篆、"枔"篆之字次均无任何质疑。《唐本》如果真是赝品、伪作，作伪者只需根据二徐《说文》"枪"篆、"枔"篆字次照录即可。《唐本》"枪"篆字次何以不列"柤"、"楗"二篆之间，反而列于接近部末之"械杅桱梏枊橄枪闲"之字组之中？《唐本》作为古本、善本珍存许书原貌，不是孙、汪、何诸先生所臆测的那样，由汪宗沂"其乡一通小学者""取段《注》严《校》作为造假的资料"就可以随意伪作出来的。

三、《唐本》反切音系

　　周祖谟先生将唐代以前《说文》传本反切音系与《唐本》反切音系进行深入细致的对比研究，在《唐本说文与说文旧音》中已作出令人信服的结论；在《中国语文》1957年第 5 期答复中又强调指出：

> 唐本《说文》木部的反切跟《字林音义》是一个系
> 统，这是唐以前《说文》传本的旧音（拙著《唐本说文与
> 说文旧音》一文已谈过），清人想伪造也伪造不出来。

这一研究结论，已为学界公认。拙著《唐写本说文解
字木部笺异注评》亦对《唐本》古音系有较深入校注，可参。

四、关于《唐本》避讳、纸质及篆法

（一）《唐木》避讳

莫氏《笺异》指出："栝缺末笔以避德宗讳。适同偏旁，
音嫌而避。栯，恒声；恒缺笔避穆宗讳。亘，古文桓。楥亦
缺笔。存左旦（旦）字，旦避睿宗讳。栝桓讳阙，而柳卬不
省，例以开成石经，不避当王之昂，盖在穆宗后人书矣。"

刘毓崧《唐写本说文木部笺异识语》："莫君……据
'栝'缺末笔以避德宗嫌名，'栯、恒'缺末笔避穆宗讳，定为
中唐人书，其说韪矣。……宪宗以元和十五年五月庚申葬
景陵。既葬，即祔庙；既祔庙则祧庙不讳。此本'旦'字仍
缺笔，则必书于是月以前矣。纵或去京甚远，闻诏较迟，当
亦不出是岁秋间，不迟至来春长庆纪元之后，则定为元和
写本，复何疑哉！"

（二）《唐本》纸质

莫氏《笺异》说:《唐本》"纸坚洁逾宋藏经,盖所谓硬黄者。……黟侯赠我硬黄写本书,乃是许君《说文》之断帙,中唐妙墨无双经"。

晚清著名学者杨守敬是亲眼见过《唐本》原物的古籍版本鉴定专家。他知悉莫氏作古后从莫氏之子莫绳孙手中买走《唐本》原物的人,是光绪江苏进士徐致靖,字子静(1842—1918)。杨氏致缪筱珊的信中说:"守敬窃呈者,尊藏海内稀有之本,固有《艺风碑目》可考,然非专门金石家所能洞悉,则如何普示天下学者? 或石印或双钩,必有题跋,溯所从来,声价必当倍增。即如莫氏之《唐本说文》,若非子偲先生刻之木,徐子静肯以千五百金购之乎? 前年在金陵署中见墨本,则又增价三千金矣,此其明证。"①光绪丁未年(1907)四月二日,杨守敬先生在《唐本》原物上题签曰:"此卷黄麻坚韧,墨光如漆,与守敬所藏唐人书《左传》无异。"②

青岛大学朱葆华先生20世纪90年代末赴日本"访求《说文》及《玉篇》残卷等事,幸赖如今信息手段先进,加之日邦友人鼎力相助,收集到有关《玉篇》和《说文》残卷的资料若

---

① 杨祖恺《莫友芝的藏书及其在学术上的影响》,载《贵州文史丛刊》1985年第3期。

② 周祖谟著《问学集》下册《唐本》影印件(六),中华书局1966年5月版。

干"。朱先生在致臧克和先生《关于〈说文〉唐写本残卷的一封通信》中说:"弟先介绍一下木部残卷的情况。……木部残字六纸,起于'欁'字('欁'前尚有半字,应为'柤'字),终于'楬'字。其用纸是唐写经常用之硬质黄麻纸。纸面高八寸四分强,长有七尺九寸七分……"①

(三) 关于《唐本》篆法

莫氏《笺异》曰:《唐本》"篆体似美源神泉诗碑,楷书似唐写佛经小铭志。""卷末附(宋)米友仁'右唐人书篆法《说文》六纸。鉴定恭跋。'"

周祖谟《唐本说文与说文旧音》指出:"木部之书法至精,篆书作悬针体,与唐元次山《峿台铭》甚相似,必为名手所书无疑。盖唐代普通之墓志篆额,笔法莫不拙劣,甚且与六书不合,其能如是之遒劲隽逸者殊少,故绝非普通书手所能为也。""两纸合缝处有绍兴小印,卷末为米友仁鉴定跋语,以篆法及内容观之,确为唐本无疑。"周先生在《问学集》下册中同时将《唐本》及唐元次山《峿台铭》影印件印出。

在《中国语文》1957 年第 5 期上,周先生回答恽天民先生质疑时又重申:"从(《唐本》)原物的书法来看,楷书的体式确乎是唐人的笔法,绝非清人所能伪造,凡是熟悉唐写

---

① 教育部人文社科重点研究基地、华东师范大学中国文字研究与应用中心编《中国文字研究》第二辑,广西教育出版社 2001 年 10 月版。

本的人，一望可知。最值得注意的是篆书，篆书作悬针体，遒健隽逸，胜于唐元次山《峿台铭》，清代的人是写不出来的。汪宗沂的话绝不可信。"周先生又一次将唐元次山《峿台铭》悬针体小篆影印附出，以供读者对照辨识，很有说服力。

臧克和、王平二位先生是研究《唐本》篆体的专家。他们 2002 年在中华书局出版的《说文解字新订》前言中明确指出："从日人所藏唐写本原件的复印本来看，该本小篆体属于中唐风格。"此后，臧、王二位先生又在中华书局《文史》2003 年第 2 辑上发表《日藏唐写本〈说文·木部〉残卷原件与大徐本小篆形讹字考订》一文，充分肯定《唐本》悬针体小篆为中唐风格，讨论颇为深入独到，可参看。

五、关于何教授所谓"慑于权威与官威"等相关问题

何九盈教授说："一件赝品能一步登天成为稀世珍品，固然由于作伪者、邀功者、当权者投入了相当的精力、真诚，考据家、鉴赏者的合谋几乎具有决定性的意义。"何教授还说：在曾国藩的幕府中，《唐本》真伪这桩公案"为什么不能公开讨论，恐怕是慑于权威与官威"。对何教授这一主观臆测之说，笔者拟从以下两个方面申说己见，以与何教授商榷。

（一）关于《唐本》的来历，莫氏《笺异》说得很清楚："同治改元初夏，舍弟祥芝自祁门来安庆，言黟县宰张廉臣有

唐人写《说文解字·木部》之半。……余则以谓果李唐手
迹,虽断简,决资订勘,不争字画工拙。特虑珍弆靳远,假
命其还,必录副以来。廉臣见祥芝分毫摹似,仓踤不得就,
慨然归我。……校成,亟思流传,与海内学者共,庶以不孤
循吏之惠。立夏日引。"得知此事后,曾国藩向莫氏索观
《唐本》,曾氏先后有七则《日记》记有此事:1."莫子偲来,久
坐。渠新得唐人写本《说文》,仅木部下半一百八十文,自
作《校勘记》,经较孙刻大徐本、祁刻小徐本,异同甚多,佳
处不可胜数,大喜,以为天下之至宝也。"(同治二年三月卅
日)2."本日贺朔各官,概谢不见。阅莫子偲所为《说文木部
校勘记》。请客吃便饭,钱警石太翁、莫子偲、孙琴西、徐毅
甫、方存之、邓小芸,皆有行谊文学者也。"(四月初一日。
今按:曾氏昨日记莫氏得《唐本》事,今日谢官不见,静阅莫
氏《说文木部校勘记》,晚宴莫、孙等人,席间能不与莫子偲以
及孙诒让之父孙琴西交谈发现,校勘《唐本》之事么?)3."莫
子偲来,将所得唐写本《说文·木部》重写一遍,将以刊刻,公
诸同好。余与同至内银钱所,嘱为之精刻;其所为《校勘记》,
将待陈硕甫先生来订定,而后发刻。"(五月初七日)4."中
饭后,莫子偲、黎莼斋来一谈。……夜题莫子偲所作《唐写
本说文笺异》。"(十二月初九日)5."饭后阅莫子偲《唐写本
说文笺异》。"(十二月廿九日)6."本日辞岁之客皆不见。阅
莫子偲所为《说文笺异》。"(十二月卅日)7."拟作《题莫子偲
仿唐写本说文木部笺异诗》,将其原书一阅。"(同治三年

八月初九)①从这七则《日记》可以看出:曾国藩确实很重视莫氏所得的《唐本》及其研究成果,愿出资刊刻:"余与同至内银钱所,嘱为之精刻。"莫氏同治二年五月朔日给其九弟祥芝之信也言及此事:"刻《残本说文木部》,因是节相索观之,喜其创见,肯为付刻,即听;否则我不自刻也。五月朔。"②

曾氏用了一年多的时间认真阅读《唐本》和莫氏《笺异》(原名《说文木部校勘记》),直到同治三年八月初九才完成《题莫子偲仿唐写本说文木部笺异诗》。莫氏后来回赠谢诗。莫氏九弟祥芝描摹录副《唐本》仓猝不得就,张廉臣慨然把《唐本》赠给著名学问家莫友芝;曾国藩虽是清廷大官,但同时也是大学问家,为了帮助莫氏实现"亟思流传,与海内学者共,庶以不孤循吏之惠"的心愿,出资刊刻《唐本》以嘉惠学林。这一保存、弘扬中国传统文化的善举,其间有什么合谋作伪以欺世的东西? 世人实在看不出来! 何教授还有疑问说:"黟县令君张廉臣为什么能轻而易举地获得这样的'千岁秘笈',又为什么要'慨然归我'莫友芝,这中间本来大有疑问。"对此,笔者拟作一对比:日本学者内藤虎次郎本"愿斥其所爱之物思以易之"③从白坚手

① 《曾国藩全集·日记》(第十卷),中国致公出版社2001年5月版。
② 独山徐惠文编著《莫友芝年谱》第117页,莫氏原信亦存徐惠文先生处。
③ 教育部人文社科重点研究基地、华东师范大学中国文字研究与应用中心编《中国文字研究》第二辑,广西教育出版社2001年10月版。

中得到《唐本》;而"白氏自称是内藤氏之私淑弟子,乃'感其言,遂以归之'"。①白坚就这样把一件中华千岁秘籍送给了内藤氏。当初黟县宰张廉臣慨然把《唐本》送给莫友芝;后来白坚也是这样把《唐本》送给内藤氏。同样是转让《唐本》,我们能说这中间有什么"大有疑问"的合谋作伪的嫌疑吗? 如果真有,请予具体指证,千万不可凭主观臆测,毫无根据地推论一通。

(二) 按照历史唯物主义的观点和方法,按照朴学实事求是的治学精神,鉴定《唐本》的真伪,不要去做没有根据的臆测推论,关键要鉴定《唐本》的原物本身,要从《唐本》原物中找到客观的可靠的内证以证其真其善。综观将近150 年来几代学人如莫友芝、曾国藩、张文虎、刘毓崧、杨守敬、马叙伦、丁福保、周祖谟、张舜徽、臧克和、王平等古今学者对《唐本》的全方位研究,日本学者内藤虎次郎和日本国政府把《唐本》定为国宝的鉴定,拙著《注评》以 32 万字的篇幅对《唐本》逐字逐句、深入系统的全面校刊、注评,本文对《唐本》的补充研究等等,愚以为何九盈教授没有依据的主观臆测之言对于鉴定《唐本》真伪没有什么意义。如果说曾国藩在位之时有人慑于他的权威与官威,那么曾氏去世之后,又有谁还慑于他的权威与官威呢? 杨守敬是清

---

① 教育部人文社科重点研究基地、华东师范大学中国文字研究与应用中心编《中国文字研究》第二辑,广西教育出版社 2001 年 10 月版。

末民初著名的古籍鉴定专家、藏书家,他不仅亲眼见过《唐本》原物,而且 1907 年他在金陵署中于《唐本》原物上亲笔题鉴,且与自己收藏的唐本《左传》相比较,肯定《唐本》"此卷黄麻坚韧,墨光如漆,与守敬所藏唐人书《左传》无异"。杨氏不仅得知光绪进士、翰林编修、侍读学士徐子静第一个以"千五百金"从莫绳孙手中买走《唐本》,而且还知道《唐本》在清末民初辗转售易多人的过程中"又增价三千金矣"。如果《唐本》是赝品,徐子静、端方等辗转售易之学人、藏书家在莫氏、曾氏去世以后肯以重金去买一件赝品么?进入民国以后,白坚(1926 年)、西园寺公望(1927年)、张元济(1928 年)、傅增湘(1929 年)、独山敬(1932年)、铃木虎雄(1929 年)、刘师培、陈三立等众位著名学者、藏书家都在《唐本》原物上签名题签。青岛大学朱葆华教授 2000 年在《关于〈说文〉唐写本残卷的一封通信》中说:"1933 年杨钟羲在此卷上题跋曰'向客陶斋尚书所,曾观此卷,今访湖南先生于恭仁山庄,出以见示,曷胜今昔之感!'"莫非这些民国学者此时仍然慑于曾国藩的权威和官威么?1926 年《唐本》随日本学者内藤虎次郎东渡日本,1935 年日本政府鉴定中华千岁秘籍《唐本》为日本国宝,也是慑于曾国藩的权威和官威么?以此观之,"作伪者、邀功者、当权者投入了相当的精力、真诚,考据家、鉴赏者的合谋"作伪,其时人"慑于权威和官威",等等,何九盈教授这些关于《唐本》的臆测推断之言,实在不能证明《唐本》是赝品、伪作。好在《唐本》原物并未消失,《唐本》原物现在仍然在日本大阪杏雨书屋,如果何教授怀疑《唐本》是赝品、伪作,那么我们今天完全可以通过中日民间学术团体或中日官方渠道,组织专家前往日本大阪杏雨书屋鉴定《唐本》的真伪,还历史的本来面目,免去笔墨论争,了却《唐本》真伪的历史公案! 笔者研究《唐本》近 30 年矣,幸能与焉。

　　笔者不才,冒昧以此拙文与何九盈教授商榷,谬误妄言之处,恭请何教授及海内外专家学者不吝赐教。

　　(《中国语文》2007 年第 6 期发表是文时做了部分删节)

论竹简是春秋以前汉语经籍的重要书写材料

一

战国至魏晋的汉语经籍,其主要书写材料是竹简,已为历史文献和出土文物所证实,毋庸赘言。但是,春秋以前汉语经籍的书写材料是不是也使用了竹简,则未有定说。例如姚孝遂先生在《殷墟甲骨刻辞摹释总集序》中说:

> 商代的古籍,主要是刻在龟甲、兽骨,甚至人头骨上的,有少量的墨书和朱书。周代的古籍主要是铸刻在青铜器上的。战国秦汉的古籍主要是书写在缯帛或竹木简牍上的。当然还有石刻文字。而石刻文字在商代就已经有了。至于我们现在所见到的书籍形式,不过是宋以后的印刷术兴起才开始出现的。①

《汉语大字典·竹部》在"简"字首项释义中是这样解说的:

> 简(1)战国至魏晋时代用于书写的狭长竹片。

---

① 姚孝遂主编《殷墟甲骨刻辞摹释总集》,中华书局 1988 年版。

《说文·竹部》:"简,牒也。"①

上海辞书出版社的《实用汉字字典·竹部》解释说:

简(1)战国至魏晋时代的书写材料。②

四川人民出版社 1996 年版《简明古汉语字典》"简"字首项释义也持这种观点:

简(1)竹简:古代(战国至魏晋)书写用的削制的狭长竹片。

以上四说都对春秋以前的竹简弃而不论。这是否符合我国春秋以前汉语经籍书写材料的实际呢? 诚然,我们现在所能看到的我国最早的具有完整体系的汉字是刻在龟甲骨头上的;其后,汉字也有铸刻在钟鼎之类青铜器或石头、缯帛之上的。一百年来出土的殷商甲骨文以及历代留传或出土的商代、两周、春秋钟鼎文(金文)和石刻文字、缯帛文字即是其证。这说明龟甲、骨头、钟鼎等青铜器和石头、缯帛等等,都曾是商周春秋时代汉语经籍的书写材

---

① 《汉语大字典》第 5 册,四川辞书出版社、湖北辞书出版社 1988 年 12 月版,第 3017 页。

② 上海辞书出版社 1985 年 10 月版。

料。除此而外,我国春秋以前汉语经籍的书写材料是否使用了竹简？本文力图通过征引文献典籍、诠释"册、策、典、简"诸字来论证上一问题。

二

(一) 释"册"

甲骨文中,"册"字写作: 𠕋、𠕋、𠕋、……其竖画象长短不一的竹片,其横画象编连竹片的绳索。金文"册"字的写法与甲骨文的写法相似。许慎《说文》"册"字的古文写作从竹之"笧"。《广雅·释器》曰:"笧谓之简。"清人徐灏《说文解字注笺·册部》曰:"凡简书皆谓之册。"竹简、简书义的"册"字例,甲骨卜辞和商周铭文中为数不少。例如:容庚先生《殷契卜辞》八五片曰:"戊子卜殸贞:沚馘再册,王从六月。"姚孝遂先生主编《殷墟甲骨刻辞摹释总集》七一零片曰:"贞,燎于高妣己,有毂册三牢。"二七二八七片曰:"册至,王受有祐。"徐中舒先生主编《殷周金文集录》[①] 所录折匜铭文曰:"隹五月,王在斥,戊子令乍(作)册。"其十三年癲壶(甲)铭文曰:"王乎(呼)乍(作)册。"其师𪚕簋盖(一)铭文又曰:"王乎(呼)内史吴册令师𪚕曰……"此鼎铭文曰:"王乎(呼)史翏册令此曰:'旅邑人善夫,锡女玄衣。'"庚册爵和庚册觚都有"庚册"之铭文。这些卜辞、铭

---

① 徐中舒主编《殷周金文集录》,四川辞书出版社 1986 年版。

文的"册"字例说明:竹简在商朝、周朝已经成为汉语经籍的书写材料,而且在社会上广泛使用了,不然商朝卜辞和周朝铭文是不会如此频加记录的。徐中舒先生主编的《甲骨文字典》在"册"字释语中说得好:"卜辞中有'再册','酓册','乍(作)册'等语,故殷代除甲骨文外,亦应有简策以纪事。"①

　　殷商、两周时代有用竹简写成的简册、典籍,除了卜辞、铭文之外,我们还可以在《尚书》等上古文献中找到丰富的例证。例如:《尚书·多士》曰:"惟尔知惟殷先人有册有典。"孔安国传曰:"言汝所亲知殷先世有册书、典籍。"《尚书·洛诰》曰:"烝祭岁……王命作册,逸祝册。惟告周公其后。……王命周公后,作册逸诰,在十有二月。"孔颖达疏云:"王命有司作策书,乃使史官名逸者祝读此策。"《尚书·顾命》曰:"丁卯,命作册、度。"孔传:"三日,命史为册书、法度,传顾命于康王。"《顾命》接着又曰:"太史秉书,由宾阶隮,御王册命。"孔传:"太史持册书,顾命进康王。"孔疏引郑玄云:"太史东面,于殡西南而读策书,以命王嗣位之事。"《尚书》原文用本字"册",孔传亦然,然孔疏则用后起的同音通假字"策"来加以释译。不仅孔疏如此,司马迁的《史记》也是如此。请看《尚书·金縢》:

　　　　既克商二年,王有疾,弗豫。二公曰:"我其为王

---

① 徐中舒主编《甲骨文字典》,四川辞书出版社1988年版。

穆卜。"周公曰:"未可以戚我先王。"公乃自以为功,为三坛同墠,为坛于南方。北面,周公立焉。植璧秉圭,乃告太王、王季、文王。史乃册祝曰:"惟尔元孙某,遘历虐疾。……"(孔安国传曰:"史为册书祝辞也。"孔颖达疏曰:"告神之言,书之于策……史读此策书以祝告神也。")乃卜三龟,一习吉。启籥见书,乃并是吉。……公归,乃纳册于金縢之匮中。[孔颖达疏曰:"(周)公自坛归,乃纳策于金縢之匮中"。]

司马迁在《史记·鲁周公世家》中是这样转述这段话的:

武王克殷二年……武王有疾,不豫。群臣惧,太公、召公乃缪卜。周公曰:"未可以戚我先王。"周公于是乃自以为质,设三坛。周公北面立,戴璧秉圭,告于太王、王季、文王。史策祝曰:"惟尔元孙……"(《集解》:孔安国曰:"史为策书祝词也。"郑玄曰:"策,周公所作,谓简书也。祝者读此简书,以告三王。")周公已令史策告太王、王季、文王,欲代武王发,于是乃即三王而卜。卜人皆曰吉,发书视之,信吉。……周公藏其策金縢匮中。

以上所引《尚书》之"册",孔传之"册",司马迁、郑玄、裴骃和孔颖达均易之以同音通假字"策"。这就有力地证明了竹简已经成为商朝、周朝汉语典籍的书写材料。

（二）释"策"

"策"字甲骨文未见，金文方见之，写作𥳕。"策"字的本义是马鞭。《说文·竹部》："策，马箠也。"《左传·襄公十七年》："左师为己短策，苟过华臣之门必聘。"孔颖达引服虔注曰："策，马捶也。"《战国策·赵策》曰："齐闵王将之鲁，夷维子执策而从。"此其本义之证。"策"与竹简、简册本无意义上的联系，但由于"策"与"册"同音（楚革切，入麦初。锡部），所以策通"册"。《汉语大词典》（第1029页）"册"字之第七个义项释为"册通'策'"，则颠倒了本字与同音通假字之间的联系，宜当勘正。研读古代文献典籍，笔者发现"策"字在春秋晚期就被通假为简册之"册"了，而且广为使用。例如《左传·定公四年》曰："祝宗卜史，备物、典策。"陆德明《经典释文》注曰："策，本又作册，亦作筴，或作笧，皆初革反。"《左传·襄公二十年》："卫宁惠子疾，召悼子曰：吾得罪于君，悔而无及也。名藏在诸侯之策，曰：孙林父、宁殖出其君。君入，则掩之。若能掩之，则吾子也。……悼子许诺，惠子遂卒。"宁惠子在襄公十四年（前559）驱逐卫献公，"得罪于君"。这一罪名记入了各诸侯国的简册之中，所以叫做"名藏在诸侯之策"。宁惠子临死前对儿子悼子讲述此事，希望儿子能为他掩盖这一罪名。儿子许诺，惠子方死。《左传·昭公三年》："晋侯嘉焉，授之以策。……伯石再拜稽首，受策以出。"杜预注："策，赐命之书。"《左传·隐公十一年》曰："虽及灭国，灭不告败，胜不告克。不书于策。"今人杨伯峻先生注曰："策，假借为册。古代书写多用竹木。用木者曰方，曰牍，曰版。用竹者曰简，曰册。析言之，单执一札谓之简，连编诸简乃名为策。册字，甲骨文、金文以及小篆皆象长短竹简连编之形，可以为证。然对文则异，散文则通，单简亦可谓之策。"①《国语·晋语五》："乘缦、不举，策于上帝。"韦昭注曰："策于上帝，以简策之文告天也。"《国语·鲁语上》："季子之言，不可不法也，使书以为三箧。"韦昭注曰："箧，简书也。"《穆天子传》卷二曰："群玉田山□知阿平无险，四徹中绳，先王之所谓策府。"郭璞注曰："言往古帝王以为藏书册之府。所谓藏之名山者也。"今按：策府，本作"册府"，是指古代帝王尊藏典籍的地方。《晋书·葛洪传论》亦有言："绌奇册府，总百代之遗编。"《穆天子传》卷六又曰："内史□策而哭。"郭璞注曰："策上宜作读。""策（筴）"被通假为简册之"册"，其在汉语典籍中的使用频率超过了本字"册"，所以春秋晚期以后的典籍记述简册，多写作"策"。例如司马迁的《史记》就用"策"字来代替《尚书》的本字"册"（见上）；汉以后的注释家们在古注中则是直接用"简册、书册"这个通假义

---

① 杨伯峻《春秋左传注》第一册，中华书局 1983 年版，第 78 页。

来注释"策"，一般不再涉及其"马鞭"之本义。例如《周礼·内史》："凡命诸侯及孤卿大夫，则策命之。"郑玄引郑司农注曰："策，谓以简策书王命。"《孟子·尽心下》曰："尽信《书》，则不如无《书》。吾于武成取二三策而已矣。"汉赵岐注云："《书》，《尚书》。……吾取武成两三简策可用者耳；其过辞则不取之也。"《仪礼·聘礼》："若有故，故卒聘，束帛加书将命，百名以上书于策，不及百名书于方。"郑玄注曰："策，简也。"《礼记·曲礼上》"先生书策琴瑟在前，坐而迁之，戒勿越。"陆德明注曰："策，初革反，编简也。"蔡邕《独断》卷上曰："策者，简也。《礼》曰：不满百文，不书于策。"在《尚书正义》中，孔颖达一律用通假字"策"来汗疏《尚书》原文中的本字"册"。到宋代，《集韵·麦韵》就直接训释说："册，通作策。"可见，商代产生、商周以降使用的简册的"册"字，春秋晚期以后通常被后出的同音通假字"策"所替代了。

（三）释"典"

《说文》曰："典，五帝之书也。从册在丌上，尊阁之也。庄都说：典，大册也。𥴧，古文典从竹。"商代和商代以前有册有典，许氏此说不诬。考之甲骨文，"典"字写作𢌥（一期，前七、六、一），上部为"册"字，下部为"廾"字，正象双手捧册的形状。罗振玉《殷虚书契前编》七、六、一片曰："壬申卜殻贞:祸再典乎从。"郭沫若《殷契粹编》七八四片曰：

"更典至。"金祖同《殷契遗珠》四九五片曰："月申甲,示典其饮。"这些卜辞中的"典",即为重要简册之义。清俞正燮《癸巳存稿》卷一曰："典者,尊藏之册。""典"字用来表示竹书、简册,用以记载被尊奉为规范、准则或规章制度的重要经籍的例子有:《尚书·舜典》曰："慎徽五典,五典克从。"《尚书·西伯勘黎》曰："天弃我,不有康食,不虞天性,不迪率典。"《尚书·多士》曰："惟尔知惟殷先人有册有典,殷革夏命。"孔安国传曰："言汝所亲知殷先世有册书、典籍。"由此可知商初之册书、典籍记载有殷商灭夏的史实。《尚书·五子之歌》："有典有则,贻厥子孙。"孔安国传曰："典谓经籍。"《诗·周颂·维清》："维清缉熙,文王之典。"《左传·昭公十二年》："王曰:'是良史也,子善视之,是能读《三坟》《五典》《八索》《九丘》。'"杜预注:"皆古书名。"孔颖达疏曰:"孔安国《尚书序》云:'伏羲、神农、黄帝之书,谓之《三坟》,言大道也。少昊、颛顼、高辛、唐(尧)、虞(舜)之书,谓之《五典》,言常道也。'……楚左使倚相能读《三坟》《五典》《八索》《九丘》,即谓上世帝王遗书也。"《国语·楚语下》:"又有左史倚相,能道训典,以叙百物。"《左传·昭公十五年》曰:"且昔而高祖孙伯黡司晋之典籍,以为大政,故曰籍氏。"《左传·昭公二十六年》又曰:"王子朝及召氏之族、毛伯得、尹士固、南宫嚚奉周之典籍以奔楚。"《国语·周语下》曰:"若启先王之遗训,省其典图刑法,而观其废兴者,皆可知也。"《穆天子传》卷一曰:"己未,天子大朝于黄之山，乃披图视典。……柏夭皆致河典。"《周礼·春官》："大史掌建邦之六典，以逆邦国之治。"《孟子·告子》："诸侯之地方百里，不百里不足以守宗庙之典籍。"许慎《说文》释"典"为"五帝之书"，又引庄都"典，大册也"之说以证己见持之有据。无论是甲骨文"典"字字形和用例，还是《尚书》以降的汉语经籍例证，都证明"典"所反映的竹简，曾经是商周以来汉语经籍文献的重要书写材料。

（四）释"简"

"简"字甲骨文未见，金文写作𥲤。"中山王䇞方壶"铭文曰"唯顺生福，载之简策，以戒嗣王。"句中的"简策"，正是简册之义。从析言的角度上说，"简"是指与有汉字内容的竹片。《仪礼·既夕》："若九若七若五，书遣于策。"郑玄注云："策，简也。"贾公彦疏曰："策，简者，编连为策，不编为简。"从浑言的角度上说，"简"也可以引申泛指由竹片编连而成的简册（策）、典籍，所以《广雅·释器》说："笺谓之简。"清人徐灏《说文解字注笺·册部》曰："凡简书皆谓册。"蔡邕《独断》卷上曰："策，简也。其制长二尺，短者半之。"今按：古代的简册；尺寸大小未必尽同。如1978年湖北曾侯乙墓出土的240枚竹简，长度为70—75厘米不等。①河南信阳长台关出土的30片楚地竹简，长度则为

---

① 见日本石黑目沙子《关于曾侯乙墓出土竹简的考察》，载于湖南人民出版社1998年8月版《简帛研究译丛》。

61—68 厘米不等。①晋荀勖《穆天子传序》云："古文《穆天子传》者，太康二年汲县民不准盗发古冢所得书也。皆竹简，素丝编。以臣勖前所考定古尺度其简，长二尺四寸，以墨书，一简四十字。"析言简为写有汉字内容的单独的竹片，浑言简为编连而成的简册、典籍，这些训释都可以在古代文献中得到证明。

《诗·小雅·出车》曰："岂不怀归，畏此简书。"孔颖达疏云："古者无纸，有事书之于简，谓之简书。"《左传·闵公元年》引《诗》云："'岂不怀归，畏此简书。'简书，同恶相恤之也。请救邢以从简书。"孔颖达疏曰："言我岂不思归乎？诚思归也，但畏此简书告急耳。诸侯有事则书之于简，遣使执简以告命。告则须救，故畏而不归也。此简书者，同有所恶则相忧之谓也。"今人杨伯峻先生也注释说："简书，书于一片竹简之文字，此指告急文书。……此释简书之意义与作用。"孔氏、杨氏对"简书"的解释准确、简明，令人信服。这说明从周宣王时代以来在竹片上写有文字内容的简书，已是君臣上下、诸侯国之间用来传达命令、请求救助、交流信息的习用文书了。《左传·襄公二十五年》又有这样的记载："太史书曰：'崔杼弑其君。'崔子杀之。其弟嗣书，而死者二人。其弟又书，乃舍之。南史氏闻太史尽死，执简以往。既书矣，乃还。"《墨子·非命下》："昔纣执

---

① 河南省文物研究所编《信阳楚墓》，文物出版社 1986 年版。

有命而行,武王为《太誓》《去发》以非之,曰:'子胡不尚(上)考之乎商周虞夏之记? 从十简之篇以尚(上)皆无之,将何若者也。'"《管子·宙合》:"是故圣人著之简策,传以告后进。"《礼记·王制》曰:"大史典礼,执简记,奉讳恶。"郑玄注曰:"简记,策书也。"陈澔集曰:"国有礼事,则豫执简策,记载当时行之礼仪。"《礼记·中庸》:"哀公问政。子曰:'文武之政,布在方策。'"郑玄注:"方,板也;策,简也。"以上所引《诗经》以降的诸多"简"字用例,证明竹简已是春秋以前汉语经籍习用的书写材料。

三

本文第二部分通过征引有关"册、策、典、简"四字的以先秦为主的文献典籍,论证了竹简是我国春秋以前汉语经籍的重要书写材料。但是,由于"古书之多隐……经荒历乱,埋藏积久,简编朽绝,亡失者多"(晋葛洪《抱朴子·钧世》),所以至今我们尚未见到从地下出土的春秋以前的竹简实物。然而我们不能不相信我们中华民族的历史,不能不相信记载传承我们中华民族五千年文明史的经籍史料。我们今天虽然还不能亲眼看到春秋以前竹简的出土实物,但今后一定会有出土文物来验证本文的观点。因为生活在春秋战国时代的先贤们去古未远,他们朝夕捧读商周流传下来的竹简典籍,给后世留下了大量的翔实可靠的记载。例如《墨子》一书就有十次这样的记载:

《尚贤下》：“古者圣王既审尚贤欲以为政，故书之竹帛，琢之盘盂，传以遗后世子孙。”

《天志中》：“不止此而已，书于竹帛，镂之金石，琢之盘盂，传遗后世子孙。”

《天志中》：“不止此而已，又书其事于竹帛，镂之金石，琢之盘盂，传遗后世子孙。”

《明鬼下》：“古者圣王必以鬼神为（有），其务鬼神厚矣，又恐后世子孙不能知也，故书之竹帛，传遗后世子孙。”

《非命中》：“圣王之患此也，故书之竹帛，琢之金石。”

《非命下》：“是以书之竹帛，镂之金石，琢之盘盂，传遗后世子孙。”

《兼爱下》：“子墨子曰：‘吾非与之并世同时，亲闻其声，见其色也。以所书于竹帛，镂于金石，琢于盘盂，传遗后世子孙者知之。’”

《贵义》：“子墨子曰：‘古之圣王，欲传其道于后世，是故书之竹帛，镂之金石，传遗后世子孙，欲后世子孙法之也。’”

《鲁问》：“子墨子谓鲁阳文君曰：‘攻其邻国，杀其民人，取其牛马、粟米、货财，则书之于竹帛，镂之于金石，以为铭于钟鼎，传遗后世子孙曰：莫若我多。今贱人也，亦攻其邻家，杀其人民，取其狗豕食粮衣裘，亦书之竹帛……'"

不仅《墨子》有这样的记载,《管子·宙合》也有类似的记载:"是故圣人著之简策,传以告后进。"《吕氏春秋·情欲》:"故使庄王功迹著乎竹帛,传乎后世。"《孟子·尽心下》曰:"尽信《书》,不如无《书》。吾于武成取二三策而已矣。"东汉赵岐注曰:"吾取武成两三简策可用者耳。"今按:从《孟子》此语和赵岐之注可知,从商周流传到孟子时代的《尚书》,其书写材料也肯定是简策、竹书,不然,孟子何以说"取二三策而已矣"? 由此,笔者联想到"韦编三绝"之著名典故,亦可作为拙见之佐证。《史记·孔子世家》曰:"孔子晚而喜《易》……读《易》,韦编三绝。"孔子所熟读的从周代流传下来的《易》,也肯定是用"韦编"编连而成的简策、竹书,不然,何以谈"韦编三绝"呢?

商代的甲骨文已经熟练而频繁地刻写了"册"、"典"二字,又有"再册"、"再典"、"叀典至"、"示典"等卜辞,这些都是商代和商代以前已有竹简、简册、典册之明证。《说文解字叙》曰:"仓颉之初作书,盖依类象形,故谓之文;其后形声相益,即谓之字。文者,物象之本;字者,言孳乳而浸多也。著于竹帛谓之书。"《晋书·束皙传》云:"太康二年,汲郡人不准盗发魏襄王墓,或言安釐冢,得竹书数十车。"《后汉书·蔡伦传》:"自古书契多编以竹简。"1978 年湖北随县出土的战国初年(前 433—前 400)的曾侯乙墓,其墓中有竹简 240 片,共有一万多个汉字。[①]无论是从曾侯乙墓竹简的书写技巧,还是从竹简的制作技巧来看,都已达到了高超纯熟的水平。如果这一时期之前没有经过长期制作、使用竹简的实践经验的积累,那么,曾侯乙墓的竹简是不可能一下子达到如此高超纯熟的水平的。凡此,本文所引之文献典籍和所作之论析,可以充分证明:竹简是我国春秋以前汉语经籍的一种重要的书写材料。

(原载香港中文大学《中国语文通讯》1999 年 6 月总 50 期;贵州大学 1999 年 11 月所编《张汝舟先生诞辰一百周年纪念文集》又转载了此文)

---

① 见日本石黑目沙子《关于曾侯乙墓出土竹简的考察》,载于湖南人民出版社 1998 年 8 月版《简帛研究译丛》。

《说文》"椟"篆别义说解新诠

世传东汉许慎《说文解字·木部》"椟"篆说解的版本有以下三种：

一，清人莫友芝于同治元年发现、考鉴的《唐写本说文解字木部残卷》(以下简称为《唐本》)，是晚清以来海内外学术界公认的《说文解字》的最早写本。莫氏撰有著名的《唐写本说文木部笺异》(以下简称为莫氏《笺异》)。①周祖谟教授的《唐本说文与说文旧音》一文附有《唐本》影印件。②《唐本》曰："椟，匮也。从木，卖声。一曰木椟，木名；或曰：椟，木枕。"

二，宋初徐铉等校订的《说文解字·木部》(大徐本)曰："椟，匮也。从木，卖声。一曰木名；又曰大梡也。"

三，南唐徐锴的《说文解字系传·木部》(小徐本)曰："椟，匮也，从木，卖声。一曰木名；又曰：椟，木枕也。"

《说文·木部》"椟"之本义训为"匮也"，即椟是指中空

---

① 莫友芝于清同治元年在安庆发现、考鉴了《唐写本说文解字木部残卷》，并撰作了《唐写本说文解字木部笺异》。《唐本》和莫氏《笺异》的第一个刻本为清同治三年安庆刻本。此后民国十四年，贵阳文通书局在《黔南丛书》第三集中，按照安庆刻本重新刻印了《唐本》和莫氏《笺异》。笔者据贵州省图书馆所藏之安庆刻本，完成了 32 万字的《唐写本说文木部笺异注评》一书(此系贵州省哲学社会科学 1996 年度重点研究课题)。本文系拙书稿之节录稿。

② 《唐本说文与说文旧音》一文载入周祖谟教授自编的《问学集》下册，中华书局 1966 年版。

而能够容物的藏物器。《唐本》和大、小徐本对此的训解都是相同的,本文略而不论。对《唐本》和大、小徐本"椟"篆之下存有歧异的"一曰"、"或曰"、"又曰"之别义说解,古今《说文》学家、训诂学家和现当代各种汉语字典辞书所作的诠释至今仍然没有统一的公认的意见。笔者在前修时贤所取得的研究成果的基础之上,不揣浅陋,忝为之新诠。

第一,《唐本》和二徐本"椟"篆"一曰"说解中均有"木名"之训。清桂馥《说文解字义证》曰:"《玉篇》'椟'与'樕'同。《酉阳杂俎》:'武陵郡北有樕木二株,马伏波所种,木多节。'"清段玉裁《说文解字注》在"一曰木名"之下注曰:"未详。"清王筠《说文解字句读》在"一曰木名"之下注曰:"'名'当作'也'。《玉篇》'椟'与'樕'同。《酉阳杂俎》:'武陵郡北有樕木二株,马伏波所种,木多节。'"清莫氏《笺异》则直接注曰:"'椟'为'木名',无可证。"笔者认为《唐本》和二徐本均有"一曰木名"之训,此当为《说文》之旧无疑。王筠氏"'名'当作'也'"之注则无必要。桂氏和王氏引《玉篇》和《酉阳杂俎》两例,已经证明"椟"与"樕"同,樕木确实古已有之。今再作一补充:樕木为马钱科落叶灌木,其叶和花甚麻且有微毒。《正字通·木部》:"樕木,生堑岸旁,小株高三、四尺,根状如枸杞,花似芫花,渔人采花及叶毒鱼。"以上引证诠释,庶几可解《说文》"椟"篆"一曰木名"之别义。

第二,《唐本》有"一曰木椟"之别义说解,二徐本均无。

对此,莫氏《笺异》注曰:"增'木椟'字,益不可晓。'椟'之别义,《一切经音义》引《苍颉篇》'椟栌,三辅举水具也。'《释名·释兵》:'松椟,长三尺,其矜宜轻,以松作之也。椟,速椟也。前刺之言也。'意此'木椟'必居'椟栌'、'松椟'之一。讹错不能定,记以俟考。"今细考《唐本》"椟"篆之"木椟"别义,与《苍颉篇》"三辅举水具"义的"椟栌"和《释名》兵器义的"松椟"全然无涉,莫氏之推测盖不能成立。

"椟"篆本义为"匮",即指中空而能够容物的藏物器。由此本义引申,"椟"既可以引申指中空而能够容物的匣、函、箱、枕之类藏物器,又可以引申指中空而能够藏尸的棺木。此后者,许氏《说文·木部》即可为证:"槥,棺椟也。"段玉裁《说文解字注》对此注曰:"椟,匮也。棺之小者,故谓之棺椟。"《唐本》"椟"篆之下"一曰木椟"之别义说解,即是此义。请看例证:《汉书·杨王孙传》曰:"昔帝尧之葬也,窾木为匵。"颜师古注云:"服虔曰:'窾,音款。窾,空也。空木为匵。'师古曰:匵即椟字也。椟,小棺也。"《新唐书·回鹘传》曰:"死以木匵敛置山中,或系于树,送葬哭泣,与突厥同。"《汉书》之"窾木为匵"和《新唐书》之"木匵",即为敛尸、藏尸之木椟。以下两例即是明证。《周书·李彦传》:"彦临终遗诫其子等曰:'昔人以窾木为椟,葛藟为缄,下不乱泉,上不泄臭,此实吾平生之志也。'"清人方文《宋遗民咏·张毅父千载》所言更为明确:"先期制木椟,临难函公首。"以上书证及古注证明许氏《说文》"一曰木椟"之别义,确实是由其"匮"之本义引申而得的指中空而能够殓藏尸首的棺木。二徐本"椟"篆说解均误脱此"一曰木椟"之别义,今仰仗《唐本》完好存之。莫氏《笺异》谓《唐本》乃"千金一字,希世之珍";周祖谟教授《唐本说文与说文旧音》谓"《唐本》诚大胜于二徐本。……不有《唐本》,终难定二徐之精粗美恶也",此二评价是也。

又,《汉书·高帝纪》曰:"令士卒从军死者为椟,归其县,县给衣衾棺葬具。"颜师古注云:"服虔曰:'椟,音卫。'应劭曰:'小棺也,今谓之椟。'"《玉篇·木部》释曰:"椟,匮也。亦木名;又小棺也。"愚以为顾氏"又小棺也"之训,盖本应劭"小棺也,今谓之椟"而作,而非本许氏《说文》"椟"篆别义说解而释。《广韵·屋韵》:"椟,函也,又曰小棺也。"《集韵·屋韵》:"椟,木名,一曰小棺。"此二训当本《玉篇》。

第三,《唐本》:"椟,……或曰:椟,木枕。"大徐本训作:"椟,……又曰大梡也。"小徐本训作:"椟,……又曰:椟,木枕也。"古今《说文》学家、训诂学家和现当代汉语辞书字典对此歧异之说解,诠释不一。比较有代表性的意见是:(一)桂馥《说文义证》曰:"'又大梡也'者,徐锴本作'木枕'。本书:'陈楚谓椟为梣'。《国老谈苑》:汉文帝命太官每具两檐椟,谓之椟食。"(二)段玉裁《说文解字注》曰:"'木枕',大徐作'大梡',字之误也。木枕谓以圆木为枕,

《少仪》所谓'颖'也。谓之颖者，圜转易醒，令人憬然，故郑注曰'警枕'。"(三)王筠《说文释例》卷十七曰："'楑'下云：'又曰大梡。'小徐作：'又曰：楑，木枕也。'皆误也。当依《玉篇》作'小棺'。《广韵》《韵会》亦皆有此义。'大梡'乃初讹，读者以为不通，改为'木枕'也。"(四)莫氏考鉴《唐本》，作《笺异》曰："《玉篇》：'楑，匮也。亦木名；又小棺也。'当本《说文》。则'木枕'、'大梡'乃'小棺'之讹。"(五)《中华大字典·木部》"楑"字第一义项据引小徐本"又曰：楑，木枕也"之训解，又引段玉裁"木枕"为"警枕"之注语；其第二义项又据引大徐本"大梡也"之训解，并加按语曰："大徐本《说文》本作'大梡'。朱骏声曰：'梡，举食之案也。'而段玉裁谓为木枕，字之误。今并著于此。"(六)今人周祖谟教授在其《唐本说文与说文旧音》一文中注曰："案《玉篇》云：匮也，亦木名，又小棺也。盖古本如是。"(七)今人张舜徽教授在其《说文解字约注》"楑"篆注语中同意清人王筠之说，并注曰："舜徽按：《唐写本木部残卷》亦作'木枕'，则传写致讹久矣。"①(八)《汉语大字典·木部》"楑"字释语之第三义项曰："盛饭菜的食盒。《说文·木部》：'楑，大梡也'。"其第四义项曰："木枕。五代徐锴《说文系传》：'楑，木枕也。'"此之下引出段氏"警枕"之注语。(九)今人王镇教授指出："'木枕'与'大梡'的情况稍有不同：从字形看，

---

①　张舜徽教授的《说文解字约注》，见中州书画社 1983 年 3 月版。

'大桄'因形近而误的可能性较大；'木枕'则不然。从意义
孳乳看，'木枕'与'梜'的外形有相似之处。"①今按：在以上
诸说中，愚以为桂馥、王筠、莫友芝、周祖谟、张舜徽五先生
之说皆非许氏《说文》原意；《中华大字典》并收大小徐本
"大桄"和"木枕"之说而莫能定其是非，只能视为模棱两可
之说，《汉语大字典》之说亦然。段玉裁先生没有见过《唐
本》而能肯定小徐本"木枕"之训，指出"大徐本作'大桄'，
字之误也"，这是正确之注。但是段氏说"木枕谓以圜木为
枕，《少仪》所谓'颖'也。谓之颖者，圜转易醒，令人憬然，
故郑注曰'警枕'。"愚以为段氏此注则盖非许氏《说文》
"梜，木枕"之原意。王锳先生之说最得《说文》"梜，木枕"
之原意。兹续证新诠如下：

　　一，《唐本》和二徐本均是许氏《说文》的直接传本，《唐
本》又是学术界公认的迄今为止海内外现存《说文》的最早
写本。《唐本》和小徐本均训作"梜，木枕"，此当为许氏《说
文》之旧。小徐本只须据《唐本》改"又"作"或"，删除句末
之"也"字即可。大徐本之"大桄"，盖因与"木枕"形近
而误。

　　二，从字义孳乳引申的角度看，"梜"之本义为"匮"，即
指中空而能容物的藏物器，由此本义引申，梜可以引申指

中空而同样能够容物的匣、函、箱、枕之藏物器。从外形上看,枕有长枕、方枕等形,其中空,均能容入棉絮、碎布、毛绒、糠壳等枕囊、枕芯。王锳教授谓"'木枕'与'椟'外形有相似之处",是也。由于枕与椟外形相似,中空而能藏物,所以古代还有既可以枕头,又可以藏物的"枕函"、"枕匣"之物。例如:唐司空图《杨柳枝寿杯词》:"偶然楼上卷珠帘,往往长条拂枕函。"《宋史·李光传》:"(李光)尝置匕首枕匣中。"《儒林外史》第二十一回:"又寻到床上,寻着一个枕箱。"《二十年目睹之怪现状》第七十六回:"我在枕箱里取出护书来记一笔帐。"从制作枕之质料上看,枕有布枕、皮枕、木枕、篾枕、瓷枕、铜枕等。《汉语大词典》"枕"字释语之下绘有宋代定窑"瓷孩儿枕"图和江川李家山古墓出土的"铜枕"图即是其证。现代南方沿海热带地区的人睡觉,为求凉爽,不用布枕而用木枕、篾枕(即用木框制成枕之骨架,外面用篾席蒙裹钉成篾枕),亦是其证。古代文献中亦有"木枕"之用例。《北齐书·郎基传》曰:"基性清慎,无所营求,曾语人云:'任官之所,木枕亦无须作。'"《新唐书·阳城传》亦有言曰:"(阳城)常以木枕、布衾质钱。人重其贤,争售之。"以上引证评析充分证明,无论从"木枕"与"椟"之外形相似上看,还是从其中空可以容物的意义上引申,"木枕"作为"椟"篆之别义,都是完全可以成立的,无需臆测"木枕"为《说文》"椟"篆说解中的误字。至于"椟"篆之另一别义——"小棺",已有其"一曰木椟"表示,无需强作解人,把"木枕"视为"小棺"之讹。

综上所述,《唐本》:"椟,匮也。从木,卖声。一曰木椟,木名;或曰:椟,木枕。"此当为许氏《说文》之原说解。《中华大字典》和《汉语大字典》等字典辞书并引有讹脱的大、小徐本"椟"篆说解为释义根据,而不据引正确的《唐本》"椟"篆说解,均宜据《唐本》改正。

(原载《贵州大学学报》1998 年第 1 期)

"粒"、"拉"、"啦"源流考

粒、拉、啦三字有无源流关系,在各类汉语辞书字典中一般都找不到现成的答案。《康熙字典》和《中华大字典》以前的语文辞书字典,均未见"啦"字;虽释"粒"和"拉",但释义不全,且不注释"粒"与"拉"二字的源流关系。现当代通行的语文辞书字典,一般不收释"粒"字;即使个别辞书字典(如《汉语大字典》)收释,也仅照引大徐本《说文》有误的释义。现当代通行的语文辞书,虽然都收释了"拉"、"啦"二字,但也不训释二字的源流关系。本文拟利用前修之说,参以拙见,试释"粒"字本义以及考证粒、拉、啦三字的源流关系。

一

晚清著名学者莫友芝(1811—1871)于同治元年慧眼识鉴的《唐写本说文解字木部残卷》(下简称《唐残卷》),是文字学界一致公认的我国迄今所能见到的《说文解字》的最早残本[①]。笔者在研读这本《唐残卷》及莫友芝为之所作的《唐写本说文解字木部笺异》(下简称《笺异》)时发现,《唐残卷》以及莫氏《笺异》的观点,可以矫正世传的字典辞书对"粒"字本义的误释。

[①] 莫友芝《唐写本说文解字木部残卷》及其所著《唐写本说文解字木部笺异》,《黔南丛书》第一册。

《唐残卷》云：“粒，折声也。从木，立声。”莫友芝《笺异》注释说：“‘折声也’，二徐、《玉篇》引‘声’作‘木’，小徐无‘也’。按：《文选·羽猎赋》‘飚拉雷厉’注：‘拉，风声也。’‘风声’与此‘折声’义合，与手部之‘拉’不契。疑扬《赋》正作‘粒’。此解宜互补云：‘折木声也’。”

笔者认为，莫友芝怀疑扬《赋》“飚拉雷厉”的“拉”正作“粒”，又据《唐残卷》、大小徐本《说文》及《玉篇》等资料解“粒”字本义为“折木声”，都是很有见地的观点。由此，我们可以论证“粒”字本义及考证“粒”、“拉”二字的源流关系。兹简论如下。

粒，从木，立声。“立”属上古音缉部。从声训的角度进行研究，笔者发现，以“立”为谐声偏旁的一组形声字，其字义多与声响有关。例如：

砬，《说文》释为：“石声也。从厂，立声。”段玉裁注曰：“谓石崩之声。”《集韵》“砬砬”之下亦引《说文》或作“石声也。或作砬”。《广韵》亦为石声。

䶢，《玉篇》释为：“嚼燥物声。”《广韵》《集韵·合韵》均曰：“啮声。”《集韵·辑韵》又云：“䶢、䶯，啖坚物声。”䶯，《玉篇》释为“啮声”。由此可见，䶢与䶯同义，均为咬物之声。

泣，《说文》释为：“无声出涕曰泣。从水，立声。”许氏此解，不够全面。查检古今语言材料，“泣”并非哭而无声，只是哭泣之声细小一些罢了。例如：戴侗《六书故》说：“声泪俱下曰泣。《书》'（启）呱呱而泣'。《诗》'其泣喤喤'。泣非无声也。大约悲者泣而哀者哭，哭泣之声，有细大之差焉。"戴氏的观点是可信的。兹再补充一些例子。《素问·解精微论》："不泣者神不慈也。"注曰："泣谓哭也。"《切韵》："哭，泣也。"《说文》："哭，哀声也。""泣"之有声，还可见苏轼的《前赤壁赋》："其声呜呜然，如怨如慕，如泣如诉，余音袅袅，不绝如缕。""泣"在现代汉语中也是有声的。例如《现代汉语词典》"泣"字条释曰："小声哭：哭泣。""泣诉：哭着控诉。"以上古今例证说明，"泣"确实是有声的。

啦，《集韵·辑韵》释曰："啦啦，送舟声。"

飒，风声。《楚辞·九歌·山鬼》："风飒飒兮木萧萧，思公子兮徒离忧。"宋玉《风赋》："楚襄王游于兰台之宫，宋玉景差侍，有风飒然而至。"

要之，既然以"立"为谐声偏旁的从厂（或从石）、从水、从齿、从口、从风的这一组同源的形声字，其字义都与声响有关，那么，莫友芝依据《玉篇》《唐残卷》《文选》李善注以及二徐本《说文》，把"从木立声"的"粒"字本义解为"折木声"，当是顺理成章，信而不诬的。

二

弄清楚了"粒"字的本义为"折木声"就可以来讨论其引申义及与后起字"拉"的源流关系了。"粒"从"折木声"的本义引申，可以产生以下两项引申义：一、摧折也；二、泛指声响的象声词。

《说文·手部》曰："拉，摧也。从手，立声。卢合切。"（大徐本）

《说文·木部》又曰："柆，折木也。从木，立声。卢合切。"（大徐本）

王筠在其《说文句读》中注曰："'柆'与'拉'同，犹'炼'与'铼'同。"今人张舜徽同意王筠之说。张氏在其《说文解字约注》(中州书画社 1983 年 3 月版)中注释说："王筠曰：'柆与拉同，犹炼与铼同。'舜徽按：手部'拉，摧也'；'摧，折也。'则柆与拉本为一字。写者误从木之字为从手，遂分为二，亦榷摧、櫂擢、校较、杸打、枰抨之比耳。"王、张二氏的观点是信而有据的，从木之字后世人误写作从手之字，并得以流传的例子也是不乏其例的。笔者根据现在所能查找到的资料，发现从木立声的"柆"字至少在汉代就被误写作从手立声的"拉"字了。例如：《公羊传·庄公元年》曰："齐侯怒，与之饮酒。于其出焉，使公子彭生送之；于其乘焉，搚干而杀之。"何休注曰："搚，本又作'拹'，亦作'拉'。"司马迁在其《史记·齐太公世家》中记述此事写作"拉"："齐襄公与鲁君饮，醉之，使力士彭生抱上鲁君车，因拉杀鲁桓公。"何休注语中的"拉"和《史记》文中的"拉"，其本字都应作"柆"。扬雄的《羽猎赋》云："飚拉雷厉。"李善注为"风声也"。清人莫友芝在其《笺异》中说："疑扬《赋》正作'柆'。"许慎没有注意到从手立声的"拉"字是从木立声的

"粒"字的后起误笔字,因而在其《说文解字》中并收"粒"、"拉",然未能确解此二字的源流关系,给后世留下了一个疑点。我们说从手立声的"拉"字系从木立声的"粒"字的后起字,说"粒"的一个引申义为"摧折",除了上述论据和推论外,还有更有力更直接的语言材料来论证此观点。例如:

黎庶昌《古逸丛书》所收原本《玉篇残卷·厂部》云:"应,力答反。《说文》'石声也。'字书亦'粒'字也。粒,亦摧也,在手部。"①

顾野王认为"粒亦摧也,在手部",也即指《说文·手部》释为"摧也"之"拉"字。顾氏此注语,证头了"粒与拉"确实"本为一字","粒"系本字,"拉"为后起字;"粒"从本义派生发展,确实可以产生"摧折"之引申义。在汉字的使用及其演变过程中,由于"拉"行而"粒"废,因而在"摧折"义的基础上进一步派生出来的"牵、引、拖、摧毁"等引申义,以及沿着"粒"之"折木声"的声响义派生出来的象声词等引申义,人们均写作后起字"拉",而本字"粒"则废而不为后世人所知了。

三

搞清楚了"粒"字本义以及"粒、拉"二字的源流关系,

---

① 中华书局 1985 年版影印本。

我们现在来讨论"粒、拉"与"啦"的源流关系。

由于"拉"行而"粒"废，所以从"粒"的"折木声"的声响义派生出来的泛指声响的"象声词"这个引申义，自然地被人们写作了"拉"。例如：

（1）飚拉雷厉……（扬雄《羽猎赋》）

李善在《文选》中注曰："拉，风声也。"

（2）堂屋五间，拉然而崩。（二十卷本《搜神记》卷三）

"拉然"，系状写房屋崩塌声响的象声词。清人吴伟业《赠陆生》诗亦有此用法："铜山一旦拉然崩，却笑黔娄此中死。"

（3）飙如万壑之岸崩，拉若千岩之石坼。（唐崔湜《野燎赋》）

《汉语大字典》把"拉若"释为"风声"。

（4）飘风骤雨相激射，速禄飒拉动檐隙。（《唐诗纪·任华怀素草书歌》）

"速禄飒拉"，系指风雨声之象声词。

（5）午窗睡起人初静，时听西风拉瑟声。（宋苏轼《偶于龙井辩才处得歙砚甚奇作小诗》）

《辞源》（修订本）释"拉瑟"为"象声词，风声"。元人王恽《德寿殿玉方池砚》诗亦云："纷纷落墨腾蛟雾，淅淅秋风拉瑟声。"

（6）俄而百千人大呼，百千人哭，百千犬吠。中间力拉崩倒之声，火爆声，呼呼风声，百千齐作……（清林嗣环《口技》）

人民教育出版社编辑出版的《初级中学课本》（1982年版第二册）注释说："力拉崩倒：劈里拍拉，房屋倒塌。力拉，象声词。"

以上所举的古代例证证明"拉"确实是泛指声响的象声词。现代汉语中也有这种用法的例子。例如：

一些首饰和银钱豁拉拉的掉在楼板上了。（茅盾《子夜》四）

在体育比赛时，在旁边高声给运动员呐喊助威的一群人被称之为"拉拉队"。商务印书馆 1977 年修订再版的《现代汉语词典》和上海辞书出版社 1986 年出版的《汉语大词典》就收释了"拉拉队"这个词。

由于"拉"可以泛指声响,所以在汉字的发展演变过程中,人们根据古今字产生的原理,以"拉"为义兼声的谐声偏旁,再在其左边加上一个"口"字旁,就产生了现代汉语常用的象声词"啦"。1915 年出版的系中国当时收字最多的巨型字书《中华大字典》未见有"啦"字,大概其时"啦"字尚未产生使用。笔者目前所见到的较早使用象声词"啦"的例子是:

(1)牌豁啦啦地倒出来,接着是一阵的互相推让。(潘漠华《雨点集》,1929 年亚东书局)

(2)他惊醒过来,恰就听得蚕房的芦帘拍啦一声响,似乎还看见有人影一闪。(茅盾《春蚕》,1932 年)

(3)三个人都闭了会儿嘴。外面爆竹零碎地响着,李妈哇啦哇啦在议论什么。(张天翼《包氏父子》)

这些例子说明,象声词"啦"产生在 20 世纪二、三十年代。从此以后,象声词"啦"就在现代汉语里普遍地使用开来了。例如:

(1)风吹大树嘶啦啦响,崔二爷有钱当保长。(李

季《王贵与李香香》,1945 年)

（2）五十多石苞米,黄灿灿的,一个秋天哗啦啦的像水似的花个光。(周立波《暴风骤雨》,1947 年)

中国社会科学院语言研究所 20 世纪 50 年代末编写的《现代汉语词典》(商务印书馆出版)在"啦"字条下注释说:"象声词:哗啦一声,墙倒了。雨哗啦地下。也说哗啦啦。雨哩哩啦啦的,下个没完。"《辞海》(修订本)在"啦"字下亦注释说:"象声。如:水哗啦啦地响。"1962 年商务印书馆出版的《四角号码词典》在"啦"下注释说:"拟声字。例:哗啦。"此类例子甚多,兹不赘举。

在古字"拉"的基础上产生了今字"啦"之后,"拉拉队"这个词又可以写作"啦啦队"。①

（原载《贵州师范大学学报》1992 年第 3 期）

---

① 今补注:《现代汉语词典》(1997 年修订版)释曰:"啦啦队,同'拉拉队'。"可证拙见不诬。

释 "楬"

本文拟讨论以下三个问题:一、《说文》"楬"篆所释之本义;二、《说文》"楬"篆所引之本义例证;三、当代一些汉语字典辞书关于"楬"篆研究成果的引证训释方法。

一

二徐本《说文·木部》均训释曰:"楬,楬桀也。从木,曷声。《春秋传》曰:'楬而书之。'"段玉裁《说文解字注》改正为:"楬,楬櫫也",并注曰:"赵钞本及近刻《五音韵谱》作'楬櫫'。宋本、叶本《类篇》《集韵》、宋刊《五音韵谱》皆作'楬櫫'。……今按:作'桀'不可通。……'楬櫫'见《周礼注》……'今时之书,有所表识谓之楬櫫。'……《广韵》曰:'楬櫫,有所表识也。'楬櫫,汉人语,许以汉人常语为训,故出'櫫'字于说解,仍不大列'櫫'篆。"王筠《说文解字句读》在段书之后,不同意段氏之说。在《木部》"楬"篆说解之下,王氏注释说:"依《广韵》十七薛删'楬'字自可通矣。……一引《说文》'櫫杙也',一引'楬櫫也',一引'杙也,櫫也',皆非也。《说文》无'櫫'字。此以《周礼·职金》注改之也。"朱骏声在其《说文通训定声》中认为:二徐本"楬,楬桀,叠韵连语。……桀犹楬也。"比较二徐之训和段氏、王氏、朱氏之注,段氏所改及其所作之注语,可谓的解。因为在晚清学人莫友芝于同治年间考鉴发现的为世公认的许氏《说文》的最早残写本——《唐写本说文解字木部残卷》①中，段氏之说得到了印证："楬，楬橥也。从木，曷声。《周礼》曰：'楬而书之。'"段氏说许翁以汉人常语"楬橥"训"楬"，这就犹如以汉时口头语为释语，通俗易解，人人皆懂。这是许翁《说文》首创汉语字典训释字词方法的一个成功范例。"楬橥"在汉代又叫作"楬著"，"橥"与"著"同音。郑司农注《周礼·泉府》"楬而书之"云："书其贾，楬著其物。"《汉书·酷吏传》云："瘗寺门桓东，楬著其姓名。"正是"楬著"与"楬橥"相同的铁证。《说文》"楬"当训解为"楬橥"，王念孙亦有疏证。《广雅·释宫》："楬橥，杙也。"王念孙疏证曰："《汉书·尹赏传》：'楬著其姓名。'颜师古注云：'楬，杙也。'《方言》注云：'橛、楬，杙也。江东呼都。'都与橥古同声，合言之则曰'楬橥'。《说文》：'楬，楬橥也。'《周礼·蜡氏》：'若有死于道路者，则令埋而置楬焉，书其日月焉。'郑众注云：'楬，欲令其识取之，今时楬橥是也。'"

二

二徐《说文》"楬"篆说解所引例证为："《春秋传》曰：

---

① 莫友芝于清同治元年在安庆发现、考鉴了举世公认的《唐写本说文解字木部残卷》，并撰作了《唐写本说文解字木部笺异》。《唐本残卷》和莫氏《笺异》的第一个刻本为清同治三年安庆刻本。1925 年，贵阳文通书局在《黔南丛书》第三集中，照安庆本重新刻印了《唐本残卷》和莫氏《笺异》。1966 年，扬州人民出版社印行的《独山莫氏郘亭丛书》亦有重印本。北京大学周祖谟教授撰有著名的《唐本说文与说文旧音》一文，并附有《唐本残卷》影印件，见周教授《问学集》下册，中华书局 1966 年 1 月版。

'楬而书之。'"小徐本徐锴氏指出："《周礼》：'遗物者楬而书之。'此言《春秋传》，写之误。"段氏《说文解字注》注曰："未见。疑是引《周礼》'楬而玺之。'"王筠《说文句读》改为"《周礼》曰"，并注云："依玄应引改。"莫友芝《唐写本说文解字木部笺异》则进一步注曰："'楬'于《周礼》四见，注皆因郑司农。此引《泉府》文，省一字。《蜡氏》：'埋而置楬焉。'注：'楬，欲令其识取之，今时楬橥是也。'许书以'楬'次'橜'，其'楬橥'之训正取司农《蜡氏》注。《汉书·酷吏传》：'瘗寺门桓东，楬著其姓名。'是其事也。"①对二徐《说文》"楬"篆说解所引之"《春秋传》"，徐氏之注释，段氏之发疑，王氏之改正，莫氏之详注，有《唐写本说文解字木部残卷》印证，疑义皆可涣然冰释。笔者此就《说文》"楬"篆说解所引之本义例证，拟作进一步的探讨。许氏《说文》是中国古代以训释汉字本义为主的第一部字典，其说解所引证的例证，一般都能够准确地印证其所说解的字的本义。《说文》开此字书编纂体例的先河，为后世编纂字典辞书树立了成功而光辉的范例。例如：《说文·〈部》："州，水中可居曰州。……《诗》曰：'在河之州。'"《宀部》："向，北出牖也。……《诗》曰：'塞向墐户。'"《言部》："试，用也。从言，式声。《虞书》曰：'明试以功。'"《口部》："唁，吊生也。从口，言声。《诗》曰：'归唁卫侯。'"《说文》此类说解及其

例证习见,兹不赘举。笔者遵循"以许证许"的内证方法,认为许氏《说文》"楬"篆说解所引《周礼》之例证,不应是《周礼·泉府》"楬而书之"之例,而应当是《周礼·蜡氏》"令埋而置楬焉"。兹简说理由如下。

　　《说文》:"楬,楬橥也。""楬橥"的这一本义是指写上死者姓名日期,插在葬埋处以作标志用的小木牌。《周礼》四见"楬"字例,郑玄之注四引郑司农之说以释之。《周礼·天官·职币》曰:"皆辨其物而奠其录,以书楬之。"郑玄注曰:"郑司农云:'楬之,若今时为书以著其币。'"《周礼·地官·泉府》:"以其贾买之物,楬而书之。"郑玄注:"郑司农云:'物楬而书之;物,物为揃;书,书其贾,楬著其物也。'"《周礼·秋官·职金》:"辨其物之媺恶与其数量,楬而玺之。"郑玄注曰:"郑司农云:'楬而玺之'者,楬书其数量以著其物也。玺者,印也。既楬书揃其数量,又以印封之。今时之书,有所表识谓之楬橥。"《周礼·秋官·蜡氏》:"若有死于道路者,则令埋而置楬焉,书其日月焉。县其衣服任器,于有地之官,以待其人。"郑玄注:"郑司农云:'楬,欲令其识取之,今时楬橥是也。'"《周礼》以上四个"楬"字例,前三例讲的都是标出货物价格与数量的内容。"以书楬之",即用标签标示出财物的数量。"楬而书之",即给货物标出标签。"楬而玺之",即写上标签,加盖印章封存货物。这三个"楬"字用的都是引申义,都用为动词。而《蜡氏》之"令埋而置楬焉"则用为名词,即令人掩埋尸体,并在葬埋处放置标志木牌,写明日期。后世也有这类临时葬埋的习俗。清冯桂芬《光福一仁堂记》曰:"近世善堂之法,凡贫病者与药,死与椟;死于道路者,埋而具楬焉。"①《周礼·蜡氏》"令埋而置楬焉"之用例,正是印证《说文》"楬"篆"楬櫫"之本义的最好例证,因为许氏《说文·木部》以棺、椟、槥、椁、楬五篆为字次,棺是棺材,椟是棺材最里层的亲尸之棺,槥是粗制的小棺材,椁是古代套在内里棺材上的外棺,楬是葬埋死者之处的标志木牌。莫友芝指出:"许书以'楬'次'椁',其'楬櫫'之训正取司农《蜡氏》注。《汉书·酷吏传》:'瘗寺门桓东,楬著其姓名。'是其事也。"今按:楬著即楬櫫也。王念孙疏证《广雅·释宫》"楬櫫"所引之《说文》说解及《周礼》之经注(见上),亦与莫氏此说相同。"楬"作为葬埋死者之处的标志木牌,其义与《说文·木部》"棺、椟、槥、椁"这一组表示葬埋器具的字组意义最为相符,所以许氏把"楬"篆次于"棺、椟、槥、椁"这一字组之中。如果这一分析不违背《说文》原意的话,许氏于"楬,楬櫫也。从木,曷声"说解之下所举之例证,不应当是"《周礼》曰'楬而书之'"之例,而应当是《周礼·秋官·蜡氏》之例,即当云:"《周礼》曰:'令埋而置楬焉。'"因为《周礼·地官·泉府》"楬而书之"之"楬",义为给货物标出标签,此义

---

① 转引自《汉语大词典》,汉语大词典出版社 1989 年 11 月第 1 版,第 1177 页。

与葬埋死者之器具义无关。作为以训释字之本义、举例印证字之本义为全书编纂通例的《说文》,用"《周礼》曰:'令埋而置楬焉'"作为"楬"篆说解之例证,才能与其"楬橥"之本义相吻合,才能与棺、椁、槥、椟、楬五篆字次意义相吻合。本义说解之后能够"举出始见书的例子"①来准确印证所释之本义,才符合许氏《说文》首创以本义用例印证所释本义的字书编纂通例。有鉴于此,笔者斗胆姑妄言之:《唐写本说文解字木部残卷》和二徐《说文》均未用"令埋而置楬焉"之例来印证"楬,楬橥也"之本义说解,这很可能是《说文》在中唐之时就已经被传抄者传抄讹误的结果;当然也有可能是许翁的一眚之疏。探讨学问,贵在求是。笔者敢献拙见,以俟通人大师垂教。

三

《唐写本说文解字木部残卷》"楬,楬橥也"之说解,以及段氏、王氏、莫氏等清代学者对"楬橥"之训所作的精当注释,早在一百多年前就已经公之于世了,然而当代一些大型汉语字典辞书却未能吸收、反映这一正确的研究成果,以至于出现了大型字典辞书编纂中不应出现的一些偶失。例如《汉语大字典·木部》(四川辞书出版社、湖北辞书出版社 1987 年 10 月版)在"楬"字之下引释说:

---

① 引自王力《字典问题杂谈》,载《辞书研究》1983 年第 2 期。

楬《说文》:"楬,楬桀也。从木,曷声。《春秋传》曰:'楬而书之。'"张文虎《舒艺室随笔》:"'楬'与'桀'义通。疑说解以桀训'楬',衍一'楬'字耳。段据《韵会》引及赵凡夫钞本、近刻《五音韵谱》改为'楬橥'。不如两存之。"(1249 页)

《汉语大字典》不引证一百多年前公之于世的正确研究成果,反而把二徐本《说文》有误的"楬"篆说解和晚清张文虎欠妥的注语引为释义的根据,不能不说是编纂者的一个疏失。而《汉语大词典·木部》则在"楬橥"条之下训释说:

【楬橥】①标志,植木以作表记。《周礼·秋官·职金》"楬而玺之"。汉郑玄注引郑司农曰:"今时之书,有所表识,谓之楬橥。"《说文·木部》:"楬,楬橥也。"段玉裁注:"楬橥,汉人语。许以汉人常语为训,故出橥字于说解。"(1177 页)

《汉语大词典》以上训释,虽未直接据引《唐写本说文解字木部残卷》"楬"篆说解,但未援引二徐本有误的"楬"篆之训,径引段氏之说和《周礼》二郑之注,亦与《唐写本说文解字木部残卷》之说解相合。《汉语大词典》后出转精,较好地避免了《汉语大字典》在"楬"字训释语中所出现的偶失。

(原载《说文学研究》第四辑,线装书局 2010 年 4 月)

释"召"

《说文·口部》:"召,評也。从口,刀声。"又《言部》:"評,召也。"段玉裁注云:"口部曰:'召,評也。'后人以'呼'代之,'呼'行而'評'废也。"召、評(呼)在《说文》中是一对互为注释的同义词。后世学人对此一般都信而不疑。所以,现在通行的各种语文辞书,一般都承《说文》之说,把"召"字本义释为:呼唤;呼唤使来;召唤。[①]本文拟利用"召"字的甲骨文、金文字形结构,以及一些古书古注材料来探求"召"字的本义及其词义系统。

在甲骨文、金文中,"召"字就已经是一个形声字了,而且字形结构有繁有简:

(孙海波《殷虚书契前编》二、二二、四)

(郭沫若《殷契粹编》一一二七)

(伯盉盂) (召鼎) (师盉簋)

《殷虚书契前编》二、二二、四与伯盉盂中的繁体的"召"字,形体结构相同,均从两手,从口,从西,从盛器,刀为声符。召鼎上的繁体的"召"字还多了一个意符"月"(即

----

① 例如《辞源》(修订本,1983 年版)、《辞海》(1980 年 8 月版)、《汉语大字典》(第一卷,1986 年 10 月版)和台北三民书局的《大辞典》(1985 年 8 月版)。

"肉"字)。根据这些多重的意符,对"召"字字形结构所表达的意思,可以作出这样的分析:盛器中有酒有肉食,人用两手拿起来放到口中吃。根据这一字形分析,再考察"召"字在古籍中的使用情况,我们可以得出这样的结论:"召"字的本义是用酒肉宴请宾客。酒和肉是宴请宾客必不可少的食品,既然是宴请宾客,那自然要动手动口的,所以,甲骨文,金文繁体的"召"字,其多重的意符是很能反映"召"字的本义的。甲骨文、金文简体的"召"字(许慎《说文解字》所根据的小篆"召"字与此相同),去掉了大部分的意符,只保留了一个意符"口"字和声符"刀"字,因此,"召"字的本义就不容易看出来了。

把"召"字的本义分析为用酒肉宴请宾客,是有文献材料可证的。请看下面例证:

(1) 为酒食以召乡党僚友,以厚其别也。(《礼记·曲礼》)

(2) 楚人有烹猴而召其隣人。以为狗狗羹也而甘之。后闻其猴也,据地而吐之,尽写(泻)其食。(《淮南子·修务训》)高诱注曰:"召,犹请也。"

(3) 临邛令缪为恭敬,日往朝相如。相如初尚见之,后称病,使从者谢吉,吉愈益谨肃。临邛多富人,卓王孙僮客八百人,程郑亦数百人。乃相谓曰:"令有贵客为具召之,并召令。"令既至,卓氏客以百数,至日中,请司马长卿。长卿谢病不能临。临邛令不敢尝食,身自迎相如。相如为不得已而强往。(《汉书·司马相如传》)颜师古注曰:"具,谓酒食之具。召,请也。"

今按:高氏、颜氏在上二例中均把"召"注为"请"。这"请"正是"召"字本义(用酒肉宴请)的"请"。这个意义的"请"字,本当作"靓"。《说文》:"靓,召也。"慧琳《一切经音义》卷二五云:"请,其字正体应作靓。并依《玉篇》也。"《广雅·释诂二》曰:"召,靓也。"王念孙证云:"靓者,《说文》'靓,召也。'《史记》《汉书》并通作'请'。"可见,"请"用如"靓",由来已久矣。

(4)馈入,召之。比置,三叹。既食使坐,魏子曰:"吾闻诸伯叔,谚曰:'唯食忘忧'。吾子置食之间三叹,何也?"(《左传·昭公二十八年》)杜预注曰:召之,"召二大夫食"。即魏子宴请阎没、女宽二大夫。

(5)今召客者酒酣,歌舞鼓瑟吹竽。(《吕氏春秋·分职》)高诱注:"召,请也。饮酒合乐为酣。"

今按:"召客者"即今之宴请宾客的主人。

(6)貂勃常恶田单曰:"安平君,小人也。"安平君

闻之,故为酒而召貂勃。(《战国策·齐策》)

(7)景帝居禁中,召条侯赐食,独置大胾,无切肉,又不置箸。条侯心不平,顾谓尚席取箸。(《史记·绛侯周勃世家》)

(8)(武安侯)尝召客饮,坐其兄盖侯南向,自坐东向。(《史记·魏其武安侯列传》)

(9)显(孝宣霍皇后之母)复教皇后,令毒太子。皇后数召太子赐食,保阿辄先尝之,后挟毒不得行。(《汉书·外戚传》)

(10)谋令太后为博平君置酒召丞相。(《汉书·霍光传》)

(11)(贾)充既为帝所遇,欲专名势。而庾纯、张华、温颙、向秀、和峤之徒皆与(任)恺善。杨珧、王恂、华廙等(贾)充所亲敬。于是朋党纷然。帝知之,召充、恺,宴于式乾殿。(《晋书·任恺传》)

笔者在研究中还发现,古代注家不仅以"请"释"召",而且还以"召"释"请"。例如:"孝宣许皇后,元帝母也。父广汉,昌邑人也。……贺(掖庭令张贺)闻许啬夫有女,乃置酒请之。酒酣,为言曾孙体近下人,乃关内侯,可妻也。广汉许诺。"(《汉书·外戚传》)颜师古注曰:"请,召也,召啬夫饮酒也。"就是在现当代的古汉语字典中,也有用"召"来释"请"的。例如:《中华大词典》"请"字条第六义项释为

"召也",所引例证是"《汉书·孝宣许皇后传》'乃置酒请之'"。张永言等教授合著的《简明古汉语字典》(四川人民出版社 1986 年 8 月版)"请"字条第⑤义项亦释为"召;邀请"。所引的例证是:"《汉书·霍光传》:'乃谋令长公主置酒请光。伏兵格杀之。'"

以上所引例子说明,根据甲骨文、金文及古注材料,把"召"字的本义解释为"用酒肉宴请宾客",并不是臆测之说。弄清了"召"字的本义,再来分析它的引申义,也就比较容易了。第一,"召"由用酒肉宴请宾客这个本义引申,就很自然地产生了用言辞请他人或用言辞呼喊他人的引申义。王逸在《楚辞·招魂序》注里所说的"以言曰召",《说文》"召,評也"的训释,也即是这个意思。"召"字用于这个引申义的例子就非常多了。例如:

(12)是会也,晋侯召王,以诸侯见,且使王狩。仲尼曰:"以臣召君,不可以训。"(《左传·僖公二十八年》)

今按:沈玉成《左传译文》(中华书局 1981 年版)将"晋侯召王"译为"晋侯召请周天子前来";将"以臣召君"译为"以臣下而召请君主"。沈氏把"召"释为"召请",是很恰当的。

（13）晋人为孙氏故，召诸侯，将以讨卫也。夏，中行穆子来聘，召公也。（《左传·襄公二十六年》）

（14）叔向曰："……夫以信召人，而以僭济之，必莫之与也，安能害我？"（《左传·襄公二十七年》）

今按：《说文》曰："僭，假也。"陆德明："僭，子念反，不信也。"此例说的是，叔向对赵文子说：楚国用诚信邀请别人（指晋、宋等诸侯国），而又用上了虚伪，一定没有人亲附它，楚国怎么能害得了我们呢？

第二，"召"由一般表示恭敬的用言辞请或用言辞呼唤，又专用于上对下的"召唤"或"呼唤使来"。例如：

（15）匠石运斤成风，听而斫之，尽垩而鼻不伤。郢人立不失容。宋元君闻之，召匠石曰："尝试为寡人为之。"（《庄子·徐无鬼》）

（16）（秦穆）公辞焉，召孟明、西乞、白乙使出师于东门之外。（《左传·僖公三十二年》）

（17）是时桓楚亡在泽中。梁曰："桓楚亡，人莫知其处，独籍知之耳。"梁乃出，诚籍持剑居外待。梁复入，与守坐，曰："请召籍，使受命召桓楚。"（《史记·项羽本纪》）

第三，"召集""召募""召见"等义项，又是在上对下的"召唤""呼唤使来"的基础上产生的新的义项。例如：

（18）有诏召见卫将军舍人。（《史记·田叔列传》）

（19）遂召集百僚督责之,令其修悔。（《魏书·张彝传》）

（20）召募精健,得千余人。（《三国志·吴志·吕岱传》）

最后,"召"还有一个值得特别指出的引申义是:"召"由本义"用酒肉宴请宾客"直接引申为"用言辞请"或"用言辞呼唤他人",如果所用的言辞不当,那么,就有可能招致灾祸。所以,《荀子·劝学》曰:"言有召祸也。"《左传·襄公二十三年》也说:"祸福无门,惟人所召。"《吕氏春秋·适威》又有言:"是以罪召罪。"高诱注曰:"召,致也。"可见,"招致、招来",这又是"召"在"用言辞请"或"用言辞呼唤他人"这个引申义上再引申而产生出的间接引申义。

至此,就可以用下图来表示"召"字的词义发展线索了:

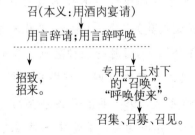

（原载《贵州师范大学学报》1989 年第 4 期）

释“焚”

“焚”字是个常用字。本文拟对 20 世纪 70 年代末期至 90 年代初期以来中国出版的影响深远的五部大型语文辞书关于“焚”字本义的训释谈点拙见。不当之处,敬祈方家垂教。

《辞海》(修订本,上海辞书出版社 1979 年版):“焚,㈠烧。《礼记·月令》:‘毋焚山林。’㈡通‘偾’。”

《辞源》(修订本,商务印书馆 1984 年版):“焚,㈠烧。《左传·隐公四年》:‘夫兵犹火也,弗戢,将自焚也。’㈡假借为‘偾’。”

《大辞典》(三民书局 1985 年版):“焚,①用火烧山林宿草。《说文》:‘焚,烧田也。’②烧,烧毁。③炮烙的刑法。”

《汉语大词典》(上海辞书出版社 1986 年版,1994 年出齐该词典):“焚,①焚烧。《易·旅》:‘旅焚其次,丧其僮仆’。②旧时的一种酷刑。③炙;烤。”

《汉语大字典》(四川辞书出版社,湖北辞书出版社 1986 年版,1990 年出齐该字典):“焚,①用火烧山林宿草。引申为烧。《说文·木部》‘焚,烧田也’。《玉篇·火部》:‘焚,烧也。’②古刑名。③干。”

以上五部影响深远的大型辞书关于"焚"字本义的训释，可以分为两类。一是《辞海》(修订本)、《辞源》(修订本)和《汉语大词典》均把"焚"字的第一义项(本义)释为"烧"或"焚烧"；一是《大辞典》和《汉语大字典》均把"焚"字的第一义项(本义)释为"用火烧山林宿草"，且均引《说文》"烧田"之训为据。经过研究，笔者认为，《辞海》(修订本)、《辞源》(修订本)和《汉语大词典》把"焚"字本义释为"烧"或"焚烧"，这是有待讨论的。这是误将引申义代替本义的一个疏漏之说。《大辞典》和《汉语大字典》尽管都援引了《说文》"烧田"之说，但这两部辞书却把"焚"字本义释为一般意义的"用火烧山林宿草"。这个训释没有准确地解释《说文》"烧田"的"田"字之义，因而这个训释是不够明确、不太完整的。《辞海》(修订本)是"兼有字典和百科性质的综合性辞书"，所收 91 706 条词"兼顾各学科的固有体系"。《辞源》(修订本)"释义力求简明确切，并注意语词的来源和语词在使用过程中的发展演变"。《大辞典》亦然。《汉语大词典》"是一部大型的历史性汉语语文辞典。……其编辑方针为'古今兼收，源流并重'"。《汉语大字典》"以存字、存音、存源的原则收列楷书单字，注重形音义的密切配合，尽可能历史地反映汉字形音义的发展"。[①]以上五部大型语文辞书，作为中国当代最高水平的大型语文辞书的代

---

① 　分别摘引自五部大型语文辞书的《前言》或《凡例》。

表,训释"焚"字本义均有偶疏,这就有进一步深入研究的必要了。

考释汉字的本义,传统文字学向来有分析字形结构、考证文献材料两个方法。从汉字文化学的角度研究汉字的本义,尤应重视考证文献材料。仅凭分析字形结构,没有汉语文献材料印证所得出的字的所谓本义,往往是不可靠的。我们考释"焚"字的本义,不能不注意这个问题。

关于"焚"字的字形结构。《说文·火部》写作"燓",训释为"烧田也。从火棥,棥亦声"。《说文》对"焚"字字形结构的分析是错误的。对此,段玉裁在其《说文解字注》中已进行了修正,解为:"焚,烧田也,从火林",并注释曰:"《玉篇》《广韵》有'焚'无'燓'。'焚',符分切。至《集韵》《类篇》乃合'焚''燓'为一字。而《集韵》廿二元固单出'燓'字,符袁切。窃谓'燓'声在十四部,'焚'声在十三部。'份'古文作'彬',解云:'焚省声。'是许书当有'焚'字。况经传'焚'字不可枚举,而未见有'燓',知火部'燓'即'焚'之讹。玄应《书》引《说文》'焚,烧田也'。字从火烧林意也。凡四见。然则唐初本有'焚'无'燓',不独《篇》《韵》可证也。"段氏的观点是正确的。今再以甲骨文证之:

（《殷虚书契前编》一·三三·一）

（《殷虚书契后编》下九·三）

（《铁云藏龟》八七·一）

可见,"焚"字确实是个"从火林"的会意字。《说文》释"焚"为"从火燊,燊亦声"的意兼声字,这种字形分析观点是有待深入讨论的。《集韵》《类篇》并收"焚"和"燔",系承《说文》之误。

弄清楚了"焚"字的字形结构,下面我们来看"焚"字的本义及其例证。

"焚"字的本义是不是《辞源》(修订本)等五部大型语文辞书所解释的一般意义的"烧"或一般意义的"用火烧山林宿草"呢? 笔者以为不是。"焚"字本义之确解,当以《说文》所释之"烧田"义为确解。因为《说文》未举例,所以后世不解此本义者甚多。何谓"烧田"? "田"即田猎。"烧田"是我国远古时代用火烧山林草木以驱逐野兽,然后聚而围猎的一种田猎方式。"烧田"这种田猎方式又叫"火田"。例如《春秋·桓公七年》:"七年春二月己亥,焚咸丘。"杜预《春秋左传集解》注:"焚,火田也。"杨伯峻先生在杜注的基础上,更为通俗、准确地注释说:"咸丘,鲁地,在今山东省巨野县东南。焚之者,以火焚地,驱使野兽外逃,然后罗网围取之。《礼记·王制》云:'昆虫未蛰,不以火田。'此实周正之三月,夏正之四月,或者天仍寒冷,可用火烧法田猎。"[①]

我们再来看用为"烧田、火田"之本义的"焚"字例。例如:

---

① 见杨伯峻《春秋左传注》第一册,中华书局 1981 年 3 月版,第 118 页。

　　姚孝遂先生主编的《殷墟甲骨刻辞摹释总集》（中华书局 1988 年版）第一〇四〇八片曰："翌癸卯，其焚……擒。癸卯允焚，获……兕十一、豕十五、虎……兔二十。"又，该《总集》从第一〇六七七片到一〇六九一片甲骨刻辞，都是关于田猎的卜辞，其中有 16 个用为"烧田"义的"焚"字例。如：

　　　　一〇六八三：贞允焚。
　　　　一〇六八五：戊申卜焚。
　　　　一〇六九一：焚，逐……子师……

　　又如：

　　　　《左传·定公元年》："魏献子……田于大陆，焚焉。"杜预注曰："此田在汲郡吴泽荒芜之地，火田并见烧也。"杨伯峻先生《春秋左传注》亦对此注释说："焚谓烧薮泽之草木便于田猎。"[1]
　　　　《淮南子·本经训》："焚林而猎，烧燎大木。"
　　　　《淮南子·本经训》："钻燧取火，构木为台，焚林而田，竭泽而渔。"
　　　　南朝袁淑《防御索虏议》："是由涸泽而渔，焚林而狩。"

----

[1]　见杨伯峻《春秋左传注》第四册，第 1523 页。

《东周列国志·第十四回》："齐襄公于十一月朔日，驾车出游。止带力士石之纷如，及幸臣孟阳一班，架鹰牵犬，准备射猎。……见一路树木蒙茸，藤萝翳郁，襄公驻车高阜，传令举火焚林，然后合围校射，纵放鹰犬。火烈风猛，狐兔之类，东奔西逸。"

因为"烧田、火田"是一种声势浩大的毁灭性的田猎方式，往往需要为数众多的人参加围猎，所以，它在上古是受到许多限制。例如《礼记·王制》就有"天子不合围，诸侯不掩群"的记载。同时，这种田猎方式是不能经常采用的，《礼记·王制》"昆虫未蛰，不以火田"的规定即是其证。越往后发展，人们就越认识到这种毁灭性的田猎方式所产生的严重后果。例如：

《韩非子·难一》："焚林而田，偷取多兽，后必无兽。"

《吕氏春秋·义赏》："焚薮而田，岂不获得，而明年无兽。"

《淮南子·主术训》："故先王之法，畋不掩群，不取麑夭，不涸泽而渔……昆虫未蛰，不得以火烧田也。"

宋人秦观《李训论》："焚林而畋，明年无兽；竭泽而渔，明年无鱼。"

清人黄宗羲《明司马澹若张公传》："窃恐焚林竭

泽之后,能无鱼惊鸟散之忧?"

由此可见,从战国时期以来,人们就已经有了保护野生资源,保护林木资源,维护大自然生态平衡的观点,"焚林而田"的田猎方式也就自然受到更加严格的限制了。

以上例证充分证明,"焚"字本义不是一般意义的"烧",也不是一般意义的"用火烧山林宿草",而是"烧田",即火烧山林草木以驱兽,然后聚而围猎的一种田猎方式。"烧"之义,当是从"焚"字本义派生出来的一个最为习见的引申义。《辞海》(修订本)、《辞源》(修订本)、《汉语大词典》三部大型语文辞书把"焚"字第一义项释为"烧",这是误将引申义代替本义的偶疏之说。《大辞典》和《汉语大字典》都把"焚"字之第一义项释为一般意义的"用火烧山林宿草",而不根据丰富的汉语文献材料释为远古的一种田猎方式,这也是欠精当的。笔者于此忝加考释,旨在为广大读者提供一点参考意见,也拟为以上五部大型语文辞书的再版修订提供一些参考意见。

(原载《贵州教育学院学报》1996年第2期)

汉字造字理论新说

一

　　汉字造字理论,即汉民族为汉语词谋求书写记录符号法则和规律的科学,在中国是一门传统的学问。这门传统学问叫做"六书学",以东汉许慎撰著的体大思精的不朽巨著《说文解字》为其代表。许氏《说文》在距今约两千年的汉朝出现,开创了系统研究中国汉字造字理论的先河,成为中国汉字学的开山鼻祖,筚路蓝缕,功莫大焉。如果没有以《说文》为代表的传统"六书学"开创奠基和引导示范的研究,后世学者对汉字造字理论的研究将会延宕更长的时间,将会走更多的弯路错路,因此,我们应当对具有开创之功、传布之功和沟通古今研究之功的"六书学"给予高度的评价,应当感谢许慎《说文》对汉字造字理论和中国文化作出的杰出贡献!

　　但是由于时代的历史的和汉代科学研究水平的局限,传统"六书"分类琐细庞杂,标准不一,精芜并存,难以规范和验证全部汉字,所以后世学人不断地对以《说文》为代表的"六书学"进行研讨、修订和补正,或在传统"六书学"的基础上另立新说,以求得对汉字造字理论的科学解说。较早对传统"六书学"提出异议的学者有明人杨慎。杨氏在其《六书索隐》中第一个把"六书"划分为"经"和"纬"两个部分:"(六书)象形居其一,象事居其二,象意居其三,象声居其四。假借者,借此四者也;转注者,注此四者也。四象以为经,假借、转注以为纬。"降至有清一代,清代学者万光泰在其《转注绪言》中指出:"六书四为体二为用,体不可离乎用,用不可离乎体。……转注、假借,二字皆用。"①其后,比万光泰年轻而名震学坛的著名学者戴震在《答江慎修先生论小学书》中对"四体二用说"进行了全面而深入的推阐。②戴氏之著名弟子段玉裁又在其《说文解字注》中把戴震的"四体二用说"推崇到极致:"戴先生曰:指事、象形、形声、会意四者,字之体也;转注、假借二者,字之用也。圣人复起,不易斯言矣。"今按:明人杨慎的"四经二纬说",特别是清人万光泰首倡、戴震进一步推阐、段玉裁极力推崇的"四体二用说",尽管流布深广,影响古今,但是笔者认为此二说如出一辙,强分"经""纬",强分"字之体""字之用",排斥"假借",唯字形是论,不符合汉字创制发展以记录汉语词的实际,因而理当扬弃。进入 20 世纪 30 年代,唐兰先生将传统"六书"去其三而留其三,建立了汉字造字法的一个新系统,即著名的"三书说":"象形、象意、形声叫做三书,足以范围一切中国文字。"③此"三书说"排斥假借造字

---

① 转引自张其昀《"说文学"源流考略》,贵州人民出版社 1998 年 1 月版,第 231 页。

② 推阐过程详见《戴东原集·答江慎修先生论小学书》,渭南严氏刻本。

③ 唐兰《中国文字学》,开明书店 1949 年 3 月版,第 78 页。

法,分"象形"和"象意",而唐氏自己对此二书又纠葛不清,不能自圆己说,整个"三书说"不符合汉字创制发展以记录汉语词的实际,因而受到了学术界的批评,鲜有赞同承继者。

值得欣喜的是,在 20 世纪的后 50 年,中国学术界出现了三家研究解说汉字造字理论的新"三书说"。这就是:(1)陈梦家先生 1956 年研究认为,汉字造字法在殷商甲骨文时期就已完备,这就是"象形、假借、形声",而且后世汉字仍然按照这三种方法和类型继续发展。①(2)裘锡圭先生 1988 年基本同意陈梦家先生的"三书说",但是作了一些修正:"我们认为陈氏的三书说基本上是合理的,只是象形应该改为表意(指用意符造字)。这样才能使汉字所有的表意字在三书说里都有它们的位置。"②(3)刘又辛、方有国二先生 2000 年提出了汉字发展为图画文字(商代以前)、表音文字(商代至秦)和形音文字(秦汉至现代)的三阶段说,提出了汉字造字法为"表形、假借、形声"的三书说。③笔者认为,作为汉字造字法研究的理论总结,这三家三书说大同小异,都是在传统"六书学"和前修时贤广泛研究基础上

---

①　陈梦家《殷虚卜辞综述·文字章》,科学出版社 1956 年 7 月版,第 76 至第 80 页。

②　裘锡圭《文字学概要》,商务印书馆 1988 年 8 月版,第 106 页。

③　见刘又辛、方有国《汉字发展史纲要》,中国大百科全书出版社 2000 年 1 月版,第 76 页、第 321 页。

的新发展,都一致认为假借是汉字创制发展中一种重要的造字方法,都注重揭橥汉字创制方法的本质及其发展规律,是 20 世纪值得充分肯定的重要研究成果。但此三家三书说中的"象形""表意"和"表形",笔者以为定名为"形意",更能概括、反映汉民族先民创制汉字之初特别重视依类象形、以形示意的创制思维特征,更能概括、反映汉字"画成其物,随体诘诎"的象形法和"视而可识,察而见意""比类合谊、以见指㧑"的表意法在造字方法上的共性特征,更能概括、反映汉字从远古图画文字到象形、表意文字阶段的演进规律。让"形意""假借""形声"三种造字法并列,形意可以突出其表形表意法的共性特征,假借可以突出其借音法的本质,形声可以突出其兼表形音法的特质。形意法代表的是汉字向形意方向发展的道路,假借法代表的是汉字向表音方向发展的道路,形声法代表的是汉字向兼表形音方向发展的道路。形意、假借、形声三法囊括了汉字全部的造字方法,也客观地反映了汉字造字法先后产生的历史顺序。这三种造字方法综合使用,重点向兼表形音的方向发展,可以创制出无穷无尽的汉字来满足记录汉语的需要。

二

　　形意法创制的汉字直接表示记录汉语词的意义,不表示汉语词的读音。形意法是汉字造字法中最早出现的一种造字方法。但是仅有形意造字法造字是不能满足记录汉语的需要的,因为汉语是一种发达的语言,汉语的词是丰富多彩的,有很多的汉语词难于或者完全不可能用形意法来为它们造字。于是,汉民族上古先民必须谋求新的解决办法。在漫长的社会发展过程中,智慧而富于创造力的汉民族上古先民找到了一个很好的解决办法,这就是让汉字的造字法向表音记词的方向发展。东汉著名文字学家许慎总结的"本无其字,依声托事"的假借造字法就是这样一把金钥匙。这把金钥匙可以顺利地解决形意法因无形可象、无事可指、无意可会而无法造字记词的矛盾,可以顺利地解决因形意法的局限而阻碍汉字发展的桎梏。例如:汉语读为"qí"的指示代词和语气词(姑以现代音为例说明),没有专门的书写符号(字)来记录它们,也即"本无其字"。本义为簸箕(竹器)的"其"("箕"的本字)字读音也为"qí",于是人们就把"其"作为同音的书写符号(字)借用来记录指示代词和语气词,从商代甲骨文借用至今而未专门造其本字。这就是"依声托事"。依照这个借用同音符号(字)来记词的办法,汉语量词"jīn"没有专门的书写符号(字),人们就借用本义为刀斧的同音字"斤"来记录。往来的"来"就是由本义为麦的同音字"来"借用而得以记录的。这种用假借同音的书写符号(字)来记录汉语词的方法,是汉民族上古先民的一项发明创造,是十分精巧的不造新字而使汉语词得到记录、使汉字得以快速发展的造字方法,

所以在殷周时期就迅速普及使用,而且普及使用率高得惊
人。刘又辛先生在其《汉字发展史纲要》中研究指出:"表
音字(假借字),这类字在殷代和西周约占 70％以上;春秋
战国时期,下降为 30％左右。"①故而刘又辛先生把殷商至
秦的汉字总结为"以表形文字为基础,以表音文字为主体
的表音文字"。②就是在秦汉至现代的汉字中,假借字仍然
为数不少。由此可见假借造字法的功劳之大,那些无视
"假借"在汉字造字理论中的重要地位而将"假借"排斥在
汉字造字法之外的观点实在没有道理。清代著名学者孙
诒让在《与王子壮论假借书》中十分精当地指出:"天下之
事无穷,造字之初,苟无假借一例,则逐事而为之字,而字
有不可胜造之数,此必穷之数也,故依声而托以事焉。视
之不必是其字,而言之则其声也,闻之足以相喻,用之可以
不尽。是假借可救造字之穷而通其变。"③可以这样说,对
汉语中那些表示抽象概念的词,对那些只有语法意义而
没有实词意义的虚词,以及用形意造字法不易创制或者
不能创制出新的书写符号(字)来记录的汉语词,很多都
可以采用假借的方法,借用同音的书写符号(字)来记录
它们。

---

①② 见刘又辛、方有国《汉字发展史纲要》,中国大百科全书出版社 2000
年 1 月版,第 132 页、第 207 页和第 321 页。
③ 见《籀庼述林》卷十。

三

　　汉字造字法在形意法之后产生了假借法,使得汉字中出现了大量的假借字,在一定程度上满足了记录汉语的需要。上古汉语是以单音词为主、语法形态变化较少的语言,汉语的音节只有几百个。大量的假借字出现之后,又产生了新的矛盾。因同音假借而导致一字多用,字的本义、引申义和假借义等多项意义并存于一体。字同音同而义异,无论是目治还是耳治都难于分辨识读,容易造成字义混淆。加上社会一天天地进步,社会的文明程度越来越高,新事物新概念不断产生,人们的思维不断地向缜密、科学的方向发展,用形意法和假借法创制的汉字数量有限,难以适应满足记录汉语的需要和社会发展的需要,因此必须谋求新的造字方法。汉民族先民在长期的社会发展进程中发现,所要谋求的新的汉字造字方法,应该克服已有造字方法存在的两个致命弱点:(1)形意法纯粹向意义方向发展而无法造出大量的新字来记录汉语词;(2)假借法因同音假借造成一字多用,一字多义,字同音同而义异的假借字太多,又容易引起混淆,不利于分辨识读,不利于汉字的发展。但是如果把形意法和假借法结合起来造字记词,在新造字中既兼顾表意,又兼顾表音,则可以洞开汉字造字法的新天地。许慎总结的"以事为名,取譬相成"的形声造字法,就是汉民族上古先民在长期的社会发展进程中

苦苦谋求到的能够促进汉字快速发展的最新、最佳的造字方法。最初用形声造字方法创制出的形声字,学术界一般是这样表述的:

> 由原来没有表音成分的表意字加上声符成为一个形声字;以原有的象形字和表意字为基础,作为声符,再加上意符(即形旁)而产生新的形声字。(周祖谟《问学集》上册,中华书局 1966 年 1 月版,第 10 页)
>
> 形声字起初都是通过在已有的文字上加注定符或音符而产生的,后来人们还直接用定符和音符组成新的形声字。不过就汉字的情况来看,在已有的文字上加注定符或音符,始终是形声字产生的主要途径。(裘锡圭《文字学概要》第 7 页。裘先生谓"表意部分称为形旁。形旁在普通文字学上称为定符或类符"。同上,第 6 页)
>
> 甲骨文中的形声字可分为两类:一类是在表形字上加注声符的形声字,另一类是假借字加形符构成的形声字。(刘又辛、方有国《汉字发展史纲要》,第 135 页)

以上三段引文,是学术界公认的关于形声字起源发展的定论,向无异议。但是笔者教学、研究汉字造字法多年,存有一点发疑之臆说,似乎不吐不快,故而在以上三段引文中的"加上声符"、"加上意符"、"加注定符或音符"、"加注声符"和"加形符"等诸字之下加了着重号。这里,笔者转换角度思考研究而想表达论说的观点是"加注"一词应该改为"借用",因为形声字的形(意)符和声(音)符不是通过"加注"或"加上"而得到的,而是通过假借的方法而得以借用的。我们在上一小节已经论说,假借法是借用已有的同音字来记录汉语同音词的造字方法,其关键是把已有的同音字作为同音的书写符号来借用,而不是创制新字。假借法既然可以把一个已有的字作为同音的语音符号(声符或音符)来借用,那么,是否也可以把一个已有的同意类的字或字的偏旁作为形(意)符来借用呢? 假借法的原理是否启发、催化了形声造字法的产生呢? 请看下面的论述:

> 故知假借之法,行于太初;依其理以造形声之字,而假借之用益大。是故形声之字,其偏旁之声……无义可言者,亦莫不由于假借。(《黄侃论学杂著·说文略说》,上海古籍出版社 1980 年 4 月版,第 5 页)
>
> 形声之字其所从之声多由假借。(《黄侃手批说文解字》,上海古籍出版社 1987 年 7 月版,第 945 页)
>
> 其(黄季刚)崇言闳论,有为前儒所未道,而可以启迪后学者至多。……如诠释形声字有借声借义之故,悉推明其所由来。(黄焯《序例》,同上书,第 1 页)
>
> 我们知道,假借早于谐声。因此,谐声字的一部分与假借字有先后连属的关系。……半形半音的谐

声字起初是同音假借。(魏建功《古音系研究》,转引自蒋善国《汉字学》,上海教育出版社 1987 年版,第 132 页)

假借方法的适应性是很强的。对找不到合适的单个假借字的双音节或多音节词,可以假借两个以上的字组合起来记录它。例如在纳西文里,对双音节词"化育"(pw╢ pa╢),就是"蒿"(pw╢)和"蛙"(pa╢)这两个词的象形字组合起来记录它的。在圣书字和楔形文字里,这种现象更为常见。(裘锡圭《文字学概要》,第 5 页)

黄侃、黄焯、魏建功和裘锡圭四位先生以上发人所未发的精辟论述,在客观上揭示了一个长期以来未被研究者们点破论明的重要原理,这就是:汉民族上古先民在发明创造形声造字方法之时,受到了先期产生应用的适应性很强的假借原理的启示:借用已有的同意类和同音的字(偏旁)来作为新造字的形(意)符和声(音)符,从而创制出兼表意音的形声字。具体可从以下三个方面来加以论说。

(一) 在一个原有的形意字的基础之上,借用一个同音字或字的偏旁来作为即将造出的新字的声(音)符,让原有的形意字与这个借用的声(音)符组成一个兼表意音的新的形声。例如:"齿"原已是个形意字,甲骨文的"齿"字连口和牙齿都描画了出来,形意俱现;后来人们借用一个同音的"止"字来作为表音的声符,原已产生使用的形意字与借用的声(音)符便组成了一个兼表意音的新的形声字"齿"。"星、鸡、凤、裘、往、囿、耤、雉"等字都如同"齿"字一样,借用表音声符与各自原有的形意字组成了兼表意音的形声字。这种在原有形意字的基础之上借用表音声符而组成的形声字,是最早创制的形声字,既能表意,又能表音,显然比纯粹借用同音字记录汉语词的假借字容易分辨识读,所以很快得到应用发展。

(二) 在一个原有表音字的基础之上,借用一个表示同意类的字或字的偏旁来作为即将造出的新字的形(意)符,让原有的表音字与这个借用的形(意)符组成一个兼表音意的新的形声字。用这个方法创制的形声字可分为两种类型。

1. 原有的表音字为假借字。例如:甲骨文多借用扫帚的"帚"来记录妇女的"婦(妇)";"帚"在甲骨文中除了借来记录婦女的"婦"以外,还被借去记录"歸(归)"、"神祇名"等意义的词。为了区别记录妇女的"婦",人们便借用"女"字作为表示意类的形(意)符,"帚"和"女"便组成了兼表音意的形声字"婦"。"狮、綵、妍、值、猝、祀、蜈蚣"等字都如同"婦"字一样,借用表示意类的形(意)符而与各自原有的假借字组成了兼表音意的形声字。

2. 原有的表音字不是假借字,而是形意字或形声字。

人们已为原有的形意字或形声字赋予了一个读音,但是该字记录的义项多,为了区别其中的一个义项,便借用一个能够表示意类的字或字的偏旁来作为即将造出的新字的形(意)符。这样原来已有读音的形意字或形声字便作为声兼义的声(音)符,与借用的形(意)符就组成了一个形声字。例如:形意字"取"有割取(耳朵)、捕获、获得、取妻等义项,本义和多个引申义都用"取"字来记录,而且读音都相同。为了区别"取妻"这个引申义,人们便借用"女"字来作为表示意类的形(意)符,原来已有读音的形意字"取"就作为声兼意的声符,"女"和"取"就组成了一个兼表音意的形声字"娶"。又如:"罔"字从网亡声,本是形意字"网"借用声(音)符"亡"而组成的形声字。"罔"字除去表示本义网罟和引申义网罗、编织等多项意义之外,还被借去记录同音的否定词(无、没有、不),而且这一假借义的使用频率很高。为了专门表示记录"网罟"之本义,人们便借用表示意类的"糸"字作为形(意)符,原来已有读音的"罔"就作为声兼意的声(音)符,"糸"和"罔"就组成了一个兼表音意的形声字"網"。①"贫、珥、溢、蛇、洲、趾、燃"等字都与"娶"、"罔"二字同属于声符兼表音意的形声字。《说文》常常用"亦声"的术语来解说它们。

―――――――――

① 在简化字中,后起的形声字"網"又被简化为"网",这实际上是恢复使用本字。

（三）直接借用一个表示意类的字或字的偏旁来作为即将造出的新字的形（意）符,再借用一个表示相同读音的字或字的偏旁来作为新造字的声（音）符,让借用的形（意）符和声（音）符组成一个新的兼表意音的形声字。例如:人们借"犬"字作为表示意类的形（意）符,借"良"字作为表示读音的声（音）符,"犬"和"良"就组成了一个兼表意音的形声字"狼"。"江、河、杨、桐、钯、钢、诂、诚"等字都是用这种借用形（意）符和声（音）符创制出来的形声字。这类形声字数量众多。

综上所述,笔者认为,在创制汉字以记录汉语的长期社会实践中,汉民族上古先民比较分析了形意法和假借法造字记词的利弊得失,受到了适应性很强的假借造字法原理的启发,借用已有的能够表示同意类的字或字的偏旁来作为新造字的形（意）符,借用已有的同音字或字的偏旁来作为新造字的声（音）符,借用的形（意）符和声（音）符组合起来,即可创制出兼表意音的形声字。美国语言学家布龙菲尔德在其《语言论》中指出:"真正的文字是利用数目有限的传统符号。"①汉民族上古先民发明创造的形声造字法,正是充分"利用数目有限的传统符号"来创制无穷无尽的汉字以记录汉语词的最佳造字方法。这标志着汉民族人民在漫长的社会发展进程中找到了最适合汉字自身发

---

① 布龙菲尔德《语言论》,商务印书馆 1980 年版,第 358 页。

展、最能产生新字、在世界文字中最有特色的发展道路,因而汉字得到了快速的发展。殷周甲骨文的形声字只有26%左右,而到春秋战国时期则增加到50%,到秦汉时期,以《说文》为代表,形声字则增加到80%以上。[①]这就使汉字从秦汉至今成为世界上独一无二的以兼表形(意)声(音)为主要特色的成熟的文字体系。

　　学习、借鉴和援引历代方家通人的丰硕研究成果,笔者获益良多,不胜感谢之至!本文冒昧地奉献笔者关于汉字造字理论的认识,关于形意造字法的定名及其解说,关于形声造字法的别议新解。这些鄙陋之见不知是否具有参考价值? 恭请方家通人不吝赐教指谬。

2000 年 12 月 31 日

(原载《中国文字研究》2004 年第 5 辑)

---

① 见刘又辛、方有国《汉字发展史纲要》,中国大百科全书出版社 2000 年 1 月版,第 323 页。

《唐写本说文木部》残卷古今论略

东汉许慎(字叔重)先生《说文解字》的今传最早版本为《唐写本说文木部》残卷(下简称《唐本》),为贵州独山籍晚清著名学者莫友芝(字子偲,1811—1871)于 1862 年所发现考鉴。晚清著名学者张裕钊在《莫子偲墓志铭》中评价子偲先生"迹半天下,名从之驰"。晚清以来,学术界高度珍视莫氏考鉴的《唐本》。本文综述评介《唐本》的考鉴、刊刻、流传与研究的概况,以飨同好。

一

同治元年(1862)初夏,莫子偲的九弟莫祥芝从祁门到安庆,把黟县令张廉臣藏有唐人写本《说文解字·木部》残卷的消息告诉其兄。平生嗜书如命的藏书家、学问家莫子偲便命其弟莫祥芝返回黟县,描摹录一副本来。张廉臣素钦蜚声士林的大学问家莫子偲,见莫祥芝"分毫摹似,仓猝不得就",于是慷慨地把《唐本》馈赠莫子偲先生。得到极其珍贵的《唐本》之后,莫子偲于"明年正月将至,检对一二,剧诧精奇。暮春寒雨,浃旬不出门户,乃取大小徐本通雠异同"。莫氏本是考鉴古书版本和研治《说文》的著名专家,因而考鉴、研究《唐本》自然驾轻就熟。根据《唐本》的避讳体例、宋人的鉴跋题记、篆书楷书风格、书写行款格式和书写纸张质地等五个方面的证据,莫氏精当准确地考鉴出《唐本》的抄写年代及流传经过。莫氏考鉴说：

> 纸高建初尺，尺有八分。第一纸右断烂，存"柤"
> 至"桓"八文，上端广四寸，下端广四寸六分。第二纸
> 中烂析为二：一广尺有一寸弱；……一广七寸八
> 分。……第三纸广尺有九寸八分……可因见唐经纸
> 尺度。卷末附（宋）米友仁"右唐人书篆法《说文》六
> 纸。鉴定恭跋"。合缝有绍兴小玺，跋后有宝庆初愈
> 松题记。知南宋犹在内府，后乃归嘉禾藏弄家。①
>
> 篆体似美源神泉诗碑，楷书似唐写佛经小铭志。
> 栝楷讳阙，而柳印不省，例以开成石经，不避当王之
> 昂，盖在穆宗后人书矣。纸坚洁逾宋藏经，盖所谓硬
> 黄者。在皖见前代名迹近百，直无以右之。……前辈
> 见戴侗引晁《记》唐本许书，虽刺谬，犹贵重。近人获
> 蜀石经残拓，宝过宋椠元钞。引此千岁秘籍，绝无副
> 移，径须冠海内经籍传本。②
>
> 纽烂；存左"卩"（旦）字。"卩"避睿宗讳省。③
> 栝，缺末笔以避德宗讳。"适"同偏旁，音嫌而避。④
> "桓"，"恒声"，"怛"缺笔避穆宗讳。亘，古文桓。
> 楷亦缺笔。⑤

---

①② 引自莫氏《笺异》之《附识》和《附草》。
③④⑤ 引自《笺异》"案""䰩""桓"三篆笺异语。

> 黟侯赠我硬黄写本书,乃是许君《说文》之断帙,
> 中唐妙墨无汉经。①

莫子偲慧眼考鉴《唐本》为中唐穆宗时的写本,并对《唐本》和传世的二徐本进行了开创性的校勘研究。《唐本》和莫氏的研究成果得以刊刻面世,不能忽略了曾国藩(字涤生)的高度重视和鼎力支持。莫子偲当时在曾氏的幕府之中,曾氏曾经委派莫氏到浙皖江南一带寻访《四库》未收之古籍。②得知莫氏考鉴出《唐本》并有校勘研究成果之后,曾氏高度重视,予以大力支持。在以往的《唐本》研究中,一直无人言及曾氏助莫的细节,今从曾氏《日记》中摘引如下:③

> 莫子偲来,久坐。渠新得唐人写本《说文》,仅木部下半一百八十文,自作《校勘记》,经较孙刻大徐本、祁刻小徐本,异同甚多,佳处不可胜数,大喜,以为天下之至宝也。(同治二年三月卅日)
> 阅莫子偲所为《说文木部校勘记》。(同治二年四月初一日)

---

① 引自莫氏《笺异》之《附识》和《附草》。
② 徐惠文《莫友芝年谱》,载《莫友芝研究文集》,贵州人民出版社1991年6月版。
③ 《曾国藩全集·日记》,中国致公出版社2001年5月版。

莫子偲来，将所得唐写本《说文·木部》重写一遍，将以刊刻，公诸同好。余与同至内银钱所，嘱为之精刻；其所为《校勘记》，将待陈硕甫先生来订定，而后发刻。（同治二年五月初七日）

中饭后，莫子偲、黎莼斋来一谈。……夜题莫子偲所作《唐写本说文笺异》。（同治二年十二月初九日）

饭后阅莫子偲所作《唐写本说文笺异》。（同治二年十二月廿九日）

阅莫子偲所为《说文笺异》。（同治二年十二月卅日）

拟作《题莫子偲仿唐写本说文木部笺异诗》，将其原书一阅。（同治三年八月初九）

由此我们得知，博学的曾国藩是十分重视莫氏考鉴、研究、刊刻《唐本》及其研究成果的，而且还曾出面请晚清著名学者陈奂（字硕甫）、张文虎（字啸山）等先生参与审定莫氏的研究成果。莫氏的研究成果最早暂名为《说文木部校勘记》，后来方定名为《唐写本说文解字木部笺异》。曾氏为莫氏《笺异》所题之诗，也几经修改，直到同治三年八月初九日，所题之诗方为定稿：

插架森森多于筍，世上何曾见唐本。莫君所得殊瑰奇，传写云自元和时。问君此卷有何珍？流传显晦经几人？君言是物少微识，残笺黯黮不能神。豪家但知贵锦袚，陋巷谁复怜綦巾？黟县令君持赠我，始吐光怪干星辰。许书劣存二百字，古镜一扫千年尘。篆文已与流俗殊，解说尤令耳目新。乾嘉老儒耽苍雅，东南严段并绝伦。就中一字百搜讨，诘难蜂起何龂龂？暗与此本相符契，古辙正合今时轮。乃知二徐尚鲁莽，贻误几辈徒因循。我闻此言神一快，有如枯柳揩马济。在昔趋朝陪庶尹，颇究六书医顽蠢。四海干戈驱迫忙，十年髀肉消靡尽。却思南阁老祭酒，旧学于我复何有？安得普天净欃枪，归去闭户注凡将。①

同治三年(1864)，莫氏将曾氏的题诗置于卷首，卷尾又收入刘毓崧《识语》、张文虎《附识》及方宗诚《跋》等，在曾氏出资帮助下，《唐本》及莫氏《唐写本说文解字木部笺异》在安徽安庆第一次公开刊出面世。这便是《唐本》及莫氏《笺异》的第一个木刻本。

二

1948 年，著名学者、北京大学周祖谟教授发表了《唐本说文与说文旧音》一文，同时影印了《唐本》残卷，高度评价了《唐本》及莫氏《笺异》，指出《唐本》"原物后归端方，尔后

---

① 《曾国藩全集·日记》，中国致公出版社 2001 年 5 月版。

流入日本,今为日人内藤虎氏所得。"①《唐本》原物由黟县令张廉臣馈赠莫子偲之后,怎么流入日本学者内藤虎氏之手的? 其间有何人见知? 辗转流传情况怎样? 学界论者或语焉不详,或有抵牾。今试引论爬梳。

笔者有幸与子偲先生同为贵州独山人。笔者祖父和父亲早年曾告诉我们:"莫五公(子偲先生排行为五,故独山老辈人尊称他为莫五公)去世后,家道逐渐中落,他的儿孙后来生活窘迫,出售过不少先人收藏的古籍文物。比如在民国二十年前后,贵阳人凌惕安就从莫五公孙子莫经农那里买过不少的'影山文物'。"贵州省社会科学院黄万机研究员在其《莫友芝评传》中就有子偲先生子孙出售影山草堂藏书的记载:

> 江南影山草堂藏书,莫友芝后人为生计所迫而出售个别精善本,如莫绳孙曾致函缪荃孙(清末著名目录家,张之洞《书目答问》的执笔人),谈及售书一事,函中云:"弟频年困厄,所如辄阻,家累数十口,无以资朝夕,前以汲古阁桃花纸《十七史》面恳为求售主……是书世所罕觏,先人以重值易来,今天不能保守,言之伤心。"②

---

① 引自周祖谟著《问学集》下册所载之《唐本说文与说文旧音》,中华书局1966年5月版。

② 黄万机著《莫友芝评传》,贵州人民出版社1992年6月版,第307页。

可见子偲先生之三子莫绳孙确实是迫于生计而出售先人所藏之古籍。关于《唐本》原物的出售,则有两说:

> (唐本《说文》)原稿,从杨守敬给缪筱珊的一封信中谈到:"守敬窃有呈者,草藏海内稀有之本,固有《艺风碑目》可考,然非专门金石家所能洞悉,则如何普示天下学者?或石印或双钩,必有题跋,溯所从来,声价必当倍增。即如莫氏之唐本《说文》,若非子偲先生刻之木,徐子静肯以千五百金购之乎?前年在金陵署中见墨本,则又增价三千金矣,此其明证也。"(杨祖恺《莫友芝的藏书及其在学术上的影响》,载《贵州文史丛刊》1985 年第 3 期)

> (莫绳孙)在致缪氏的另一信中,谈及出售唐写本《说文》残卷之事,云:"前托代售唐写本《说文》木部真迹手卷,此为海内经籍传本之冠,曾文正谓'获此一卷。宋椠元抄皆奴隶'。售价三千金,押价二千金。早年冯展云先生曾欲以威仪之数相易,先君未之允也。"所谓"威仪之数",即"威仪三千"。此卷于光绪晚年被两江总督端方买去;民国年间归"半亩园"藏书楼主人,秘不示人。后被日本藏书家内藤虎购去,从此流落东瀛。民国十八年(1929 年),我国著名藏书家傅增湘赴日,于内藤家亲赏此卷,题跋其端,以抒感慨。(黄万机《莫友芝评传》第 307 页)

　　子偲先生之次子莫彝孙早在同治九年(1870)就已去世。其三子莫绳孙在父亲去世以后,家道逐渐中落,生活落魄时曾托请学问家缪荃孙(字筱珊)代为出售家藏古籍是事实,但莫绳孙致缪荃孙的这封信,只开列了出售《唐本》的价格:"售价三千金,押价二千金",并没有具体的买主。冯展云先生早年曾欲以威仪之数三千金求购《唐本》,其时子偲先生健在,未允售出。黄万机研究员此说"此卷(指《唐本》)于光绪晚年被两江总督端方买去",当是后来辗转涨价售易的结果。从莫绳孙手中买走《唐本》原物的第一个买主当是光绪进士徐致靖(字子静,1826—1900)。因为与莫家交往颇多的杨守敬先生在致缪筱珊先生的信中说得非常清楚:"即如莫氏之唐本《说文》,若非子偲先生刻之木,徐子静肯以千五百金购之乎? 前年在金陵署中见墨本,则又增价三千金矣。"杨守敬(1839—1915)先生是清末民初的学问家。他是子偲先生的妹夫黎庶昌先生出使日本的随员,曾襄助黎氏辑印校刊著名的《古逸丛书》;更值得珍视的是,杨氏曾经目睹《唐本》原物的流传,且于光绪丁未年四月二日在金陵节署中亲笔在《唐本》原件上题笺作记:"此卷黄麻坚韧,墨光如漆,与守敬所藏唐人书《左传》无异。"(见周祖谟《问学集》下册所影印《唐本》之六)缪筱珊先生替莫绳孙代售《唐本》,作为当时的知情人和见证人,杨守敬先生在给缪氏的这封信中说的话当为可信。由此信可知,徐子静当是在莫绳孙生活十分落魄的情况下,

以低价"千五百金"从莫绳孙手中买走《唐本》原物的第一
个买主。后来因为《唐本》是莫子偲先生考鉴的唐写本《说
文》残卷，价值连城，所以不断增值涨价，世人争购，于是辗
转售易多人之手，两江总督端方仅是辗转售易中的一个买
主，后来白坚氏从完颜景氏处得到《唐本》，最后才转赠到
日本学者内藤虎氏手中的。请看日本下关大学朱葆华教
授致华东师范大学臧克和教授《关于〈说文〉唐写本残卷的
一封信》：①

　　（《唐本说文木部》）残卷以印花黄底缎子装裱，卷
面是清人费念慈的题签："唐写本说文木部残字 费念
慈重观题字 辛丑三月琴河舟中"。辛丑年是清光绪二
十七年，即 1901 年。卷端为曾国藩题字"唐写本说
文 同治七年七月 曾国藩题"。同治七年是 1868 年。
其后即是木部残字六纸，起于"櫼"字（"櫼"前尚有半
字，应为"柤"字），终于"楬"字。其用纸是唐写经常用
之硬质黄麻纸。……此后改为新装，首先是曾国藩同
治三年（1864 年）为子偲（莫友芝）先生的长篇题诗，继
以华日名流题字，止于郑孝胥"康德元年仲春二十六
日"的题跋。先后题字于其上的华日名流有：吴云
（1865 年）、翁同龢（1901 年）、杨守敬（1907 年）、陈宝

---

① 载于《中文自学指导》2000 年第 2 期。

霖（1908 年）、樊增祥（1908 年）、内藤虎次郎（1910年）、白坚（1926 年）、西园寺公望（1927 年）、张元济（1928 年）、傅增湘（1929 年）、独山敬（1932 年）、铃木虎雄（1929 年）等，像刘师培、陈三立等人的名字也在其中，而在清代装帧前的旧装帧上还有李东阳的印。莫友芝得此残卷后曾据以著《唐写本说文解字木部笺异》，后残卷归端方所有，周先生文中已介绍。1925年，此残卷为白坚所得（据白氏称，1925 年秋得自完颜景氏，不知此物何以流落于完颜景之手）。日人内藤虎氏得知此书在白氏手中，"愿斥其所爱之物思以易之"。白氏自称是内藤氏之私淑弟子，乃"感其言，遂以归之"。至此，一件日后（昭和十年，即 1935 年）被日本政府定为国宝的中华文物至 1926 年东渡扶桑，亦成为内藤氏恭仁山庄"四宝"之首。……内藤虎（1866—1934），又名内藤虎次郎，字炳卿，号湖南。喜收藏古书，曾多次来中国，与当时中华名流多有交往。他在中国收集了大量古籍……《说文》木部残卷公认为其四宝之冠。

朱葆华教授在信中还说："1985 年临川书店出版《新修恭仁山庄善本书影》（仅出版 350 部）。日本著名汉学家平山久雄先生从早稻田大学借得一本，得窥'四宝'之面目。《说文木部残卷》则系全文原色影印，据以睹其全貌也。"感谢朱葆华教授从日本为我们提供了如此珍贵的信息。笔者钟情研究《唐本》和莫氏《笺异》二十余年,一直无缘拜睹《唐本》原貌之风采,确实是一件非常遗憾的事情。

三

由于时代远久,所以东汉许慎的《说文解字》这一文字学开山巨著仅有南唐和宋初的二徐本传世。后世学者诸如清代的严可均、桂馥、段玉裁、王筠、朱骏声等人,在《说文》研究中虽多有疑义,多有稽核阐发,但毕竟拿不出早于二徐本的《说文》版本来厘定它、验证它,因而使人莫辨真伪。《唐本》在宋朝是皇室珍藏文物,是唐朝传下来的无价国宝,后流入民间,黟县令张廉臣将这一"千岁秘籍"馈赠莫子偲。莫氏即慧眼考鉴《唐本》为中唐穆宗时代的抄写本,并将其公之于众,这就为《说文》的深入研究提供了早于二徐本的《说文》版本,所以《唐本》具有极高的文献学、校勘学价值。莫氏精心研作著名的《笺异》,指出:"唐写许君书百八十有八文,与两徐本篆体不同者五,说解增损殊别百三十有奇,衍误漏落所不能无,而取资存逸订讹十常六七。"莫氏又指出:较之二徐本……《唐本》有"说解殊别之善;增字之善,……减字之善,……次字之善,……尤稀世之珍,千金一字者也。"关于《唐本》之音切,莫氏研究指出:"今行《系传》音,出朱翱《五音韵谱》,楚金所加;鼎臣校定,自取《唐韵》,皆出唐后,不若此音之古。其'祖'云:'庄

余',溢大徐'侧加'外,正协'从且'古音。'柂'云:'力支',
与大徐'池尔'异,正得'柂、篱'古今字正读。若斯之流,随
手皆宝。"清代学者张文虎指出:《唐本》"善处往往出今本
外,其传在铉、锴前无疑。金坛段氏注许书,补苴纠正,多
与暗合,益知段学精审,而此帙可贵"。①清代学者方宗诚评
价说:"莫君适获此卷于燹余,乃足冠海内经籍传本,宝袭
精勘,尝自比于西州漆书、蓬莱石经。""许君书仅二徐传
本,不免阙误。此写本既在二徐前,又资补正数十事,故虽
断简,剧可宝贵。"②为答谢曾国藩对《唐本》和《笺异》的题
诗,莫氏撰作了《湘乡爵惠题唐写本说文卷子次韵奉答》和
《湘乡相公命刊唐写本说文残卷笺异且许为题诗歌以呈
谢》二诗,清末民初的陈衍在其《石遗室诗话》(卷二十八)
中引录了这三首著名的《说文》学问诗,且点评为"时题咏
犹然"。20世纪20年代末,现代著名学者丁福宝在其《说
文解字诂林自叙》中高度评价《唐本》和莫氏《笺异》,把莫
氏《笺异》列入清代《说文》大家之列,评价"莫友芝之《唐本
说文木部笺异》稽核异同,启发隐滞,咸足以拾遗补缺,嘉
惠来学"。现代著名学者、北京大学周祖谟教授1948年在
其《唐本说文与说文旧音》中评价指出:"唐本诚大胜二徐
本。不有唐本,终难定二徐之精粗美恶也。"③马叙伦教授

---

　①②　引自莫氏《笺异》书末所收张文虎《附识》和方宗诚《跋》。
　③　引自周祖谟著《问学集》下册所载之《唐本说文与说文旧音》,中华书局
1966年5月版。

在其著名的《说文解字六书疏证》中逐篆援引《唐本》说解、篆体及莫氏《笺异》以证其说。《唐本》及莫氏《笺异》第一个木刻本在同治三年(1864)于安庆刊刻面世以来,学术界、出版界给予了高度重视,再版、影印者主要有:

1925年,贵阳文通书局在《黔南丛书》第三集中按照安庆原刻本重新刻印了《唐本》和莫氏《笺异》。

1960年,扬州人民出版社在所出版的《独山莫氏郘亭丛书》(六十六卷,线装本)中又收印了《唐本》和莫氏的《笺异》。

1966年,中华书局出版北京大学周祖谟教授的《问学集》,书中所收《唐本说文与说文旧音》一文影印了《唐本》。周教授考鉴了"唐本木部之字次固优于二徐,然与唐以前本尚有不合;训解大胜于二徐,惟亦有讹误;唐以前人所引《说文》之旧音分为二系:一与顾氏《玉篇》相合,一与《字林》相近;唐本《说文》木部与《字林》之音实为一系"。周氏高度评价了《唐本》和莫氏《笺异》,同时又对学术界无人继踵莫氏系统研究《唐本》表示忧虑:"今木部之传已逾八十年,然自莫氏之后,终亦无人辨其源流,重加考证,为可异耳。"

进入20世纪八九十年代,重视、影印、再版、撰文研究《唐本》和莫氏《笺异》的学者渐多。武汉大学张舜徽教授1983年在中州书画社出版的《说文解字约注》中几乎是逐篆征引《唐本》和莫氏《笺异》以证其说,评价甚高。1984

年,台湾地区文海出版社在"近代中国史料丛书第四十一辑"中出版了《莫氏四种》,其一即为《唐本》和莫氏《笺异》。吉林大学姚孝遂教授在其《许慎与说文解字》一书中肯定地说:"我们现在能见到的(《说文》)最早本子是唐代残写本,只剩下'木部'一八八字。一般认为写于8世纪20年代唐穆宗时。"①1985年,日本临川书店在出版的《新修恭仁山庄善本书影》中影印了《唐本》(见上)。1986年,黔南教育学院按照《黔南丛书》所刻之版本影印了《唐本》和莫氏《笺异》,笔者在《跋》语中评价指出:"桑梓前辈朴学大师莫子偲先生《仿唐写本说文解字木部笺异》自同治三年曾文正公命刊行于世以降,迄今百十又二春秋矣。子偲先生慧眼识鉴《唐写本说文木部残卷》,且详为之笺。笺语精审,后出转精,匡谬补正前修之失,考镜源流,澄清千年错讹,发人所未发,累累卓识尤为后人所重。"1987年出版的《汉语大字典》第二卷《木部》字训释,一般据引二徐本而不引《唐本》;唯在"杝"字训释中征引"莫友芝木部笺异:《说文》无篱字,杝即篱也"。仅此一见。贵州教育学院周复刚教授有两篇论文研究《唐本》和莫氏《笺异》,一篇是《莫友芝与唐写本说文残卷》,②一篇是《莫氏小学四种评介》。周教授在《莫氏小学四种评介》一文中指出:"对于《说文》学,

① 姚孝遂著《许慎与说文解字》第8页,中华书局1983年7月版。
② 载于1986年《贵州历史文献研究会首届年会专辑》。

残《唐本说文残卷》无疑是重要材料,怎么评价都不过分。但莫氏在《唐说文笺异》中始终保持着冷静、求实的朴学态度,是其所是,非其所非,不粉饰,不夸张,不出无根之言。……莫氏之于唐本《说文》,既有发现之功,亦殚整理之劳。其所作《笺异》,是一部朴实而又精博的研究唐本《说文》的学术专著,在《说文》学上享有崇高的地位。"①1990 年,黔南教育学院发起成立莫友芝研究会,深入开展莫友芝研究活动。贵州人民出版社于 1991 年 6 月公开出版了该研究会的研究成果《莫友芝研究文集》,著名作家、学者、贵州省文联主席蹇先艾先生作了书序。这是迄今为止所能见到的唯一一本专门研究莫子偲先生的论文集,其中研究《唐本》和莫氏《笺异》的论文主要有:丁伟华《开展独山莫氏遗著的整理研究》、徐惠文《莫友芝年谱》、杨祖恺《莫友芝一家的学术活动》、郑伟章《莫友芝的藏书和目录学》、周复刚《莫氏小学四种评介》、王圣强《论学人之风》《莫友芝〈说文〉故事诗点注》、梁光华《试论莫友芝对〈说文〉研究的贡献》《莫友芝研究综述》等;还收录了晚清至民国时期关于莫氏《笺异》的序跋。《莫友芝研究文集》中研究《唐本》和莫氏《笺异》的论文,资料翔实,方法科学,论证严谨,各篇论文都有创新之见,且风格各异,因而卓然可观。王昱昕先生在《莫友芝的〈仿唐写本说文解字木部笺

---

① 载于《贵州文史丛刊》1987 年第 2 期。

异〉评述》中除了评价莫氏《笺异》的特点和崇高价值,还对复旦大学图书馆作为善本珍藏的著名目录学家王欣夫依样过录莫氏朱批《笺异》的部分内容作了介绍述评。①贵州省社会科学院黄万机研究员有多部论著论及《唐本》和莫氏《笺异》。在其 1992 年出版的《莫友芝评传》中,黄研究员从"辨字形,辨字音,辨字义"和"从增字与减字看《唐本》的精善"诸方面研究评价了《唐本》和《笺异》,盛赞《唐本》精善可贵,《笺异》精审卓异,莫氏治学谨严。

1998 年,贵州人民出版社几乎同时出版了两本《说文》研究的专著。其一是张其昀教授的《"说文学"源流考略》。该书搜罗详备,其在第三编第六章"关于传世《说文解字》的校勘"中,专门详细地介绍莫氏《笺异》的体例、特点和主要研究成果,评价甚高。其二是在所出版的著名的《贵州古籍集粹丛书》中精装出版印行了梁光华撰作的《唐写本说文解字木部笺异注评》(贵州省 1996 年哲学社会科学研究课题,32 万字),全文影印了《唐本》。梁著第一次对《唐本》和莫氏《笺异》进行了全面系统的校勘、标点和注释。关于《唐本》及二徐本之精善与偶失,关于莫氏《笺异》之精审与偶疏,关于现当代大型汉语辞书字典有关木部字之精当与偶疏,梁著都一一作了注评研究。贵州大学王锳教授评价说:"光华同志对《唐本》残卷原书及《笺异》作了几乎

---

① 载于《贵州文史丛刊》1990 年第 3 期。

是逐字逐句的疏通证明,堪称残卷及《笺异》的功臣。《笺异》有些条目无注语,本书加以补正;《笺异》引证一般不注出处,本书予以注明;《笺异》引书名、篇名时用简称,或仅引注文而不及原文,或引文有所节略,本书一一详加考证并作补充。《笺异》的校勘意见中,精辟中肯的占绝大多数,本书给以充分肯定并每有补正发挥;残卷原书及《笺异》偶有疏失,本书作者也不曲意回护,而是径予指出,是其所是,非其所非,大都持之有故,言之成理。有的结论可补前代辞书和现代大型语文辞书注音释义的缺失。"①时任贵州科技出版社副总编孟志钢编审撰文评价说:"梁光华先生的《注评》是第一个对《唐本》和莫氏《笺异》进行系统校勘、注评的专著。《注评》一书的公开出版,一定会引起海内外学术界同行专家和广大读者的关注,同时也表明贵州省又增加了一位具有国内一流水平的中青年《说文》学专家。"②上海师范大学徐时仪教授也撰文评价说:"梁光华先生倾数年心力,黄卷青灯,潜心唐写本《说文》和莫氏《笺异》的研究,功夫不负有心人,终结硕果,为学界奉献了《唐写本说文解字木部笺异注评》这部值得一读的好书,成为全面、系统地注评唐写本《说文》和莫氏《笺异》的第一位学者。读好书

---

① 《唐写本说文解字木部笺异注评·序》,贵州人民出版社 1998 年 7 月版。

② 孟志钢《评〈唐写本说文解字木部笺异注评〉》,载于《贵州文史丛刊》1998 年第 4 期。

是人生的一种享受,细品其书,觉其诚为许氏之知音矣,亦诚为莫氏的诤友矣。"①

1999 年,中国社会科学院博士后赵平安研究员在其《〈说文〉小篆研究》一书中,把《唐本》与大徐本木部篆文一一对应,进行了细致的对比研究,认为:"唐写本与大徐本的差异,既有说解方面的,也有小篆书写方面、所处位置方面、字数多寡方面、形体结构方面的,都可以看作是传抄刊刻造成的。"②

2001 年,华东师范大学臧克和教授、王平教授合著《说文解字新订》(中华书局 2002 年 9 月版),利用日人内藤虎氏所藏唐写本《说文》原件和地下出土文字材料,对勘莫氏同治安庆木刻本《唐本》,同时比较二徐本,对《唐本》小篆字形进行了系统的开创性的研究,认为日藏唐写本《说文·木部》"小篆属于中唐风格","存真可靠","提供的是成批共时的材料,自可成系统地反映某一版本的变异",因而在该书之《前言》中特别声明:"本书除了未经传抄的唐写本残卷的字形和有定论的出土文字材料,其余一概不予采用。"

2003 年,王平、臧克和两位教授又在《文史》2003 年第 2 辑总第 63 辑上发表了《日藏唐写本〈说文·木部〉残卷原

① 徐时仪《读〈唐写本说文解字木部笺异注评〉》,载于《贵州文史丛刊》2003 年第 1 期;又载中华书局《书品》2003 年第 5 辑。

② 赵平安《〈说文〉小篆研究》,广西教育出版社 1999 年 8 月版,第 109 页。

件与大徐本小篆形讹字考订》一文,指出:"仅就日藏《说文·木部》唐写本残卷的比较对照和分析联系,已经发现有文献根据的小篆字形讹误即达 245 字,可以说《说文》(这里特指大徐本)所著录的整个小篆系统字形存在的讹误会是相当惊人的。"该文依据日藏唐写本《说文·木部》小篆字形和地下出土文字材料,着重论析了大徐本"檘、槩、桼、楉、桽、桥、枯、㯕、櫓"等九个小篆字形的讹误,方法科学,材料真实可靠,论析严谨。

王、臧两位教授在文末指出:"国内治《说文》者,称引唐写本夥矣。但问题在于,唐写本本身就存在若干问题,国内学术界流布的所谓唐写本不过是晚清学人翻刻的文献,与唐写本原件也有一些出入。唐写本原件在日本被当作'国宝'级文献收藏,此殆所以为国宝欤?"

2006 年 7 月作家出版社将梁光华的《唐写本说文解字木部笺异注评》(32 万字)列入以保存百年《说文解字》研究文献为目的的超大型《说文解字研究文献集成》(3 000 万字)之中公开出版发行,海内外学术界评价甚高。

北京大学何九盈教授在《中国语文》2006 年第 5 期上发表《唐写本〈说文·木部〉残帙的真伪问题》一文,据孙诒让之旧说,不仅怀疑《唐写本说文解字木部》残帙为伪作,而且进而推测"莫友芝、曾国藩、张文虎等都盛赞段《注》严《校》'多与暗合'的问题,安知不是作伪者取段严校注作为造假的资料呢?"对此,梁光华在《中国语文》2007 年第 6 期发表《也论唐写本〈说文·木部〉残帙的真伪问题》，与何九盈先生商榷。梁文从《唐本》残帙说解例证、《唐本》残帙字次例证、《唐本》残帙反切音系、《唐本》残帙避讳、纸质篆法诸方面力证《唐本》残帙确系中唐写本，指出：

> 《唐本》是我国东汉许慎《说文解字》的最早残写本。……1926 年《唐本》随日本学者内藤虎次郎东渡日本；1935 年日本政府鉴定中华千岁秘籍《唐本》为日本国宝……如果何教授怀疑《唐本》是赝品、伪作，那么我们今天完全可以通过中日民间学术团体或中日官方渠道，组织专家前往日本大阪杏雨书屋鉴定《唐本》的真伪，还历史的本来面目，免去笔墨论争，了却《唐本》真伪的历史公案！

《中国语文》2007 年第 6 期还同时发表了沈之杰博士《试论唐写本〈说文·木部〉残帙在清代以前的定位与流传》一文，从《唐本》残帙作为唐代书法珍品收入宋朝宫廷内府，宋代大书画家米友仁的鉴定跋语以及官私钤印诸方面力证《唐本》残帙"无疑是唐写真本"，根本不可能是伪作。读者、专家可将何文与梁文、沈文对比研读参看。

综观学术界近 150 年来关于《唐本》的考鉴发现、刊刻流传与研究，尽管《唐本》流入了日本，现存于日本大阪杏雨书屋是一大遗憾，但是《唐本》作为东汉许慎《说文解字》

今传的最早残本可以作为定论,画上圆满句号了。随着学术界对《唐本》和莫氏《笺异》的深入研究,其累累硕果一定能为古籍校勘整理、文字学、音韵学、训诂学和汉语字词典编纂的同行学者们吸收采用,一定能够丰富和推动《说文》学研究向前发展。

（原载《中国文字研究》2005 年第 6 辑。2010 年作者在河南漯河举办的第二届许慎文化国际学术研讨会作大会主题报告时,内容有增补。）

二徐本《说文·木部》研读四题

汉字字圣、东汉许慎(字叔重)《说文解字》巨著的主要完整传本有二:一为徐铉(字鼎臣)校订的《说文解字》,一为徐锴(字楚金)校注的《说文解字系传》。徐铉为兄,徐锴为弟,所以世称徐铉校订的《说文解字》为大徐本,徐锴校注的《说文解字系传》为小徐本,或并称为二徐本、二徐《说文》。二徐兄弟都是传承许氏《说文》的千秋功臣!由于二徐所处的南唐、宋初与许慎《说文》问世之时的东汉永元年间相距有八百多年之遥,许氏《说文》在这八百多年的流传中形成了不同的传本,徐铉、徐锴兄弟根据当时所见的《说文解字》的不同传本来校订、校注许氏《说文》,所以二徐《说文》互有异同,故而后世考订研究的论著甚丰。今据文献史料、前修之见研读二徐《说文·木部》"梳、桶、桱、桰"四篆义训说解,旨在窥见许氏《说文》此四篆义训说解之原貌,并兼评古今之说,以申拙见。不当之处,恭请方家不吝赐教。

一、释"梳"

二徐《说文·木部》:"梳,理发也。"

《玉篇·木部》:"梳,理发也。"《广韵·鱼韵》引释曰:"《说文》'梳,理发也。'"今按:《玉篇》《广韵》及二徐《说文》"梳"篆义训说解当有脱误。段玉裁《说文解字注》校改为:"梳,所以理发也。"王筠《说文解字句读》据玄应《一切经音义》所引《说文》校改为"梳,理发者也。"沈涛《说文解字古本考》"梳"篆释语曰:"涛按:《一切经音义》卷四引'梳,理发者也。'是古本多一'者'字。盖'梳'之本义为理发之器,因而理发亦谓之'梳',乃引申之义。浅人删去'者'字,误矣。"莫友芝于清同治元年于安庆考鉴同治三年刊刻于世的《唐写本说文木部残卷》(以下简称《唐写本》)。①段氏、王氏、沈氏并未得见。《唐写本》曰:"梳,理发者也。"王氏、沈氏所改所释,正与《唐写本》相同。张文虎在莫友芝所撰《唐写本说文解字木部笺异·附识》中研究指出:"梳,理发者也。释义已足,《篇》《韵》二徐皆失'者'字。段以意补'所以',赘。"今人张舜徽《说文解字约注》曰:"多一'者'字始足明梳是理发之器,有'者'字者,是也。《唐写本说文木部残卷》正作'理发者也',是六朝旧本皆然矣。今二徐偶夺一字,而释意晦,宜据补。"然而《汉语大字典·木部》却在"梳"字释语中引释曰:"梳,梳子。《说文·

① 清莫友芝同治元年于安庆考鉴的《唐写本说文木部残卷》真迹,今存于日本大阪杏雨书屋。《唐写本说文解字木部残卷》和莫友芝所作的《唐写本说文解字木部笺异》国内有以下几个主要版本可查:

(1) 同治三年安庆刻本;

(2) 1925年贵阳文通书局刻本;

(3) 1960年扬州人民出版社出版的《独山莫氏郘亭丛书》刻本;

(4) 1998年贵州人民出版社出版的梁光华《唐写本说文解字木部笺异注评》印本。

木部》:'梳,理发也。'段玉裁注:'梳,所以理发也。所以二字今补。器曰梳。'"

《汉语大字典》不应把有误的二徐《说文》之义训说解和段玉裁的《说文注》注语作为"梳"字释义的依据,而应当据引比二徐本更早的可靠的《唐写本》及玄应《一切经音义》所引"梳"字说解,方为恰当。

二、释"桶"

二徐《说文·木部》:"桶,木方,受六升。"

严可均《说文解字校议》:"桶,木方。疑当作方斛。《广雅》'方斛谓之桶。'古者十斗为斛,云'六升'则太小,疑当作'六斗'。隶书'斗'为'升',与'升'形近也。"段玉裁《说文解字注》于"桶"说解之下亦注曰:"疑当作'方斛,受六斗'。"王筠《说文句读》亦于"桶"篆说解之下注曰:"'木方'二字,诸本或作'木器',或作'木方器'。段氏、严氏皆曰疑当作'方斛,受六斗',引《广雅》'方斛谓之桶',而'六斗'无据,当阙之。"《唐写本》:"桶,木方器也,受十六升。"莫友芝《唐写本说文解字木部笺异》注曰:"据段说,证《唐本》更'十六'为'六十'即协其义。"张文虎《舒艺室随笔》卷二注曰:"斛,十斗。而云'六升',字形相近而讹。《唐本》'十'字不误,而仍衍'六'字。"今人张舜徽《说解字约注》曰:

秦数以六为纪,或秦时本有六斗斛,汉犹沿用,后始废之耳。斗、升二字,隶书形近易混,故今本许书误斗为升也。《唐写本说文木部残卷》作"木方器也,受十六升"。则又以六十升易六斗,复误倒六十为十六,皆传写乱耳。独说解首句,赖唐写本犹存其真,弥足宝也。说解原文,当云:木方器也。受六斗。

今按:许氏《说文》"桶"篆说解,历代争讼不一,清人严氏、段氏、张氏之说不足取,王氏存疑不妄断之说审慎。今人张氏云:"《唐写本说文木部残卷》作'方器也,受十六升'。……复误倒六十为十六,皆传写乱耳。独说解首句,赖唐写本犹存其真,弥足宝也。"张氏此说可取,但张氏认为:"今本许书误斗为升也",而且最终作结曰:"《唐写本说文木部残卷》以六十升易六斗……说解原文,当云:木方器也。受六斗。"张氏此"受六斗"之说,又颇值商榷。笔者研读认为,《说文》"桶"篆说解首句,《唐写本》之"木方器也"当为许书原文,二徐均脱"器也"二字当据补;其说解第二句,《唐写本》之误,仅误倒"六十"为"十六",而二徐本之误,则在"六"与"升"之间脱一"十"字。此以许氏《说文》和班固《汉书》为证:《说文·斗部》"斗,十升也"。《汉书·律历志》"十升为斗"。《唐写本》和二徐本均写作"升"字,此"升"字当为许书"桶"篆说解第二句原文,后人不当臆改为"斗"字。莫氏《唐写本说文解字木部笺异》"据段说,证《唐本》更'十六'为'六十'即协其义"之说,最得许氏《说文》本意。由此,笔者研读认为,许氏《说文》"桶"篆说解当为:"木方器也,受六十升。"《汉语大字典》"桶"字释义从二徐之说,亦宜据改。

三、释"桎"、"梏"

大徐《说文·木部》:"桎,足械也。从木,至声。""梏,手械也,从木,告声。"

小徐《说文·木部》:"桎,足械也。从木,至声。""梏,手械也,所以告天也。从木,告声。"

二徐《说文》"桎"、"梏"二篆说解有同有异。严可均《说文校议》注曰:"桎,《〈周礼·掌囚〉释文》《御览》卷六百四十四引:'足械也',下有'所以质地'。""梏,《〈掌囚〉释文》《御览》卷六百四十四引:'手械也',下有'所以告天'。"段玉裁《说文解字注》亦据唐陆德明《周礼音义》所引校改为:"桎,足械也,所以质地。""梏,手械也,所以告天。"王筠《说文句读》据《太平御览》所引校改为"桎,足械也,所以质地。""梏,手械也,所以告天也。"王氏"梏"篆说解从小徐本,"告天"之下衍一"也"字。沈涛《说文古本考》则详注曰:"《〈周礼·掌囚〉释文》引'梏,手械也,所以告天。桎,足械也,所以质地。'《御览》卷六百四十四《刑法部》引同;是古本有'所以告天','所以质地'八字。此盖申明从告、从至之意,所谓声亦兼意也。二徐不知而妄删之,误也。"沈氏此统言"二徐不知而妄删之,误也",不准确不属实。

其实小徐本"梏"篆说解之下本有"所以告天也"五字,仅衍一"也"字。《唐写本》:"桎,足械也,所以质地。""梏,手械,所以告天。"《唐写本》"手械"之下脱一"也"字,当据二徐本补之。严氏、段氏、王氏、沈氏所校所改,暗合《唐写本》。莫友芝《唐写本说文解字木部笺异·再校易稿识后》指出:"梏,所以告天。桎,所以质地。虽二徐不备,尚有《〈周礼〉释文》《太平御览》引证者,尤稀世之珍,千金一字者也。"莫氏以此统言"二徐不备",疏误同沈氏,小徐本"桎"篆说解之下有"所以质地也"仅衍一"也"字。晚清就已确证之《说文》"桎"、"梏"二篆说解,而《汉语大字典·木部》却据大徐本释曰:

《说文》"桎,足械也。从木,至声。"
《说文》"梏,手械也,从木,告声。"

后出之现代大型字书《汉语大字典》本当后出转精,却存有此疏误,宜当在"桎"、"梏"二字释语中引证《说文》时,分别校补"所以告天"、"所以质地"八字方为不误。

(原载梁光华《问学论稿》,
贵州民族出版社 2012 年 6 月版)

《唐写本说文木部残卷》的唇音反切和汉语轻重唇音的分化完成期

一

我国晚清著名学者莫友芝(1811—1871)同治二年在安徽安庆考鉴发现的《唐写本说文木部残卷》,是我国迄今为止所能见到的《说文解字》的最早写本。[①]关于这个最早写本的成书年代,莫友芝在其《唐写本说文木部笺异·引言》中考证介绍说:

> 同治改元初夏,舍弟祥芝自祁门来安庆,言黟县宰张廉臣有唐人写《说文解字·木部》之半,篆体似美原神泉诗碑,楷书似唐写佛经小铭誌,桰、柜讳阙,而栁、印不省,例以开成石经,不避当王之昂,盖在穆宗后人书矣。

莫氏的这个考证结论,得到了学术界的普遍公认。例如周祖谟先生就曾这样肯定地说过:

---

① 莫友芝考鉴发现的《唐写本说文解字木部残卷》,载贵阳文通书局 1925 年出版的《黔南丛书》,或见江苏扬州人民出版社 1960 年出版的《独山莫氏郘亭丛书》。

木部残本为清同治元年莫友芝得自安徽黟县令张仁法者,共六纸,存一百八十八字,将近全书五十分之一。两纸合缝处有绍兴小印,卷末有米友仁鉴定跋语。以篆法及内容观之,确为唐本无疑。……其中栝、恒、柜三字皆缺末笔,栝避德宗嫌名,恒避穆宗讳,是以莫氏定为中唐人所书。①

姚孝遂先生也曾在其《许慎与说文解字》一书中说过:

我们现在所能见到的最早本子是唐代的残写本,只剩下"木"部的一八八字,只占整个《说文》九三五三字的不及五十分之一。一般认为是写于九世纪二十年代唐穆宗时。②

这个《唐写本说文木部残卷》所保存的反切读音,是汉语语音史上的一份宝贵资料。本文不准备对它的反切作全面的详尽考证,只对其唇音反切作一些分析讨论,并由此对汉语重唇音和轻唇音的分化完成期略抒浅见。不当之处,恭请方家教正。

---

① 见周祖谟先生《问学集》下册,中华书局 1966 年版。
② 见姚孝遂先生《许慎和说文解字》,中华书局 1983 年版,第 8 页。

二

《唐写本说文木部残卷》共存唇音字二十三个(重文不计)。根据被切字及其反切上字的关系,《唐写本说文木部残卷》的唇音反切可以分为以下三类:

(1) 重唇字切重唇字的例子,仅见一例:

杓,匹幺反。

(2) 用轻唇直音字直接给轻唇字注音的例子,共见三例:

柿,音肺。
枹,音浮。
棐,音匪。

(3) 反切上字均为轻唇音字的例子,共见以下十九例:

杷,父加反。	栝,方来反。
槃,父安反。	椑,父迷反。
棚,父萌反。	棓,父项反。
柄,方命反。	柲,方位反。
榜,父庚反。	橥,亡笃反。

椪，父奚反。　　　　枰，防柄反。

楄，父千反。　　　　楅，方力反。

枬（《残卷》只残留反切上字"方"，反切下字
亡佚。）

以上十五字均为轻唇字切重唇字的例子。

柫，父勿反。　　　　橃，符月反。

榎，父又反。（又音復）

柎，方于反。

以上四字均为轻唇字切轻唇字的例子。

研究《唐写本说文木部残卷》关于重唇切重唇、轻唇切
重唇以及轻唇切轻唇（包括三个轻唇直音字）的以上三类
反切，我们可以得出这样的结论：在中唐时期，即公元九世
纪初的唐穆宗时期，汉语的唇音声母是不分重唇音和轻唇
音的，或者说，汉语的轻唇声母尚未从重唇声母中分化
出来。

三

清代著名音韵学家钱大昕在其《潜研堂文集》卷十五
中说："凡今人所谓轻唇音，汉魏以前皆读重唇，知轻唇之
非古也。"钱氏的这一重要发现，已成为举世公认的定论。

隋代陆法言的《切韵》产生于公元 601 年,其时(公元七世纪初)汉语的唇音声母仍然不分重唇和轻唇。这也是举世公认的定论,无需赘言。但是,进入唐代以后,轻唇声母何时从重唇声母中分化出来,这又是音韵学界意见各异、迄今仍在讨论的一个重要学术问题了。

瑞典著名汉学家高本汉曾在其《分析字典·引论》中说过:"还在唐朝初年的时候,旧时的双唇(重唇)音,在某种情形之下,就变成了唇齿(轻唇音)[f]、[fʻ]、[v]、[m]了。(其中最末的,后来又失去了。)"①

王力先生在其《〈经典释文〉反切考》中说:"《经典释文》时代,舌头舌上不分,轻唇重唇不分,完全可以肯定。"王力先生还在其《玄应〈一切经音义〉反切考》中说:"玄应反切中,帮系和非系混用,与《切韵》是一致的。"②

《经典释文》的作者陆德明是隋末唐初(550—630)人,陆氏的《经典释文》作于公元 583 年。《一切经音义》的作者玄应是唐初和尚,为唐贞观末年大慈恩寺翻经法师。稽考这两部书的唇音反切,笔者得出的结论和王力先生的结论是一致的。笔者在上面分析了写于九世纪初中唐穆宗时期的《唐写本说文木部残卷》的唇音反切,得知它的唇音声母尚未区分为重唇音和轻唇音。由此可见,在中

---

① 见王静如译《中国古音〈切韵〉之系统及其演变》第 187 页。
② 见王力先生《龙虫并雕斋文集》第三集第 125 页和第 150 页。

唐以前,汉语唇音声母肯定还没有分化为重唇音和轻唇音。

　　究竟汉语重唇音和轻唇音的分化及其完成期在什么时候呢? 研究汉语语音史资料,笔者认为汉语轻唇音和重唇音的分化完成期,应当是唐末到宋初这一时期。论据有四:

　　(一) 唐末僧人守温的《韵学残卷》已经提到了唇音声母分化的问题。守温的《韵学残卷》所列的唇音字母虽然只有"不芳并明"四个,没有专门区分重唇和轻唇,但是,守温在第三截第二段"声韵不和,切字不得例"中有这样一段重要的、值得研究的记载:"夫类隔切字有数般,细辨轻重,方乃明之。"(着重号为笔者所加)所举的例子是:

　　(1) 重唇字用轻唇字为切语上字者:"方美切鄙,芳逼切堛,符巾切贫,武悲切眉。"

　　(2) 轻唇字用重唇字为切语上字者:"疋问切忿"。

　　在守温看来,这些唇音反切已经不符合当时的实际读音,已经是读音不和的"类隔切"了,必须"细辨轻重,方乃明之"。这说明汉语唇音声母在守温之时,即唐末之时,已经开始出现了轻唇音和重唇音分化的音变现象。

　　(二) 南唐人朱翱根据当时的实际读音为徐锴的《说文系传》所作的反切,反映出汉语唇音声母已经分化为重唇音和轻唇音。例如:

　　(1) 重唇切重唇例:

栝,脯隈反。　　　　包,北交反。

杓,片幺反。　　　　抨,普萌反。

苗,眉昭反。　　　　贬,悲俭反。

靡,眉彼反。　　　　碑,披移反。

(2) 轻唇切轻唇例:

粉,弗吻反。　　　　纺,妃两反。

分,翻文反。　　　　府,芳武反。

肥,符非反。　　　　负,复缶反。

万,舞饭反。　　　　尾,亡斐反。

可见,在朱翱为徐锴《说文系传》所作的唇音反切中,重唇字切重唇字,轻唇字切轻唇字,是区分得十分清楚的。这说明汉语唇音声母在朱翱时期,已经分化为重唇音和轻唇音。

(三) 学人熟知的"三十六字母"产生于唐末宋初。唇音声母已经在这"三十六字母"中明确地分化为重唇音"帮滂并明"和轻唇音"非敷奉微"。李新魁先生的《汉语等韵学》指出:"这个'三十六字母'大概代表了唐末宋初这个历史时期汉语声母的类别。它比原来三十字母增加了'非敷奉微娘床'六个字母,所增加的字母,主要是意味着汉语的声母在这个时期有了新的分化和发展(如非敷奉微是从帮滂并明分化出来的)。"①汉语唇音声母在唐末宋初分化为重唇音"帮滂并明"和轻唇音"非敷奉微"两组,可在唐末宋初产生的等韵图中得到证实。例如《七音略》在图中列出三十六字母,分为二十三行排列,兼用宫、商、角、徵、羽、半徵、半商等七音来标明每个字声母的发音部位。重唇音"帮滂并明"和轻唇音"非敷奉微"两组唇音字,在等韵图中分得清清楚楚,一目了然。等韵学是为研究反切而创立的一门语音理论科学,它根据字的声韵关系,用分等次排列单字制成图表的办法来研究汉语的声韵结构。如果三十六字母不能准确地、系统地反映当时汉语声母的实际读音,那等韵图的制作者们是不会把三十六字母作为等韵图标明汉字声母的发音部位的字母的。从三十六字母在当时的等韵图中广泛应用的事实来看,汉语唇音声母在唐末宋初确实已经分化为重唇音"帮滂并明"和轻唇音"非敷奉微"两组声母了。

(四) 宋初丁度等撰作的《集韵》,成书于宋景佑四年(1037 年)。《集韵》音系除大体继承《广韵》音系之外,其撰著者还根据当时的实际读音,修改了《广韵》的一些反切注音。如他们在第一卷的《韵例》中指出:"翻切旧以'武'代'某',以'亡'代'茫',谓之'类隔'。今皆用本字述。"《集韵》关于旧有反切的这一修改,是研究汉语轻重唇音声母

---

① 见李新魁先生《汉语等韵学》第33页。

分化的一份重要资料。下面,我们来对照一下《集韵》把
《广韵》中用轻唇字切重唇字的"类隔切"改为用重唇字切
重唇字的反切例子。

	《广韵》	《集韵》
帮母:		
贬	方敛切	补范切
扁匾	方典切	补典切
徧遍	方见切	卑见切
彬邠豳	府巾切	悲巾切
鄙	方美切	补美切
滂母:		
飘漂	抚招切	卑遥切、纰招切
帔披铍	敷羁切	斑糜切、攀糜切
癖	芳辟切	匹辟切
并母:		
冯凭	扶冰切	皮冰切
枰	符兵切	蒲兵切
贫	符巾切	皮巾切
弼	房密切	蒲密切
瓢	符霄切	毗霄切
明母:		
岷珉	武巾切	眉贫切

苗描	武瀌切	眉镳切
皿	武永切	母梗切
明鸣	武兵切	眉兵切
名	武并切	弥正切

　　以上四个方面的论据说明:汉语重唇声母和轻唇声母的分化,从唐末开始,到宋初《集韵》时代(公元 11 世纪初)已经完成。

　　　　　　　　(原载《贵州教育学院学报》1990 年第 3 期)

汉字声旁有些也能表义

形声字由形旁和声旁组成。一般说来,形旁表示形声字所记录的词的意义,声旁则是表示该词的读音。例如:"骐"字从马其声,是指青黑色的马,其意义由形旁"马"表示;声旁"其"仅是表示该字的读音。"沐"字从水木声,是指用水洗头发,或引申泛指洗涤。洗头发或洗涤都需有水,其字义范围由形旁"氵"表示;声旁"木"只表示该字的读音。声旁表音,这是形声字声旁最主要的功能。但是在形声字中,有少量的声旁既能表音,又能表义。例如:

东汉许慎的《说文解字·女部》解释说:"婚,妇家(嫁)也。礼取妇以昏时。…… 从女从昏,昏亦声。"结婚的"婚",本义是指女子出嫁,其字形旁自然"从女",归入女部。按照古代礼制,在黄昏之时迎娶新娘,举行婚礼,所以"昏"作为"婚"字的声旁,就有了两个功能:既表示字的读音,又表示在黄昏之时迎娶新娘之义。许慎的这个解释是有根据的。东汉著名史学家班固的《白虎通义·嫁娶》可以为证:"婚者,昏时行礼,故曰婚。"在《说文解字》中,声旁既能表音,又能表义的形声字,许慎把它们总结为"亦声"字,书中使用的术语为"从某(从)某,某亦声"。又例如:

《说文解字·玉部》:"琀,送死口中玉也。从玉从含,含亦声。"是指死者口中所含之玉,字的形旁自然是"从玉",归入玉部;这种玉不是一般的玉,而是特指死者口中所含之玉,所以声旁"含"既表示字的读音,又表示死者口含之义。

后代有许多学者研究这种声旁既能表义又能表音的学问。例如宋代学者王圣美把这种学问总结为"右文说"。王圣美的著作失传了,他的观点保留在宋代学者沈括的《梦溪笔谈》(卷十四)一书之中:

> 王圣美治字学,演其义以为右文。古之字书,皆从左文。凡字,其类在左,其义在右,如木类,其左皆从木。所谓右文者,如:戋,小也。水之小者曰浅,金之小者曰钱,歹而小者曰残,贝之小者曰贱。如此之类,皆以"戋"为义也。

在形声字中,"左形右声"的字占多数,所以王圣美把居于右边的声旁称为"右文"。这是一种比较笼统的说法。王圣美在《说文解字》的基础上发现了声旁既表音又表义的文字现象,把它总结为"右文说",这是一个了不起的贡献,对后世学人很有启发。但是,他把结论说到"凡""皆"的程度,话就说过头了,因而也就不能自圆其说了。例如以"戋"为声旁的"浅、钱、残、贱"诸字固然都含有"小"的意义,但同样以"戋"为声旁的"践"字就不含"小"义,践与踏同义,都是指用脚踩踏。又例如:以"巴"为声旁的形声字有"钯、弝、杷、皅、絽、羓、粑、把、吧、靶、爬"等字,其右边的声旁"巴"就不表义,只能表音。

从科学的角度上讲,形声字声旁的主要功能是表音,大部分不能表义;既能表音又能表义的声旁,在形声字中只是少数,或者说只有一部分形声字的声旁既能表音又能表义。这一部分声旁为什么能够既表音又表义呢? 语言学的常识告诉我们:在语言产生之初,用一定的声音形式来表现一定的意义纯属偶然。但是当人们采用某一声音形式来命名某一事物,或者用某一声音形式来表示某一性状、某一动作,记录语言中的某一词语,得到了社会认可,广泛交流,约定俗成,形成了语言中语音和语义结合的固定形式,于是就会影响到以后意义相关的同类新词的产生。换句话说,对于后起的意义相关的同类新词,用什么声音形式去表现它们,人们一般首先考虑采用原有的声音形式,对于意义相同相近、形状性质相似的同类事物,人们常常会借用原有的声音形式,或者说借用原有声音形式的记录符号去表现它们。这样,在记录汉语的汉字中就会形成一组具有同一声旁的形声字字群。其声旁既可以表示该形声字的读音,又可以表示该组同类事物相同相近的意义,或者相似的外形特征。例如:

《说文解字·车部》解释说:"军,圜围也。……从车从包省。"军字的本义是战车环围形成临时的军营。以"军"为声旁的形声字,多有环围、环绕的意义。例如:晕,《吕氏春秋·明理》说:"(其日)有晕珥。"《史记·天官书》:"日月

444

晕适、云风,此天之客气。"《史记集解》引孟康注释说:"晕,日旁气也。"《晋书·天文志》:"日旁有气,圆而周匝,内赤外青,名为晕。"晕是指日、月周围的光圈。人晕车晕船,也有天旋地转的感觉。

緷,《说文解字》解释为"纬也"。緷是指横向的纬线,与纵向的经线相对,有环绕义。《释名·释典艺》说:"纬,围也。反复围绕以成经也。"《广雅·释诂》曰:"緷,束也。"《唐本玉篇残卷·糸部》引《埤仓》云:"緷,大束也。"

運(运),有转动环绕义。《易·系辞上》说:"日月运行,一寒一暑。"日月运行,指日月作圆周运动。

另外,輇,指围套在牲畜颈上的曲木。段玉裁《说文解字注》曰:"輇之言围,下围马颈也。"挥是指手臂来回舞动,也有环绕义。从军得声有环围、环绕义的形声字还有不少,此略。

又例如:查甲骨文查小篆,我们得知"包"字的字形象女人怀着身孕,"包"的本义是指包孕着婴儿的母腹。以"包"为声旁的形声字,多有"包裹"义。《说文解字》说:"胞,儿身裹也。"胞的本义是指母腹中包裹胎儿的胎衣。清代学者段玉裁《说文解字注》在"胞"篆之下解释说:"包谓母腹,胞谓胎衣,"疱,是指包着脓血的疮疖。抱,是指用手围抱。……可见,以"包"为声旁的字,多有包裹围抱之义。

经,古字写作"巠"(见《毛公鼎》上的金文;汉字简化,

"巠"写作"圣"），是织布机上的经线（纵线）。经线细而长，所以用"巠"为声旁的形声字，多有"细长""长"之义。例如：人或者禽兽细长的小腿为"胫"。人身和头相连的细长脖子叫做"颈"。狭小细长的小路叫"径"。植物细长的主干为"茎"。长长的河流主干为"泾"。中医上指人体内细长的布满全身的气血运行通路为"经"，或者叫做"经脉"。如《灵枢·经别》说："十二经脉者，人之所以生，病之所以成。"等等。

　　以上例子充分说明，从同类事物、同一意义源头派生发展而产生的一部分形声字的声旁，确实是既可表示字的读音，又可以表示字的意义的。

（原载梁光华《问学论稿》，
贵州民族出版社 2012 年 6 月版）

附 录

参考文献书目

唐写本《说文解字·木部》残卷真迹图片(此残卷真迹今藏日本大阪杏雨书屋)。

徐铉等校订《说文解字》,中华书局 1979 年 10 月版,天津第 5 次印刷。

徐锴《说文解字系传》,中华书局 1987 年 10 月第 1 版。

顾野王《原本玉篇残卷》,中华书局 1985 年 9 月版。

顾野王《宋本玉篇》,北京市中国书店 1983 年 9 月版。

玄应《一切经音义》,江苏古籍出版社 1988 年 2 月版。

慧琳《一切经音义》,上海古籍出版社 1986 年 10 月版。

丁度等《集韵》,上海古籍出版社 1985 年 5 月影印版。

段玉裁《说文解字注》,上海古籍出版社 1981 年 10 月版。

桂馥《说文解字义证》,齐鲁书社 1987 年 12 月版。

王筠《说文解字句读》,中华书局 1988 年 7 月版。

王筠《说文释例》,世界书局影印本。

朱骏声《说文通训定声》,武汉市古籍书店 1983 年 6 月影印本。

阮元主持校刻《十三经注疏》,中华书局 1980 年 10 月版。

《二十五史》(全十二册),上海古籍出版社、上海书店 1986 年 12 月版。

司马光等《类篇》,中华书局 1984 年 12 月影印版。

丁福保《说文解字诂林》,中华书局 1988 年 4 月版。

阮元《经籍纂诂》,成都古籍书店 1982 年 3 月影印本。

张舜徽《说文约注》,中州书画社 1983 年 3 月版。

李孝定《甲骨文字集释》,台湾联经事业公司 1970 年 10 月版。

莫友芝《唐写本说文解字木部笺异》,同治三年安庆刻本。

梁光华《唐写本说文解字木部笺异注评》,上海古籍出版社 2016 年 8 月修订本。

姚孝遂《殷墟甲骨刻辞摹辞总集》,中华书局 1988 年 9 月版。

《辞源》(修订本),商务印书馆 1979 年 7 月版。

《辞海》(修订本),上海辞书出版社 1979 年缩印本。

《汉语大字典》,四川辞书出版社、湖北辞书出版社1986年10月至1990年10月版。

《汉语大词典》,汉语大词典出版社1986年至1992年12月版。

王延林《常用古文字字典》,上海书画出版社1987年4月版。

汤可敬《说文解字今释》,岳麓书社1997年7月第一版。

臧克和、王平《说文解字新订》,中华书局2002年9月版。

经本植《古汉语文字学知识》,四川教育出版社1984年9月版。

刘又辛、方有国《汉字发展史纲要》,中国大百科全书出版社2000年1月版。

蒋善国《汉字学》,上海教育出版社1987年8月版。

黄侃《手批说文解字》,上海古籍出版社1987年7月版影印本。